本书获"云南省中青年学术和技术带头人后备人才及省技术创新人才培养对象"项目（云科人发〔2019〕7号）资助出版，是国家社科基金西部项目"西南民族贫困地区筑牢生态屏障与绿色产业协同发展路径研究"（项目号：19XMZ110）的阶段性研究成果。

新时代乡村振兴路径研究书系

乡村分类有序振兴
与产业发展问题研究

——以云南为例

谭 政 颜晓飞 陈亚山 / 著

XIANGCUN FENLEI
YOUXU ZHENXING
YU CHANYE FAZHAN WENTI YANJIU
——YI YUNNAN WEILI

西南财经大学出版社

中国·成都

图书在版编目（CIP）数据

乡村分类有序振兴与产业发展问题研究:以云南为例/谭政,颜晓飞,陈亚山
著.—成都:西南财经大学出版社,2021.12
ISBN 978-7-5504-5074-5

Ⅰ.①乡…　Ⅱ.①谭…②颜…③陈…　Ⅲ.①农村—社会主义建设—研究—
云南②农村经济发展—研究—云南　Ⅳ.①F327.74

中国版本图书馆 CIP 数据核字（2021）第 195800 号

乡村分类有序振兴与产业发展问题研究——以云南为例
谭政　颜晓飞　陈亚山　著

责任编辑:李思嘉
责任校对:李琼
封面设计:墨创文化
责任印制:朱曼丽

出版发行	西南财经大学出版社（四川省成都市光华村街 55 号）
网　　址	http://cbs.swufe.edu.cn
电子邮件	bookcj@swufe.edu.cn
邮政编码	610074
电　　话	028-87353785
照　　排	四川胜翔数码印务设计有限公司
印　　刷	四川五洲彩印有限责任公司
成品尺寸	170mm×240mm
印　　张	15
字　　数	276 千字
版　　次	2021 年 12 月第 1 版
印　　次	2021 年 12 月第 1 次印刷
书　　号	ISBN 978-7-5504-5074-5
定　　价	88.00 元

序言

　　自 2018 年实施乡村振兴战略以来，分类引导、有序推进已经成为因地制宜、实事求是推进乡村振兴的有效方式。《中共中央 国务院关于实施乡村振兴战略的意见》明确要求，顺应村庄发展规律和演变趋势，根据不同村庄的发展现状、区位条件、资源禀赋等，按照集聚提升、融入城镇、特色保护、搬迁撤并的思路，分类推进乡村振兴，不搞"一刀切"。本书整合了作者们多年从事"三农"研究分类推进乡村振兴和农村产业方面的研究成果，希望以此探索片区分类推进乡村振兴与农村产业发展之间的联系，从而因地制宜、实事求是地制定农村产业政策，提高乡村振兴中"产业兴旺"的实效。

　　云南农村产业的发展深受多样的地形气候、特殊的空间区位、丰富的生态资源、多元的民族文化等因素的影响。这就决定了农村产业发展必须走因地制宜、分类振兴的道路，而分类引导、有序推进的工作思路既能够照顾到云南省情、农情的特殊性，又能够有效推进农村产业发展实现农民增收，因此尤为需要重视分类有序推进农村产业发展。正是基于云南特殊的省情、农情的考虑，本书希望探索分类有序推进与产业相关问题相联系的一个初步分析框架，突出分类引导、有序推进的振兴节奏与农村产业发展相契合。

　　本书的上篇以分类推进乡村振兴为研究主题。专题一由谭政副研究员撰写，讨论了分类推进乡村振兴的原因与逻辑起点，阐述了云南为什么需要重视分类有序推进乡村振兴与产业发展。专题二由陈亚山副研究员撰写，探讨了国内外分类推进乡村振兴的经验，归纳了这些经验对云南分类推进乡村振兴的启示。专题三由颜晓飞副研究员撰写，研究了云南分类推进乡村振兴形势及其机遇与困难。专题四由谭政副研究员撰写，研究了云南分类推进乡村振兴的方法与路径，探索了构建复杂因素影响下的分类模型框架，实证分析了片区分类指导的可能性，总结了现有方法研究该问题的不足。专题五由颜晓飞副研究员撰写，尝试提出了分类推进云南乡村振兴的思路与策略。本书发现通过筛选指标构建分类模型进行分类，以省为匡算范围，仅能解决对县域的分类指导问题，而不能深入行政村或自然村进行指导。云南乡村自然地域的复杂性、多民族融合发展的复杂性以及小范围空间区位的差异性，使分类指标膨胀、冗余，导致权重分配离散化，进而导致各类型之间区分度较小，存在分类过度的问题。据此本书考虑仅仅从综合指标分析进行分类，一方面并不能完全纳入政策范围，另一方面增加了分类的复杂程度。由此本书再次梳理分析以往农村产业相关方面研究，考虑尝试从乡村振兴的一个方面展开分类，特别是可考虑从产业振兴方面入手，可能更能够有效指导农村产业发展实现产业振兴。

本书的下篇以农村产业基础问题系列专题为线索，阐述云南农村产业发展需要分类推进的必要性。下篇整合了谭政和颜晓飞副研究员以往的关于农村产业方面的相关研究，侧重于应用分析和发现问题，所以在内容、方法上创新较少。通过修订和拓展，对过去一些学者所研究发现的问题进行总结、归纳，从云南农村产业发展方面推导出对分类指导、有序推进的必要性，进而为下一步的研究提供前期研究基础。专题六梳理了改革开放以来云南农村产业发展的成绩与经验，原文载于《云南农村发展报告（2018—2019）》（云南人民出版社出版）。专题七重点探讨了云南农村产业在云南农村经济中的作用，强调了对农村生活、农村生产条件、农民增收、生产发展方面的作用，原文载于《云南农村发展报告（2020—2021）》（云南人民出版社出版）。专题八评估了云南农业供给质量，强调了云南农业供给侧的不均衡、多样性特征，原文载于《云南农村发展报告（2017—2018）》（云南人民出版社出版）。专题九分析了云南农村产业绿色生产方式与发展趋势，突出反映了云南绿色生产、生态自然环境优势在农村产业中的表现与问题，原文载于《云南农村发展报告（2017—2018）》（云南人民出版社出版）。专题十分析了云南农村三产融合发展的逻辑与问题，原文载于《摆脱小农之困》（云南人民出版社出版），是其中的一个专题研究章节。这些研究多数已经发表在历年蓝皮书中，而历年的研究并没有重视对个人研究的总结与归纳，这里将重点突出延伸和修订，起到归纳分析的作用，对一些年度性数据做进一步更新。

本书的上篇讨论的是乡村振兴分类实施的充分性，下篇则表现的是农村产业的发展也需要分类指导的必要性。通过修订和拓展各专题结论的写作方式，突出表现农村产业发展对分类指导的需要。所以下篇专题内容不做详细论述，只是对以往研究的整合与总结。本书主要希望通过这种整合与总结，发现分类有序推进在云南乡村振兴农村产业发展方面的重要性。由此本书的意义是为分类计量提供实证经验，同时对作者以往的研究进行总结和梳理使对象、方法、方向更加明确，也为研究相关问题的同行提供有益借鉴和研究参考。正是在这些应用研究的基础上，笔者有幸获得"云南省中青年学术和技术带头人后备人才及省技术创新人才培养对象"（云科人发〔2019〕7号）的资助，才能相对自主地完成这些梳理和总结工作，并作为培养对象的主要研究成果予以出版。也正是在这些阶段性研究的基础上，笔者才能更加深入地展开国家社科基金西部项目"西南民族贫困地区筑牢生态屏障与绿色产业协同发展路径研究"（19XMZ100）的研究，并作为国家社科基金项目的阶段性研究成果得以出版。

最后感谢郑宝华博士、研究员及其团队以其2021年云南省社会科学院学科建设的"农林经济管理"项目为契机给予的调研协助和写作支持。人的精力和时间总是有限的，现实中你不得不在时间这个约束下"求解"效用最大化的问题，所以很难平衡数量和质量。本书下篇总体感觉不免有些"堆砌"的嫌疑，使全书总体上有些重产业分析的意味，请读者包涵。但是作为几年来笔者个人从事农村产业相关主题研究的归集与思考，个人感觉仍然有必要，否则一些应用型研究主题随着时间推移可能淹没在文献大海中，却没来得及归纳其中隐含的理论要义。对云南这样一个多样化特征突出的省而言，多年的调研和实证研究使我们越来越感觉对基本省情的考察和归纳非常关键。此外，对于文中出现的一些不妥和过失也请广大读者多多包涵！我们将努力改正，并虚心向优秀同行学习。

谭政

2021年2月19日于昆明

目录

上篇

分类推进乡村振兴研究

专题一 分类推进乡村振兴的逻辑

实施乡村振兴战略，是党的十九大做出的重大决策部署，是决胜全面建成小康社会、全面建设社会主义现代化国家的重大历史任务，是新时代"三农"工作的总抓手。《国家乡村振兴战略规划》中分别在规划前言、基本原则、构建乡村振兴新格局、分类推进乡村发展、推进农业绿色发展、持续改善农村人居环境部分强调了分类有序推进乡村振兴。产业兴旺，是乡村振兴的基础和保障，只有突出分类有序推进才能做强做优乡村产业，才能保持乡村经济发展的旺盛活力，为乡村振兴提供不竭动力。在乡村振兴中农村产业的发展也需要分类引导、有序推进。

一、乡村振兴战略的实施

乡村振兴战略从提出到全面推进目标、路径、抓手更加明确。党的十九大报告中首次提出："要坚持农业农村优先发展，按照产业兴旺、生态宜居、乡风文明、治理有效、生活富裕的总要求，建立健全城乡融合发展体制机制和政策体系，加快推进农业农村现代化。"由此开启了我国乡村振兴的伟大征程。紧扣我国社会主要矛盾变化，乡村振兴的内涵更丰富，目标更高远。2018年中央一号文件《中共中央 国务院关于实施乡村振兴战略的意见》指出："实施乡村振兴战略，是决胜全面建成小康社会、全面建设社会主义现代化国家的重大历史任务，是新时代'三农'工作的总抓手。"2018年9月发布的《国家乡村振兴战略规划（2018—2022年）》，进一步细化和丰富了乡村振兴的内容，突出了分类有序推进的总原则。2019年中央一号文件《中共中央 国务院关于坚持农业农村优先发展 做好"三农"工作的若干意见》重申了农业农村优先发展总方针，以实施乡村振兴战略为总抓手，对标全面建成小康社会"三农"工作必须完成的硬任务；突出了做好脱贫攻坚与乡村振兴的有效衔接，对摘帽后的贫困县要通过实施乡村振兴战略巩固发展成果，接续推动经济社会发展和群众生活改善。党的十九届五中全会强调："优先发展农业农村，坚持把解决好'三农'问题作为全党工作重中之重，走中国特色社会主义乡村振兴道路，全面实施乡村振兴战略，强化以工补农、以城带乡，推动形成工农互促、城乡互补、协调发展、共同繁荣的新型工农城乡关系，加快农业农村现代化。"农业农村优先发展更加突出，全面推进乡村振兴，目标是为农业农村现代化打下基础。特别是随着《乡村振兴促进法（草案）》征求意见稿的发布提出，发挥乡村在保障粮食等农产品供给、保护生态和环境、传承发展中华优秀传统文化等方面的特有功能，加强和改进乡村治理，增进乡村居民福祉，全面建设社会主义现代化强国的目标，使乡村振兴的地位、作用以及保障措施更加明确。

二、产业振兴的作用

"产业兴旺"为乡村振兴提供物质保障。乡村振兴战略已经成为新时代全面统筹"三农"工作的总抓手，也是我国全面建设社会主义现代化强国目标的重要手段。乡村振兴的根本目标是农民生活富裕，而农民生活富裕的关键是农业的高质高效及农民的富裕富足。农民增收离不开农业增效，离不开产业发展。只有产业兴旺，农民才能富裕，乡村才能真正振兴。正因如此，"产业兴旺"作为乡村振兴五个总要求的首位。然而，涉农产业与工业、第三产业有很大的不同。既要考虑自然地理环境差异，又要兼顾"吃饱"和"吃好"的问题，更要照顾到增加农民效益，还要有益于自然生态环境。因此，如何有效推动"产业兴旺"不仅仅是经济问题，还有可能涉及民生、生态等问题。需要高度重视推动"产业兴旺"的工作方式、推进路径以及综合效益（经济、社会、生态等）。《国家乡村振兴战略规划（2018—2022 年）》明确提出"坚持因地制宜、循序渐进"的基本原则，科学把握乡村的差异性和发展走势分化特征，做好顶层设计，注重规划先行、因势利导，分类施策、突出重点，体现特色、丰富多彩。而且在推进节奏上，明确提出有序实现乡村振兴。准确聚焦阶段任务，科学把握节奏力度，梯次推进乡村振兴。要求科学把握我国乡村区域差异，尊重并发挥基层首创精神，发掘和总结典型经验，推动不同地区、不同发展阶段的乡村有序实现农业农村现代化。尽管国家层面已经意识到有序推进乡村振兴的重要性，并且就该问题提出了明确工作要求，但是在面对具体地方实践时仍然缺乏一定操作性，尤其是梯次推进、聚焦重点仍然难以界定。

所以如何科学分类？如何有序推进？对产业振兴而言也较为关键。

三、乡村振兴分类推进对产业发展的意义

分类推进乡村振兴的作用在于科学把握工作节奏与进度。在《国家乡村振兴战略规划》和《中华人民共和国乡村振兴促进法》中都有强调，坚持因地制宜、循序渐进，要求根据乡村的历史文化、发展现状、区位条件、资源禀赋、产业基础、演变趋势等，规划先行、注重特色、分类实施、有序推进。要求充分认识乡村振兴任务的长期性、艰巨性，保持历史耐心，避免超越发展阶段，统筹谋划，典型带动，有序推进，不搞齐步走。可见，各个地方实施乡村振兴战略要高度重视分类推进、有序实施，重要依据就是乡村发展规律，特别是要科学把握本地区乡村经济发展阶段、产业结构、空间布局、人文社会等方面的差异。

（一）分类推进有利于遵循乡村发展规律

乡村差别首先体现为经济发展阶段的差别。乡村经济发展阶段是乡村经济多因素、多层次的综合体现，反映了乡村的经济实力和发展水平。我国乡村经济发展阶段呈现从东到西渐次降低的趋势，越是中西部地区特别是偏远地区，经济发展水平越低。随着国家政策作用的逐渐显现和时间推移，我国大部分地区从落后阶段逐步走向发达阶段。乡村经济发展阶段呈现高低分化特征。一般可以分为发达型、相对发达型、中等型、欠发达型、不发达型五个阶段。不同发展阶段可以根据居民收入、地区经济总量、发展质量、财政收入等均有不同。各地方针对本地方乡村发展特点制定分类推进措施、指导方针能够有效提高政策效能，减少资源投入浪费，降低交易成本、行政成本。特别在我国一些欠发达的多民族杂居、聚居地区乡村差异更为突出，还要兼顾考虑民族差异、生态环境差异等因素。因此分类实施、有序推进乡村振兴能够科学把握不同地域乡村差异、发展程度差异、人文历史差异，进而有利于制定科学、高效的政策使不同地区的乡村与全国同步，推进乡村振兴到2035年基本实现社会主义现代化。

（二）分类推进有助于合理规划农村产业格局

"产业兴旺"为乡村振兴提供重要物质保障，是实现农民增收、农业发展

和农村繁荣的基础，乡村振兴，关键是产业要振兴。其根本目的是推动农业农村发展提质增效，更好地实现农业增产、农村增值、农民增收，实现城乡融合均衡发展。然而，由于我国地域辽阔，陆海兼备，地貌复杂，气候多样，动植物区系繁多，尽管农业资源总量位居世界前列，但是人均资源占有量少，分布不均，农村产业规模效益难以发挥，区域发展不平衡不充分仍然突出。虽然改革开放以来我国乡村产业蓬勃发展，但是农业生产效率不高，劳动生产率、资源利用率较低，乡村二三产业发展不足，产业融合程度低、层次浅，资源环境压力大等问题仍然很突出，严重制约乡村产业的可持续发展，已成为开发利用农业资源中的限制因素。这就决定了科学合理开发利用农业资源，因地制宜，是促进我国农业持续发展的关键。分类推进的发展思路，一方面可以高效集约利用农业资源，另一方面可以兼顾人文地域文化差异，特别是能够有效发挥农村产业发展差异化优势，提高产业发展效益，筑牢乡村振兴之基。

（三）分类推进有利于科学识别乡村发展空间

分类推进有利于高效利乡村用生产、生活、生态空间。科学识别乡村发展空间就是为当前以及未来乡村振兴、乡村可持续发展留足空间，提高相对稀缺的乡村空间资源利用效率。根据《国家乡村振兴战略规划》首次明确并划定乡村发展的生产、生活、生态空间，科学识别发展空间是高效利用、集约发展的关键一步。乡村是一个空间地域系统，环境要素复杂多样，呈现出千姿百态的聚落特征。乡村聚落的区位条件、规模分布、结构形态，揭示了不同阶段、不同地区的人地互动轨迹。从全国范围来看，区位条件呈现出东西南北的显著差异，可以划分为东北平原区、西北荒地区、西南碎地区、东南城郊区、北方农牧交错带等较大区域。从规模分布来看，不同地区的乡村聚集密度不同，可以分为低密度、中密度和高密度等不同区域。聚集居住的农民人群也具有较大地域差别，有学者将农民的社会聚居结构划分为南方团结型、北方分裂型、中部及东北分散型乡村。具体到乡村层面，空间结构形态也具有多种类型差异，可以划分为大团块型、小团块型、宽带型、条带型、弧带型、散点型、团簇散布型等多种形态。乡村空间格局体现出地域差别与分化特征，处于动态变化之中。从动态分化情况来看，乡村展现出无序蔓延、跳跃组团、轴向带状、紧凑连续等状态。根据空间格局，公共政策应重点关注比重较大的地区，关注政府力量和市场力量薄弱的偏远地区、边缘地区、低密度地区和散点地区。生产、生活、生态空间的划定使看似杂乱的乡村布局功能区块化，使短期发展目标与长期发展阶段更加适应。空间格局既反映了乡村自然状态，也反映了乡村经济社会状态，还反映了农民的主观意识。有效识别空间类型为发展乡村、保护乡村、规划乡村提供了科学依据。根据科学分类结果，总结谋划多样化发展策略和发展方式。聚焦乡村的主体类型和大多数，聚焦乡村的短板和矛盾。可以根据类型特征和发展现状，总结提炼多种发展路径，避免发展单一模式。科学划定发展空间能够有效保护和珍稀的少数民族地区、传统村落、民族村寨，使传统村寨在乡村振兴战略的指引下焕发出新的活力。因此科学识别乡村发展空间、乡村发展类型关键在于坚持分类实施、有序推进，因地制宜和循序渐进地推动农村产业发展。

四、云南重视分类有序推进农村产业发展的原因

云南地处我国西南边疆，改革开放以来云南锐意进取发挥沿边、稳定的优势，经济社会发展取得了巨大成就，人民生活水平大幅度提高，各民族团结奋进锐意进取。特别是实施精准扶贫、精准脱贫以来，云南省告别了千百年来的绝对贫困，创造了"百万大搬迁""一步跨千年"和全面小康路上一个民族都没有掉队的历史奇迹，"边疆、民族、山区、美丽"正成为新时代云南省情新内涵。即便如此，云南欠发达的基本省情并没有根本改变，既有发展不平衡不充分问题，又有与现代化差距较大的问题，特别是在脱贫以后接续推进乡村振兴仍然面临较多阻碍。随着乡村振兴战略的实施，站在新的起点，如何与全国同步高效推进乡村振兴，强化农村产业的物质支撑作用尤为关键。然而，农村产业的发展有其自身的规律，一方面农村产业的发展受制于自然环境的影响，另一方面又被深刻地打下人文社会环境的印记，产业的发展根本目的是实现农民增收，而云南多元化的省情特点决定了乡村振兴中需重视分类有序推进农村产业发展。

（一）地形气候多样

地形气候多样决定了农产业发展需分类有序推进。云南是一个典型的高原山区省，由于高山、峡谷、丘陵、山塬、河谷盆地相间分布，各类地形地貌的差异较大，类型多样。全省按地形划分，山地面积占84%，高原丘陵面积占10%，河谷盆地（坝区）面积仅占6%。全省129个县域行政单位中山区面积占70%~79.9%的县有4个，占80%~89.9%的县有13个，占90%~95的县有9个，占95%~99%的县有83个，其余18个县为纯山区，仅昆明五华区，盘

龙区为纯坝区。云南江河纵横，水系复杂，既是国内大江大河的上游流域，又是几条国际河流域的上游，流域位置比较关键。全省大小河流共 600 多条，其中较大的 180 多条，多为入海河流上游，集水区域遍于全省，分别属六大水系。此外云南"以山地高原地形为主，地势西北高东南低，地势起伏大"。云南省地处我国第一级阶梯和第二级阶梯的过渡阶段，地形单元以位于第二级阶梯的云贵高原为主，此外还包括横断山脉和青藏高原部分地区。云南省海拔落差巨大，海拔最高处为梅里雪山主峰卡瓦格博峰，海拔 6 740 米；海拔最低处为南溪河与红河交汇的中越界河处，海拔约为 76.4 米，落差巨大。这就决定了云南气候类型的多样性，虽然是亚热带季风气候，但是和我国南方广大地区的亚热带季风气候有很大不同。由于高山、峡谷、河流、坝区等的天然分割，使局部地区"小气候"突出，既有干热河谷，又有高寒山区，立体式气候分布明显。在这种复杂地貌和复杂气候的塑造下为云南农村产业的多样化发展提供的天然的硬件基础，同时也无形中也增加了开发和利用这种资源的困难。由于高山、峡谷、坝区的相间分布使云南土地分割严重，土地质量分布不均突出，加之"大国小农"的基本国情，更突出了土地利用的细碎化。因此从土地资源来看云南的土地资源总体应该是相对稀缺的，这就决定了云南农业必须走集约化发展的道路。尤其是在乡村振兴中要充分利用云南地形气候发展农村产业就必须分类引导、有序推进，使乡村资源充分得到高效利用。在一些地形条件适宜，气候条件优越，产业基础较好的区域可以率先实现"产业兴旺"，对于一些条件基础较好，产业基础牢固的区域可以先行引领乡村振兴，从而发挥多元化地形气候优势，利用和保护好乡村发展资源。

（二）空间区位特殊

空间区位特殊决定了农村产业发展方向需重视分类有序推进。云南地处我国西南边境地区是我国开发开放的前沿，外向农业发展条件优越。云南东部、北部背靠我国内陆，接壤贵州、广西、四川、西藏，西部和南部与 RCEP 成员国缅甸、老挝、越南接壤，国境线总长达 4 060 千米，共 26 个边境县（市）8 个州（市）；南临印度洋和太平洋，与《区域全面经济保障协定》RCEP 成员泰国、柬埔寨、孟加拉国、印度等国相距较近。云南地处中国经济圈、东南亚经济圈和南亚经济圈的结合部，是中国连接南亚东南亚的国际大通道和面向印度洋周边经济圈的关键枢纽，拥有面向"三亚"（南亚、东南亚、西亚）、紧靠"两湾"（东南方向的北部湾、西南方向的孟加拉湾）、肩挑"两洋"（太平洋、印度洋）通江达海沿边的独特区位。省内瑞丽江、大盈江出境后在缅甸叫伊洛瓦底江，经由仰光注入大海；怒江从云南出境后叫萨尔温江，经缅甸注入大海；澜沧江从云南出境后叫湄公河，流经多个东盟国家。作为这些重要国际河流域的上游，这凸显了云南在亚洲生态环境的地位和作用，也凸显了这些流域云南乡村的生产、生活、生态空间在乡村产业振兴中的地位和作用。由于云南水、陆区域与多个国家连接，因此在商品贸易、边贸方面有一定基础。目前云南有 24 个国家一类口岸、2 个国家级开发开放试验区、正在推进建设的跨境经济合作区、4 个边境经济合作区和诸多沿边各类产业园区，具有明显的开放优势。历史上，云南作为古代南方丝绸之路重要组成部分，是我国连接东南亚南亚西亚乃至欧洲最古老的国际商业贸易通道之一。面对特殊的空间区位优势，云南农村产业一方面立足于国内市场，另一方面发挥邻近国际市场的优势积极推动云南农业走出去。2019 年云南农产品出口额大约 331.2 亿元，占全省出口总额的 31.9%，超越机电产品跃居全省第一大出口商品，农产品出口额多年位居全国第 6 位、西部省区第 1 位。近代以来，云南就曾经是我国重要的物资运输国际大通道。在长期的交往交流交融中，云南与东南亚、南亚国家形成地缘相近、人缘相亲、商缘相通、文缘相融的关系，为新时期进一步加深友好往来、扩大合作共赢奠定了良好的社会基础。随着国家"一带一路"倡议和建设长江经济带、孟中印缅经济走廊、中国—中南半岛国际经济走廊等深入实施，云南形成北上可连接丝绸之路经济带、南下可连接海上丝绸之路、东向可连接长江经济带和泛珠经济圈、向西可通过孟中印缅经济走廊的独特区位优势。特殊的空间区位是云南农业快速实现走出去的重要基础支撑条件，而分类引导、有序推进一方面可以发挥边境口岸作为开发开放的前沿优势，为农村产业发展拓展市场空间。另一方面非边境地区可利用农村产业特色优势延伸产业链使其发展成为生产腹地，为农业生产生活提供产业发展基础支撑空间。分类引导、有序推进可针对不同功能区块引导农村产业发展定位，有序推进生产生活空间的利用与开发。

（三）生态资源丰富

生态资源丰富决定了需重视分类有序推进。由于云南特殊的地形地貌造就了丰富的生物多样性。云南是全国植物种类最多的省份，是天然的种质资源库和基因库。乡村振兴中农村产业的发展离不开生态资源提供的发展环境。几乎集中了从热带、亚热带至温带甚至寒带的所有品种，在全国约 3 万种高等植物中，云南省有 274 科、2 076 属、17 万多种植物，占全国高等植物总数的62.9%，故云南有"植物王国""香料之乡""天然花园""药物宝库"等美称。云南省林业和草原局数据显示，2019 年云南省森林覆盖率同比增长 2.1 个百分点，达到 62.4%；森林蓄积量同比增长 0.5 亿立方米，达到 20.2 亿立方米；湿地保护率同比提高了 6.43 个百分点，达到 52.96%；草原综合植被盖度达到 87.9%。云南热带、亚热带的高等植物约 1 万种，占全国高等植物种类的一半以上。其中许多种类为云南所特有，如云南樟、四数木、云南肉豆蔻、望天树、龙血树、铁力木等。可供利用的资源植物在千种以上，而经济价值较高并能直接开发利用的有 900 种以上。全省生长着 2 000 多种中草药，有些种类是云南独有的；有供中医配方和制造中成药的原料 400 多种，其中如三七、天麻、云木香、云黄连、云茯苓、虫草等质地优良，在传统中药材中享有很高的声誉；云南常用草药达 1 250 种，民族药是云南的一大特色，开发新药潜力巨大。香料植物种类丰富，共计 69 科，约 400 种。在香料植物中，一是辛香调味品种齐全，二是香花类资源众多，三是可以提炼香精的香料植物很多。桉叶油、香叶油、树苔和橡苔、黄樟油、香茅油、依兰香、薰衣草等都是云南具有一定规模的植物香料产品；从素馨花中提取的精油，香味独特，是配制高级花香类香精的珍贵原料。花卉植物云南在 1 500 种以上不少是珍奇种类和特产植物，堪称珍树、奇花、异草的花卉王国。仅杜鹃花就有约 300 个品种，茶花也有上百个品种。一些名贵品种已经成为云南出口创汇的重要商品。丰富多元的生态资源是云南农村产业助推乡村振兴的比较优势，如何利用好物种、中药、香料、花卉等生态资源将成为农村产业发展的重点。坚持分类引导、有序推进的思路一方面可利用云南生态资源多样相对比较优势，另一方面可有序开发利用生态资源切实将"绿水青山"转化为"金山银山"。

（四）民族文化多元

民族文化多元决定了发挥绝对比较优势需重视分类有序推进。多元的民族构成造就了云南民族文化的多元。云南是我国民族种类最多的省份，除汉族以外，人口在 6 000 人以上的世居少数民族有彝族、哈尼族、白族、傣族、壮族、苗族、回族、傈僳族等 25 个。其中（按人口数多少排序），哈尼族、白族、傣族、傈僳族、拉祜族、佤族、纳西族、景颇族、布朗族、普米族、阿昌族、怒族、基诺族、德昂族、独龙族共 15 个民族为云南特有，人口数均占全国该民族总人口的 80% 以上。云南是全国少数民族人口数超过千万的 3 个省区（广西、云南、贵州）之一。民族自治地方的土地面积为 27.67 万平方千米，占全省总面积的 70.2%。全省少数民族人口数超过 100 万的有彝族、哈尼族、白族、傣族、壮族、苗族 6 个；超过 10 万不到 100 万的有回族、傈僳族、拉祜族、佤族、纳西族、瑶族、景颇族、藏族、布朗族 9 个；超过 1 万不到 10 万的有布依族、普米族、阿昌族、怒族、基诺族、蒙古族、德昂族、满族 8 个；超过 6 000 不到 1 万的有水族、独龙族 2 个。云南少数民族交错分布，表现为大杂居与小聚居，彝族、回族在全省大多数县均有分布。杨文顺、特姆（2012）将这种多元化的表现归纳为民族历史渊源的多样性、民族语言文字的多样性、民族经济文化类型的多样性、历史文化的多样性、宗教文化的多样性①。卢建林（2008）强调了云南这种民族文化的多样性来源于地理环境的塑造，突出强调了民族文化空间分布的多元性。多元的民族文化构成是云南农村产业推动乡村振兴的绝对优势。分类引导、有序推进的工作思路可进一步挖掘农村产业发展的绝对比较优势，拓宽产业发展的层次，实现农村产业一二三产融合发展②。

---

① 杨文顺，特姆.云南民族文化多样性的保护与发展研究 [J].黑龙江民族丛刊，2012（6）：126-129.

② 卢建林.云南民族文化多样性与地理环境的关系 [J].民族文化研究，2008（6）：82-83.

专题二　国内外分类推进乡村振兴的经验

综观人类发展史，世界各国在迈向现代化的进程中，都不同程度地出现了乡村衰落的问题。为避免城乡发展的巨大差距引发系统性风险，各国都结合自身情况，开展了形式多样的发展乡村、振兴乡村行动。"他山之石可以攻玉。"云南省实施乡村振兴战略正处于起步阶段，学习借鉴他们的先进做法和经验，吸取他们的深刻教训，对于指导我们的工作显得尤为必要和重要。

一、国际实践与经验

从 20 世纪 50 年代开始，以美、法、日、韩等为代表的发达国家率先开展了发展乡村、振兴乡村的实践，取得了较为显著的成效。印度作为欠发达国家的代表，其部分地区探索的振兴乡村的方式方法也值得参考。

（一）日本

日本振兴乡村的实践和经验对于云南来说有非常强的借鉴意义。原因在于双方有比较相似的情况：一是双方有着较为相似的地理地貌特征。日本陆地面积 37.8 万平方千米，多为山地丘陵，农地仅占国土面积的 11.8%，约为 6 705 万亩①；云南辖区面积 39.4 万平方千米，比日本略大，其中山地和丘陵占 93.6%，耕地面积为 9 319.95 万亩②。二是双方的农业结构相近，都以种植业为主。三是双方的经济活动和人口分布类似，都主要聚集在几个中心城市附近。四是文化背景上双方都属于东方文化圈。不同点主要在于，日本已经是发

---

① 1 亩 ≈ 666.67 平方米。
② 数据来自《中国统计年鉴 2018》。

达国家，不仅实现了农业现代化，而且农业的整体生产水平达到了世界先进水平，是值得云南学习追赶的对象。

二战后，日本经济建设以城市为中心，导致城乡差距越拉越大，农村青壮年纷纷流向城市，导致农业生产缺乏劳动力，农村发展处于崩溃边缘。20 世纪 50 年代末，日本提出了"新农村建设构想"，即在国家政策和财政支持下，最大限度发挥农民的自主性和创造性，在强化农业基本建设的基础上，推进农民合作，提高经营水平①。这项行动促进了农业的发展，但仍没有彻底扭转农村衰落的趋势。20 世纪 60 年代末，日本又提出了"全国综合开发计划"，即继续加大农业生产和农民生活的基础建设力度，全面缩小城乡差距，提高农业和农村的现代化水平。这项行动最终使日本农民的收入于 1975 年首次超过城市居民②。

20 世纪 70 年代末，日本接着开展了轰轰烈烈的、自下而上的"造村运动"，该运动一直持续到 21 世纪初。经过 20 多年的发展，日本基本消灭了城乡差距，实现了农业农村现代化。日本的造村运动具有自发性、内生性的特点，有三个方面的经验：一是建设主体上强调农村居民是运动的主体，起主导作用。政府只是在政策上帮扶、在技术上支持，不下发行政命令、无财政包办，充分发挥农民的自主性。与之相对的是农协组织在农业农村发展的各项事务中起了重要作用。二是建设目标上强调乡村人才的培育。造村运动主要依靠农民的自我奋斗，这对农村居民的能力及意志提出了很高的要求。三是建设理念上坚持"增强农村的吸引力在于特色的产品"这一逻辑，实施了"一村一品"举措，即在政府指导下，充分挖掘地方特色，开发特色产品，不仅包含特色农产品，还有特色旅游、文化资产等涉农产业的产品③。这一模式后来被许多国家广泛学习和借鉴。

（二）韩国

韩国地形也以山地为主，平原面积只占全国 20% 左右，对于云南的参考价值也较大。韩国主要通过 20 世纪 70 年代开始的"新村运动"来进行乡村振

① 王习明. 美丽乡村建设之国际经验：以二战以来美、法、日、韩和印度克拉拉邦为例 [J]. 长白学刊，2014（5）：106-113.
② 刘震. 城乡统筹视角下的乡村振兴路径分析：基于日本乡村建设的实践及其经验 [J]. 人民论坛·学术前沿，2018（12）：76-79.
③ 张姗. 美丽乡村建设国外经验及其启示 [J]. 农业科学研究，2018（3）：73-76；曹斌. 乡村振兴的日本实践：背景、措施与启示 [J]. 中国农村经济，2018（8）：117-129.

兴，其核心是培养农民的"勤奋、自助、协作"精神。

韩国民政部把 20 世纪 70 年代的新村运动分为三个阶段，所进行的工程项目也大致可以分为三类，即改善生活环境条件项目、发展生产和增加收入项目、精神启蒙项目，各个阶段的重点有所区别。第一阶段（1970—1973 年）的主要目标是改善乡村居民的生活环境条件。第二阶段（1974—1976 年）的主要目标为发展生产和增加收入。第三阶段（1977—1979 年）的主要目标是精神启蒙，通过精神启蒙全面提高和巩固新村运动成果。在这当中，政府给每个村建立了供农民集会和培训的会馆，并将各类村庄建设项目和农业发展项目交给农村社区自治组织来实施，以此培养农民的团结精神和自治能力，增强农村社区的凝聚力和内生动力[①]。

在组织领导体制上，韩国中央政府具体负责运动的领导部门是民政部而非农渔部。其他各部、委、办，从主管经济建设的部门到文化、教育、卫生等部门，大都被列为支持性机构，其内部也都设立了计划和管理新村运动项目的专门机构。此外，还设立了一个专门机构——中央新村运动咨询与协调委员会，由民政部部长挂帅，其他相关部门的副部长任委员，功能是协调中央各部门工作、制定新村运动的政策。地方各级政府也都照此办理，从各道、市、县到基层的行政镇，层层复制这种领导体制。用中国的"行话"说，这是一种条块结合的交叉管理模式。到乡村社区即村庄这一级，政府为每个社区任命一个公务人员作为新村运动的领导人，每个村也都有一个村发展委员会，负责本村的新村发展计划和集体性工作的具体组织执行[②]。从 20 世纪 80 年代中期开始，韩国政府对农村的财政补贴逐渐减少，以此降低保护力度，增强本国农业的竞争力，使之适应国际市场环境。1998 年第二次新村运动开始，仍以"勤奋、自助、协作"的新村精神为实践原理，将其性质和发展方向定为"拯救国家、构建和谐共处的社会、保护环境、准备民族统一、共生共荣"等[③]。又经过 20 多年的发展，韩国农民摆脱了饥饿和贫困，创造了富裕、健康、文明的现代生活方式，韩国人均 GDP 由 1972 年的不足 100 美元跃升至 2017 年的 2.97 万美

---

① 石磊. 寻求另类发展的范式：韩国新村运动与中国乡村建设 [J]. 社会学研究, 2004 (4)：34-49.

② 石磊. 寻求另类发展的范式：韩国新村运动与中国乡村建设 [J]. 社会学研究, 2004 (4)：34-49.

③ 王习明. 美丽乡村建设之国际经验：以二战以来美、法、日、韩和印度克拉拉邦为例 [J]. 长白学刊, 2014 (5)：106-113.

元①，基本实现了城乡经济协调发展和城乡居民收入水平的同步提高。

（三）法国

法国的基本国情与中国有相似之处，法国素有"欧洲中国"之称。直到
19世纪中叶，法国仍然是一个小农经济占主导地位的农业大国。19世纪下半
叶，法国虽然完成了工业革命，成为发达的现代化国家，但直到1960年，其
农村依然落后。为了振兴农业农村，法国自1960年开始制定实施了一系列有
利于农村可持续发展、农业生产条件改善和农民生活水平提高的政策法规②。
归纳起来有四个方面：不断加强财政对农村的干预、支持农业基础设施建设、
重视农村土地开发利用、推进农业产业化发展。

一是政府加强财政干预，大力扶持农业发展。自20世纪60年代以来，法
国实行的农业机械化策略，使得农牧业快速发展，并从1971年由农产品净进
口国变为净出口国，成为世界农产品出口最重要的国家之一。在此过程中，法
国政府加强了财政干预，大力扶持农业发展，包括增加农业预算支出、提供农
业低息贷款与巨额农业补贴等措施。二是支持农业基础设施建设。包括水利工
程、土壤改良、道路建设、生活供水、农村用电、农村地区的大型整治等。三
是加强农村土地开发。法国农村土地非常不平衡，政府决定加强土地集中和规
模化经营。通过财政支持，政府统筹建立了"土地调整公司"，先收购土地，
然后再把土地出售或租赁给大农场主。这些土地调整公司的运作，极大地推动
了土地的集中，对加快农业现代化进程起到了重要推动作用。四是推进农业产
业化发展。法国政府大力支持发展农业科研技术及其应用推广、农产品销售合
作社等项目，通过政策支持，极大地推进了农业产业化发展，并且通过支持治
理自然生态环境、改善农业生产结构等，保证了农业资源的可持续利用③。

振兴农业农村政策的有效实施，不仅使法国在20世纪70年代成为农产品
净出口国，而且使其乡村社区重新焕发了罕见的生命力。20世纪70年代后期
以来，法国乡村社会结构发生巨大变化，乡村人口"止降回升"与乡村劳动
力"量减质增"并存。1962—1990年的近30年间，法国农业劳动者占乡村人

---

① THE WORLD BANK. Data for East Asia & Pacific, Korea ［J］. World Development Indicators,
2017（2）：14-67.

② 王习明.美丽乡村建设之国际经验：以二战以来美、法、日、韩和印度克拉拉邦为例
［J］.长白学刊，2014（5）：106-113.

③ 喻刚勇.法国农业现代化建设经验及启示［J］.湖北广播电视大学学报，2011，31（1）：
50-51.

口的比例从 33.8% 降低到 9.9%，但中高级管理人员比例从 3.9% 上升到 14.9%，职员和工人从 25% 增加到 27.6%，各类退休人员从 28.5% 上升到 40.7%①。

（四）美国

美国是世界农业强国，也基本消除了城乡差别。美国的农业从业人口只占总人口的 1%，但仅靠这 1% 的农民不仅养活了美国 3 亿多人，而且使美国成了全球最大的农产品出口国。美国农业是大平原规模农业的代表，尽管这与云南的客观条件大相径庭，但美国在促进农业农村发展方面也有很多做法值得借鉴。

自 20 世纪 80 年代开始，伴随着大都市的迅猛发展及产业结构的升级，美国乡村传统的资源型经济日益萎缩，乡村社会失业率与日俱增。在此背景下，美国政府把"振兴乡村经济"纳入农村可持续发展的总体战略，并就农业地区的发展问题进行专题研究，出台了各项优惠政策。从县、州一直到联邦的各级政府，对乡村发展都出台了一系列合理的规划和扶持政策，为乡村地区发展和乡村经济结构转型提供了契机②。

美国的经验包括：一是通过相关政策法律来促进农业发展，从而为乡村建设提供经济支撑。美国很早就确立了农业在国民经济中的基础地位，并采取支持和保护政策。特别是自罗斯福新政以来，农业政策体系不断完善，以农业补贴为核心，并包括土地资源和水资源保护、农业科技发展、农业价格、收入支持、农业信贷、农业税收和农产品对外贸易等方面。二是完善以交通运输网络为中心的基础设施，为提高农村生产生活水平创造条件。三是建立完备的农村金融系统和农作物保险业务两者协力发挥作用，保证农业稳定生产，提高农民福利水平，使乡村建设的物质基础更加稳固③。四是制定科学的农村区域规划，在编制过程时，主要考虑四个原则：①满足当地民众生活的基本需求；②最大限度地绿化美化乡村环境；③充分尊重和发扬当地民众的生活传统；④恰当地突出乡村固有的鲜明特色④。

---

① 张强.推进乡村建设：实现城市现代化的途径 [J].北京观察，2005（4）：10-13.
② 国科农研院.科学技术灌溉下的高效美国农业 [EB/OL].（2018-11-14）.http://www.jin-ciwei.cn/a564185.html.
③ 张姗.美丽乡村建设国外经验及其启示 [J].农业科学研究，2018（3）：73-76.
④ 郭王骁潇，田淑敏，邓蓉.发达国家农村区域规划的经验与启示 [J].经济师，2017，336（2）：107-108.

（五）印度

印度与中国同为世界发展中的人口大国，国情有相似之处，面临很多相似的问题。位于印度西南部、发展相对落后的喀拉拉邦，因其"人民科学运动"而闻名于世，对同样位于中国西南部且发展相对落后的云南有启发意义。

印度喀拉拉邦有 3 000 多万人口，其中农村人口占 80%，人均收入低于印度平均水平，但其人类发展指数却接近发达国家水平，例如 95% 以上的识字率、很高的预期寿命、极低的初生婴儿死亡率、均衡的性别比例等[1]。喀拉拉邦在经济欠发达的情况下取得了较快的人文社会进步，因而被一些人看作第三世界发展的一个独特模式——"喀拉拉模式"[2]。这个成绩主要得益于 1962 年开始的人民科学运动。这项运动由科学家组织发起，目的在于宣传和普及科学，促进社会变革；奉行以人为本的价值观，强调所有人都是发展的主体，人人都有尊严、有价值；培养民众的自信和自尊的主要方法是为民众提供参与的舞台，让民众在参与社会生活中得到提升。最引人注目的地方是，人民科学运动在物质生活还不够富裕的时期，大力投资公共文化活动，约 3 000 人就拥有一座图书馆（同期中国约 45 万人拥有一座）。同时，人民科学运动非常重视开发农村资源和保护农村环境，在扫盲成功之后开展"人民资源制图计划"，组织当地农民画"资源地图"，与土地学家所做的地图一起成为地方发展规划的依据，并作为长短期资源利用的参考[3]。

印度喀拉拉邦的发展模式与云南学者纳麒教授所倡导的"社会发展优先"战略有异曲同工之妙，即在发展相对落后的西部民族地区，强调社会发展优先，以社会优先发展来带动经济、社会的全面、协调、可持续发展[4]。

---

① 王习明. 美丽乡村建设之国际经验：以二战以来美、法、日、韩和印度克拉拉邦为例[J]. 长白学刊，2014（5）：106-113.

② "喀拉拉模式"即"经济低收入、生活高质量"的人文社会发展水平优于经济发展水平的发展模式。

③ 付云东. 另类的科学与另类的发展：印度喀拉拉邦民众科学运动的科学观与发展观[J]. 科学学研究，2006（10），24（5）：653-657.

④ 纳麒. 论西部民族地区"社会发展优先"战略的选择[M]//云南农村发展报告（2005—2006）. 昆明：云南大学出版社，2006：1-8.

二、国内探索

与发达国家走过的路径相似，自改革开放以来，中国在经历了 40 多年经济高速增长之后，进入高质量发展阶段，也开始高起点谋划乡村发展问题。尤其在进入社会主要矛盾发生转化的新时代，中央提出实施乡村振兴战略，以期系统解决"三农"问题。作为新时代的新战略，全国各地乡村振兴整体上还处于起步阶段，尚未形成成熟的经验，但社会主义新农村建设、美丽乡村建设、脱贫攻坚过程中很多好的做法和经验仍然值得借鉴。另外，在全国乡村振兴如火如荼开展中，一些典型地区也涌现出了一些有益探索与实践。

（一）浙江省

自改革开放至 21 世纪初，浙江省经济经历了 20 多年的高速发展，跃居成为我国经济大省，经济社会发展水平和农民收入均在全国前列。2003 年，浙江人民生活水平总体上已达到小康水平，但农村滞后的现实与全面建成小康社会之间存在巨大差距，"脏、乱、散、差"的农村面貌与日新月异的城市面貌存在巨大反差。在此背景下，浙江省启动了"千村示范、万村整治"工程①，开启了浙江美丽乡村建设的进程，重点围绕提升农民生活质量，着力引导城市基础设施和公共服务向农村延伸覆盖，统筹城乡发展、推动城乡一体化建设，努力缩小城乡差距。在此过程中，浙江积累了一些较好的做法。

在发展农业方面，针对一系列发展趋势和问题，浙江省结合自身的特点，提出了大力发展高效生态农业的方案②。在发展机制上，浙江省立足形成以工促农、以城带乡的机制，大力推进城乡一体化建设，开创统筹城乡发展的新局面，成为全国首个发布和实施城乡一体化纲要的省份，并创设乡镇科技特派员和农村工作指导员制度，对农村进行指导帮扶。在摆脱贫困上，浙江以"破穷障、改穷业、挪穷窝、挖穷根"为主要做法，实施"山海协作""欠发达乡镇奔小康""百亿帮扶致富"等工程③。经过不懈努力，浙江以"千村示范、

---

① "千村示范、万村整治"工程即选择 1 万个左右的行政村进行全面整治，把其中 1 000 个左右的中心村建成全面小康示范村。

② 习近平.走高效生态的新型农业现代化道路 [N].人民日报，2007-03-21 (9).

③ 浙江省中国特色社会主义理论体系研究中心.从"千万工程"到乡村振兴战略 [EB/OL]. (2018-07-21).http://www.qstheory.cn/llwx/2018-07/21/c_1123158653.htm.

万村整治"工程为引领的美丽乡村建设取得了显著成绩。2018年4月，习近平总书记批示指出："浙江省15年间久久为功，扎实推进'千村示范、万村整治'工程，造就了万千美丽乡村，取得了显著成效。"①

在乡村振兴中，浙江省同样走在全国前列。一是强化发展理念引领，将"绿水青山就是金山银山"作为核心发展理念，提出生产、生活、生态"三生融合"的发展架构，进而推动城乡产业融合、景观融合、生态融合的包容发展和共享发展。二是强化治理模式创新，实现政府、市场、民众之间的良性互动。三是发挥乡村传统文化优势，利用乡土情结和乡土意识所呈现的乡村文化聚集人才、吸引外部资源、协调关系、形成发展合力②。

（二）山东省

"全国农业看山东。"在实施乡村振兴战略的时代大潮中，山东省提出打造乡村振兴的"齐鲁样板"，并进行了一系列的探索和实践。

一是坚持党委统一领导、政府负责、党委农村工作部门统筹协调的农村工作领导体制，五级书记靠上抓乡村振兴。调整省委农村工作领导小组及其办公室，省委书记任组长，省长任副组长，一名常委任专职副组长兼办公室主任③。

二是形成了由山东省委2018年一号文件、《乡村振兴战略规划（2018—2022年）》和乡村产业、人才、文化、生态、组织五大振兴工作方案组成的"1+1+5"政策规划体系，明确了乡村全面振兴的"路线图、时间表、任务书"④。

三是不断加大"三农"投入力度，统筹资金支持乡村振兴。建立涉农资金"任务清单"管理模式，把分散在31个省直部门的涉农资金下放到县，实行目标、任务、资金、权责"四到县"，集中力量办大事。同时，把乡村振兴与脱贫攻坚、美丽乡村建设融合推进，政策资金项目优先向农村、向贫困村倾斜⑤。

---

① 何玲玲，张旭东，何雨欣，等.习近平关心推动浙江"千村示范、万村整治"工程纪实［EB/OL］.（2018-04-23）. http://finance.chinanews.com/gn/2018/04-23/8498183.shtml.
② 黄祖辉.浙江乡村振兴战略的先行探索与推进［J］.浙江经济. 2017（21）：26-27.
③ 刘家义.深入贯彻落实十九大精神 全力推动乡村振兴［N］.人民日报，2018-01-12（10）.
④ 吕兵兵.山东：着力打造乡村振兴"齐鲁样板"［N］.农民日报，2018-07-11.
⑤ 刘家义.深入贯彻落实十九大精神 全力推动乡村振兴［N］.人民日报，2018-01-12（10）.

四是启动实施乡村振兴"十百千"工程。选取10个县（市、区）、100个乡（镇、街道）、1 000个建制村，开展示范创建工作，着力探索打造乡村振兴齐鲁样板的多元模式和成功经验，以点带面推动乡村振兴战略健康有序进行；在筛选中坚持区域布局、优中选优的原则，着力打造不同区域特色、不同发展类型的示范标杆；突出地域差异、科学布局，针对东中西不同地区资源禀赋、产业基础、区位优势等，鼓励探索平原、山区、库湖区等各具特色的乡村振兴路径，注重差异化布局①。

（三）四川省

四川省以成都市为代表积极探索实施乡村振兴战略。2018年春节前夕，习近平总书记在深入成都一些乡村视察时，对其推进乡村振兴的做法给予了充分肯定，要求成都市扎扎实实把乡村振兴战略实施好，继续走在全国前列，发挥示范作用。成都市的基本经验包括：

一是以生态环境建设、发展全域旅游为突破推动乡村全面振兴，其中的关键举措是乡村绿道和川西林盘②的建设。乡村绿道建设主要是对村道、组道、机耕道、河堤进行绿道改造，加密乡村绿道，与园林道形成网络体系，着力发挥绿道生态保障、健身运动、文化博览等功能。林盘建设主要配合特色镇（街区）和产业园的建设，引导要素资源、产业、人口等的聚集。

二是坚持规划先行，按照"不规划不设计、不设计不施工"的要求，立足资源禀赋、生态底蕴和比较优势，对全域乡村空间形态、产业布局、生态保护、基础设施、公共服务等进行全面规划、系统设计，注重"多规合一"，形成以美丽乡村建设总体规划为龙头，县域村庄布局规划、村庄整治建设规划、中心村建设规划、历史文化村落保护利用规划等专项规划相互衔接的规划体系。

三是形成分类推进乡村振兴的思路和做法，例如邛崃推进乡村振兴的基本做法是产业优先、招大引强；而崇州推进乡村振兴的基本做法是生态优先、创新创造等③。

---

① 邢振宇.山东省启动实施乡村振兴"十百千"工程 [N]. 齐鲁晚报，2018-10-11.
② 川西林盘是指成都平原及丘陵地区农家院落和周边高大乔木、竹林、河流及外围耕地等自然环境有机融合，形成的农村居住环境形态。
③ 李国祥.成都推进乡村振兴主要经验与启示 [J]. 先锋，2018（8）：16-19.

（四）贵州省

在探索实践乡村振兴中，贵州省提出"来一场振兴农村经济的深刻的产业革命"，强调"在转变思想观念上来一场革命，在转变产业发展方式上来一场革命，在转变作风上来一场革命，举全省之力推进乡村振兴战略，发展壮大一批竞争力强的农业企业，培育造就一支庞大的创新力强的职业农民队伍，让一批绿色优质农产品走出大山、风行天下，让贵州农民尽快富起来"[①]。

其中，发起于六盘水的"三变"改革，以及"塘约道路"，都是贵州探索实践乡村振兴的亮点。六盘水市在产业发展中探索出了资源变资产、资金变股金、农民变股东的"三变"改革，被连续两年写入中央一号文件。安顺市的偏远山寨塘约村 2013 年时还是贵州省最贫困的村之一，农村常住居民人均可支配收入不到 3 800 元，村集体资产不到 4 万元。面对贫困，塘约村牢牢抓住农村改革的"牛鼻子"，率先成立村级土地流转中心，对全村土地、林地等七权进行确权，运用"公司+合作社+农户"的发展模式，并且建立了科学的利益分配机制。2017 年，塘约村人均收入达到了 11 200 元，村集体资产达到了 312 万元，实现了从后进村到先进村的转变，"塘约经验"也成为西部贫困地区农村改革的样板[②]。

三、启示

世界发达国家和我国先进省份乡村发展与建设的实践和经验"珠玉"在前，对云南实施乡村振兴战略有借鉴和启发的价值。具体参考时必须因时制宜、因地制宜、因人制宜，综合考虑云南集边疆、民族、贫困、山区为一体的特殊省情，考虑各地社会经济发展阶段、产业结构、社会组织化程度、生态环境约束等实际情况。

（一）把握乡村发展规律，因时制宜

孙中山先生曾言："天下大势，浩浩荡荡，顺之则昌，逆之则亡。"乡村振兴战略同样需要顺应发展大势，科学把握好乡村发展规律，按照不同发展阶

---

① 汪志球，程焕. 来一场振兴农村经济的产业革命 [N]. 人民日报，2018-03-12（19）.
② 王珩，谢红娟，王庆江，等. 乡村振兴战略的贵州实践 [EB/OL].（2018-03-10）. http://news.cnr.cn/native/city/20180310/t20180310_524159796.shtml.

段的特点，制定相适应的政策措施，做到既不落后于时代，又不超越发展阶段；既对将来的发展变化了然于心，又脚踏实地着眼当下解决问题。

国际和国内经验都表明，当城乡之间的差距扩大到一定程度时，乡村衰落的事实将会撕裂整个社会结构，造成很多经济社会问题，甚至社会动荡。这时需要及时对乡村发展进行扶持，缩小城乡差距，促进城乡融合。日韩欧美的经验表明，这个时点大约出现在城市化率达到 60%～70% 的阶段。浙江在 2003 年提出美丽乡村建设时的城镇化率为 52.99%①，2017 年，浙江的城镇化率已高达 68.00%，山东的城镇化率达 60.58%，全国城市化率也为 58.52%，而云南的城市化率仅为 46.69%②，比浙江落后近 20 年，也就是说，云南尚处于乡村振兴的初级阶段。而根据发达国家经验，政策转向扶持乡村发展后，需要 20～30 年的时间可以取得实效。日本造村运动兴起于 20 世纪 70 年代末，到 90 年代基本实现了农业农村现代化；韩国相对基础薄弱，新村运动从 20 世纪 70 年代初开始，到 21 世纪初才基本实现乡村振兴。我国提出的乡村振兴"三步走"战略也是 30 多年时间，而云南发展水平和阶段略低于全国平均水平，紧跟全国步伐是比较适宜的战略选择。

实施乡村振兴战略还要顺应经济社会发展的大势，因势利导，顺势而为。农村发展面临的一个大趋势就是城镇化。例如，日本农民收入虽然在 1975 年就超过了城市居民，但农村人口仍然源源不绝涌入城市，2016 年日本的城市化率高达 93.9%，日本 1.3 亿人口中主要从事农业的人口已减少至 159 万人③；美国城市化进程也是一直增长到了 80% 左右才达到了基本平衡的水平。结合云南的地形地貌特点，人口向条件较好的坝区、城镇转移是一个长期趋势。因此，乡村人才和劳动力流失也是云南乡村振兴面临的主要问题之一，但是依靠政策手段将人"捆绑"在乡村并非明智的做法，也不符合规律。实施乡村振兴战略应遵循科技化、智能化的发展趋势。就农业而言，现代科技革命深刻地影响了农业的生产方式和经营方式。现代农业机械，加上互联网、物联网和智能 AI 技术都在使农业生产发生着深刻的变革。"谁来种地"应该不会成为一个难以解决的问题，例如，日本在农民平均年龄 67 岁的情况下，由于引入了机械化和基因技术，极大地改善了农业依赖劳动力的局面；美国 1% 的农民不但养活全国人口，还有世界第一的农产品出口交易也很能说明问题。实际上，

① 数据来源于《浙江统计年鉴 2017》。
② 2017 年全国、浙江、山东、云南城镇化率数据来源于《中国统计年鉴 2018》。
③ 参考消息网.日媒：日本农业人口持续减少 民间尝试建立机器人农业 [EB/OL].（2017-07-04）. http://www.sohu.com/a/154277764_114911.

中国经济发达的省份，例如浙江、山东，目前都在进行"机器换人"的试验示范，东北大平原的部分粮食生产也达到了完全自动化的水平。

（二）科学划分乡村类型，因地制宜

因复杂的地理、历史等原因，乡村呈现多样的发展状态。为了制定符合当地发展水平、发展阶段和地域特征的乡村发展政策，使之能有效解决不同村庄所面临的地域性的矛盾和问题，一些国家和地区在乡村分类上有较多的实践与研究，其中的主流是依据经济类型来对乡村进行划分。

美国在国家层面将全国划分为都市化地区和非都市化地区①。尽管非都市化地区可能有一些达到城市规模的小城镇，但总体上都将其称为"乡村"，且享受不同的政策待遇。同时，美国又依据支柱产业的不同，将乡村划分为农业型、矿业型、制造业型、依靠联邦和州政府补助型、服务业型、非专业化型6种类型，并针对不同地区不同类型实施了差异化的乡村扶持政策。法国也分区域实施差别化政策。20世纪60年代，划定了5个农村薄弱地区，针对各自特点提供政策和资金支持②。1995年，法国推出了农村复兴区政策，把农村分为郊区农村、新型农村和落后农村，分别给予不同的发展扶持政策，以及长期税收优惠③。日本将乡村视为相对于城市的地域概念，在具体的乡村经济类型划分上，更多的是学者在学术层面进行探讨，并为政府的政策制定提供建议。例如，日本学者依据农业人口的就业差异，将其乡村地区划分为都市乡村空间、郊外乡村空间、都市外围乡村空间、后背乡村空间、农业卓越乡村空间、出外做活乡村空间、自营兼业乡村空间7种空间类型。

（三）激活乡村振兴主体，因人制宜

毫无疑问，生活在乡村的居民应该是乡村振兴的主体。没有他们积极主动参与的乡村振兴就是无源之水、无本之木。日本和韩国的实践表明，乡村居民的充分参与和主体作用的发挥，是乡村建设发展取得成功的关键。日本在造村运动政策制定、实施、监管各个环节始终坚持农民主体地位，让农民成为几乎

---

① 美国国家统计局对"城市地区"的定义是，每平方千米人口密度达到368人的区域，其周边地区的人口密度为193人，其余地区为乡村地区。参见齐叶茂. 美国的乡村建设［J］. 城乡建设，2008（9）：95-100.

② 汤爽爽，冯建喜. 法国快速城市化时期的乡村政策演变与乡村功能拓展［J］. 国际城市规划，2016（9）：104-110.

③ 芦千文，姜长云. 欧盟农业农村政策的演变及其对中国实施乡村振兴战略的启示［J］. 中国农村经济，2018（10）：121-137.

所有造村运动项目的自觉参与者和真正受益人，既尊重了农民的首创精神，也激发了农民的主人翁精神，还提升了政策实施效率，同时也节约了政府的财政投入成本。韩国的新村运动一直重视农村社区精神的培养，强调必须加强培训，教育全体国民树立勤勉、自助、协同、自立精神。国家还成立专门机构负责培训，培训对象以农村社区中的骨干和青年为主，并将各类村庄建设项目和农业发展项目交给农村社区自治组织来实施，以此培养农民的团结精神和自治能力，加强农村社区的凝聚力。

我国自社会主义新农村建设开始，也一直强调农民的主体地位和主体性的发挥，但实际效果并不理想。尤其是公共财政覆盖后，农村的建设项目多由政府包办代替，以至于脱贫攻坚中出现了"输血"做法多于"造血"做法。很多政策导向，实际上是对农民主体性的发挥起到了"逆向激励"作用。很多建设实际上忽视了"人"这个终极目的，只是为建设而建设。有学者指出，有些地方乡村振兴的规划违反城乡人口布局规律，还在把大量人口"回流"农村的幻想作为制定规划的基础①。借鉴四川等省的经验，坚持人口发展规划优先，加强人口发展规划与其他建设规划的衔接，以人口的未来布局指导相应资源的布局。同时，加强对乡村各类人群的研究，尤其是对农村青少年的想法和行为模式的研究，尽可能从"人"的角度，准确判断村庄的发展趋势。

（四）优化配置乡村发展资源

乡村要实现振兴，需要使农业成为有奔头的产业，农民成为有吸引力的职业，农村成为安居乐业的美丽家园。要做到这一点，按照经济学的原理，农业就必须获得社会平均以上的利润，这就有赖于乡村发展资源的优化配置。尽管日本被通常认为是人多地少、农业资源紧张的国家，但 2017 年日本农业从业人口人均经营耕地面积达 42.17 亩。相较而言，2017 年我国第一产业从业人员人均占有耕地面积仅为 9.66 亩②，云南人均只有 6.14 亩③。紧张的人均耕地资源，是云南乡村振兴面临的一大障碍。甚至有学者指出，欧美日韩发达国家之所以可以实现乡村振兴，一个重要的原因就是，在快速城市化过程中，大量的农村人口被吸引到城市，从而使农村剩下的人得到了数倍于以往的农业发展

---

① 党国英. 乡村振兴的规划须防止几种倾向 [J]. 理论与当代，2018 (11)：56.
② 根据《中国统计年鉴 2018》相关数据计算。
③ 根据《云南统计年鉴 2018》相关数据计算。

资源，农民人均收入才得以大幅上涨①。同时，让合适的人做擅长的事，是人力资源优化配置的原则之一。在美国和日本，人员流动的限制相对较小，从事农业生产的人大多是热爱农业或者擅长农业的人。由此给我们的启示是，云南应创造条件，继续加大农村剩余劳动力的转移力度，以使农业生产资源集中到一个适度的规模。同时，鼓励城乡人才双向流动，让各类人才各得其所。

（五）统筹协调城乡融合发展

乡村的问题，从来都不是只靠乡村自己能够解决的。发达国家的经验表明，没有城市的辐射带动，乡村振兴无法实现。以日本为例，其乡村振兴是在城乡互动中完成的，基本走过了"城乡非协同发展—城乡协同发展—城乡一体化发展"的路径。第一阶段，集中力量发展城市，农村支持城市；第二阶段，城市反哺农村，缩小城乡差距；第三阶段，城市向农村延伸，农村融入城市经济圈，城乡差别消失。这条路径的逻辑在于，只有通过城市和工业的发展，政府才能够获得足够的财政收入来补贴农业农村的发展；只有通过城市的发展才能大量吸收农村的剩余劳动力，从而为农业现代化的实现奠定基础；也只有通过城市的发展才能为农村发展提供足够的动力和空间。更重要的是，城市向农村的延伸产生了大量的非农产业，只有通过农村非农产业的发展才能真正实现农民收入的提高和农村落后面貌的改善。这一点从日本的乡村建设实践中也得以证实，非农收入在日本农民的收入中占到了80%以上②。

（六）保持政策的连续性稳定性

国际、国内经验表明，乡村振兴不是一蹴而就的事情，是一个长达数十年的过程。在这个过程中，保持政策的稳定，"一张蓝图绘到底"非常重要。以日本为例，其主要通过法律手段，保障相关政策有步骤地发展，具体采取了"基本法"与"特别法"相结合的方式，即制定了《农业基本法》作为政策纲领，同时制定和完善了相应的特别法以确保政策目标得以实现，例如《山村振兴法》《农业现代化资金助成法》《六次产业化及地产地消法》等特别法，都以《农业基本法》为基础，保障了特定领域政策执行与目标一致。这使日本推进乡村振兴始终处于法律的约束之下，做到有法可依，保障了乡村振兴政

---

① 贺雪峰. 实施乡村振兴战略要防止的几种倾向 [J]. 中国农业大学学报（社会科学版），2018（3）：111-116.

② 刘震. 城乡统筹视角下的乡村振兴路径分析：基于日本乡村建设的实践及其经验 [J]. 人民论坛·学术前沿，2018（12）：76-79.

策的稳定性。

浙江的美丽乡村建设也是保持政策稳定的典范。2003 年提出的"千村示范、万村整治"工程可称为 1.0 版，2010 年制定、实施的《浙江省美丽乡村建设行动计划》可称为 2.0 版，2012 年出台的《浙江省深化美丽乡村建设行动计划》可称为 3.0 版，2017 年提出的"千村 3A 景区、万村 A 级景区"的"新千万工程"可称为 4.0 版。15 余年来，浙江省坚持一张蓝图绘到底、一任接着一任干，形成了系统推进"三农"发展的大格局，并成为全国乡村振兴的排头兵。我们应当吸取正反两方面的经验教训，做好顶层设计，完善体制机制，确保乡村振兴战略有序推进。

专题三 云南分类推进乡村振兴的形势

　　党的十九大首次提出乡村振兴战略后，2018 年中央一号文件《中共中央国务院关于实施乡村振兴战略的意见》做出了明确部署，紧接着《乡村振兴战略规划（2018—2022 年）》又对各个阶段性目标、任务和重大举措进行了细化。作为新时代管长远、管全面的新战略，乡村振兴战略的实施，必须遵循顺应经济社会发展规律和村庄发展规律，稳步有序推进。

　　乡村是具有自然、社会、经济特征的地域综合体，兼具生产、生活、生态、社会、文化等多重功能，与城镇互促互进、共生共存①。长期以来，我国因势利导、合理调整城乡重大关系，不管是城乡分割，还是城乡统筹，抑或是城乡一体化、城乡融合，都对乡村发展产生了重大影响。自然禀赋、区位条件、人口状况、发展水平等因素已经造就了全国各地乡村的"先天"差异性，而新型城镇化持续深入推进，又加速了乡村的"后天"发展分化趋势。因此，稳步有序推进乡村振兴战略，更需坚持乡村振兴和新型城镇化"双轮驱动"，在全面认清发展基础的前提下，客观分析发展机遇与困难，以科学分类为基础，以完善机制为关键，以因村施策为核心，以把握力度节奏为重点，才能实现乡村全面振兴的宏伟目标。

　　经过改革开放 40 多年的快速发展，云南经济社会发生了历史性变革，这不仅顺应了人类社会发展的基本规律，而且为新时代实施乡村振兴战略提供了丰富土壤、积累了一定经验、奠定了良好基础。当然，对照实现中华民族伟大复兴、建成现代化强国和"农业强、农村美、农民富"的目标，云南分类实施乡村振兴战略既面临许多发展机遇，又将遇到许多必须采取有效措施、不断克服的现实困难。

---

① 人民出版社. 乡村振兴战略规划（2018—2022 年）［M］. 北京：人民出版社，2018：3.

一、基础条件

云南分类实施乡村振兴战略不仅有国内外村庄发展规律做指导，而且有乡村差异化发展的现实为支撑，还有社会主义新农村建设、美丽乡村建设和脱贫攻坚的实践经验可借鉴。当然，云南农村改革发展40多年取得的历史性成就，更为实施乡村振兴战略奠定了坚实基础。

（一）村庄发展规律为乡村振兴分类推进提供了理论指导

作为承担农村居民生产生活功能的核心空间载体，村庄发展必然受自然资源、城镇化、产业发展、人口流动、农民职业分化等现状和趋势的影响。在传统农业发展阶段，受自然条件、交通状况、人口增长、农业生产方式等局限，云南和全国类似，村庄的发展主要围绕农业生产区域演变，呈现整体分散、相对集中的态势，村庄数量逐渐增长，村庄规模逐步扩大。随着传统农业向现代农业快速转变和城镇化的快速推进，以人、地、资本为核心的生产要素资源加速流动，农民对农业生产的依赖性逐渐减弱、对村庄功能的要求日渐多元化，导致了村庄经济结构、社会结构、治理结构等的深刻变化，呈现出显著的分化趋势。村庄分化的本质则是人口与劳动力流动完成了村庄社会的结构转型①。一些村庄因"人"的大量集聚，辅以公共基础设施和配套服务，逐步得以壮大；一些村庄因"人"的严重外流，村庄"空心化""空巢化"现象突出，逐步走向凋敝、消亡和转化。

经济发展取得较大成功国家的历史和实践表明，乡村发展是乡村人口减少、农村社会分工深化、农村居民中产化、农户扩大分享农业产业链收入、农户居民点规模收缩、乡村依赖城市均衡布局、农户与城市扩大联系平等享受城市公共服务、传统农村社会关系解体、产业生态环境持续优化、土地对农业农村进步贡献率明显下降等的过程②。从发达国家村庄发展经验和我国改革开放40多年来村庄演变的基本态势看，在城镇化的深刻影响下，村庄人口在较长一段时间内仍然向着城镇和竞争力强的村庄流动，人口净流入区和净流出区是两大演化趋势③；"小、散、弱"的自然村落将逐步合并，村庄空间发展呈集

---

① 陈雪原. 村庄发展与新农村建设：以北京郊区为例［D］. 北京：中国社会科学院，2016.
② 党国英. 乡村振兴要尊重社会经济发展基本规律［J］. 国家治理，2018（2）：32-39.
③ 陈雪原. 村庄发展与新农村建设：以北京郊区为例［D］. 北京：中国社科院，2016.

聚化趋势，总体上向高水平的经济发展、更便利的交通运输、更宜居住的环境集中①，且村庄集聚规模与发展前景成"正比"，但同时面临着形态演变和现代转型②。之所以称之为发展规律，就在于其对指导发展的普遍性。在有限的资源和时间内，国内外村庄发展规律为云南分类、分步、有序实施乡村振兴战略提供了理论指导和支撑。

（二）村庄差异化特征为乡村振兴分类推进奠定了现实依据

村庄是落实乡村振兴战略的基本载体，也是乡村振兴相关项目落地的基础单元。受自然、经济、社会、文化等多重因素的影响，村庄反映着不同的空间布局与景观形态、独特的社会变迁、文化心理、乡风民俗等③，这使得各村庄本身存在一定的差异性。同时，村庄发展规律尽管整体表现为集聚，但其反映到数量规模、形态、发展类型等具体村庄情况时也会各有不同④。认识和尊重村庄的差异性成为分类推进乡村振兴的前提和基础。

云南具有地域辽阔、气候多样等特点，乡村在州（市）域之间、县域之间、乡（镇）之间存在着显著的差异性，既体现在区位条件、地理条件、交通条件、资源禀赋等自然因素方面，也体现在产业结构、收入状况、城镇化水平等经济因素方面，还体现在人口结构、民族构成、文化风俗、社区类型等社会文化因素方面。这些因素多重演变、交叉叠加，在深刻影响村庄发展的基础和机遇的同时，也促使乡村呈现出不同类型、不同特点和阶段性。在传统农业阶段，村庄发展以农业生产生活为重点，更多依赖地形、土地、气候等农业生产必需的资源条件和农业资源利用方式⑤，在区位地点、空间形态、数量规模、居住方式等方面与农业发展水平相适应，如以"小农"经济为主的传统农业村。在现代农业阶段，农业发展呈现产业化、规模化、多功能化，进一步导致农民职业显著分化、收入来源多元化、主要收入非农化，促使农村的价值和功能日趋多样化，村庄发展突破了以农业为主导的产业路径、以农村为重点的生活环境，更多关注经济发展水平、交通基础设施、公共服务配套、政策发展环境等经济社会因素的影响力，如城中村和城郊村。在传统农业向现代农业

---

① 辛亮. 对近郊新农村社区规划的探索 [J]. 山西建筑, 2010 (32): 22-23.

② 陶一超. 基于村庄演化规律及农民意愿的村庄布点规划研究 [D]. 杭州: 浙江大学, 2016.

③ 杨静. 陕西蒲城山西村村落形态结构演变初探 [D]. 西安: 西安建筑科技大学, 2006.

④ 陶一超. 基于村庄演化规律及农民意愿的村庄布点规划研究 [D]. 杭州: 浙江大学, 2016.

⑤ 邓春燕. 我国当代农业村庄营建基础的类型研究 [D]. 北京: 北京建筑工程学院, 2012.

转变过程中，村庄发展由自然因素主导逐步向经济社会因素主导转变，受国家"非均衡"发展策略、农业农村扶持政策力度和村民参与村庄建设程度等因素的影响，村庄在基础条件、民居风貌、公共服务、产业构成、人口结构、文化风俗等方面的变化程度千差万别。"先天"的自然条件和"后天"的发展环境的双重影响，进一步强化了村庄发展基础与条件的差异性，并加深了村庄发展方式与路径的差异性。

（三）社会主义新农村建设为乡村振兴分类推进积累了实践经验

国内众多专家认为，乡村振兴战略就是社会主义新农村建设的"升级版"。始于 2005 年中国共产党十六届五中全会提出并实施的社会主义新农村建设，明确了协调推进农村经济建设、政治建设、文化建设、社会建设和党的建设，提出了"五个必须坚持"[①]"五要五不"[②] 的基本原则，并将加快建立以工促农、以城带乡的长效机制作为构建新型工农城乡关系的突破口，为新时代实施乡村振兴战略奠定了政策基础。随后，美丽乡村建设又将生态建设纳入新农村建设，进一步丰富了新农村建设的内涵。2006—2017 年的 12 年间，全国各地遵循因地制宜、分类指导、分步实施的原则，社会主义新农村建设"亮点"纷呈，取得了历史性成就，同时也积累了丰富的成功模式、经验和做法，如浙江的"统筹城乡模式"[③]"千村示范、万村整治"、福建的"体制机制创新"[④] 经验。

云南在推进社会主义新农村建设过程中，成立了新农村建设领导小组及办公室，从 2007 年开始向全省农村下派新农村建设工作队，并逐步完善新农村

---

① 五个必须坚持：必须坚持以发展农村经济为中心，进一步解放和发展农村生产力，促进粮食稳定发展、农民持续增收；必须坚持农村基本经营制度，尊重农民的主体地位，不断创新农村体制机制；必须坚持以人为本，着力解决农民生产生活中最迫切的实际问题，切实让农民得到实惠；必须坚持科学规划，实行因地制宜、分类指导，有计划有步骤有重点地逐步推进；必须坚持发挥各方面积极性，依靠农民辛勤劳动、国家扶持和社会力量的广泛参与，使新农村建设成为全党全社会的共同行动。

② "五要五不"：要注重实效，不搞形式主义；要量力而行，不盲目攀比；要民主商议，不强迫命令；要突出特色，不强求一律；要引导扶持，不包办代替。

③ 胡豹，顾益康，王丽娟. 浙江省统筹城乡建设新农村的成就与经验分析 [J]. 浙江农业学报，2009（6）：633-638.

④ 中共中央党校政法部课题组. 福建新农村建设的经验与思考 [J]. 福建农林大学学报（哲学社会科学版），2008（4）：1-4.

建设工作队的管理机制、职责任务、考核机制①，还实施了"六大统筹措施"②，确立了"面上打基础、点上去突破"的原则，将新农村建设与全省农业农村发展有机衔接，涌现出了红河州开远市、保山市隆阳区、大理州大理市等先进典型。在美丽乡村建设中，云南又以"规划引领、示范带动，因地制宜、分类指导，生态优先、彰显特色，城乡统筹、协调推进，以人为本、农民主体，以县为主、合力推进"为基本原则，以"做好县域城镇体系规划和村庄整治规划编制、培育中心村、提升特色村"为总体思路，遵循以自然村为基本实施单元，以中心村、特色村和传统村落为重点，典型示范、串点成线、连线成片，带动全省美丽乡村和新农村建设，并围绕"建设秀美之村、富裕之村、魅力之村、幸福之村、活力之村"开展示范建设。省内外开展的乡村建设的实践、做法和经验，都为云南分类实施乡村振兴战略提供了有益借鉴。

（四）农业农村发展的历史性成就为乡村振兴分类推进夯实了物质基础

改革开放 40 多年来，云南经济社会的快速发展，促进了全省农业农村发生了历史性变革，取得了历史性成就，并为高起点实施乡村振兴战略奠定了良好物质基础。一是脱贫攻坚取得全面胜利，全省现行标准下农村贫困人口全部脱贫、8 502 个贫困村全部出列、88 个贫困县全部摘帽，11 个"直过民族"和人口较少民族整体脱贫，困扰云南千百年的绝对贫困问题历史性地得到解决，贫困地区和贫困人口内生发展动力明显增强。二是农业产业体系、生产体系、经营体系初步构建，农业供给侧结构性改革扎实进展，使得农业综合生产能力明显增强，全省粮食总产量实现"八连增"，连续 6 年保持在 1 800 万吨以上，连续 8 年达到粮食基本自给目标；农业结构不断优化，初步形成了"生猪、牛羊、蔬菜、中药材、茶叶、花卉、核桃、水果、咖啡、食用菌"10 大重点产业发展格局，以电子商务、农业生产性服务业、乡村旅游等为主的农村新产业、新业态、新模式蓬勃发展；农业生态环境恶化问题得到初步遏制，农业生产方式、经营方式由粗放型、自给自足的"小农"生产加快向以绿色化、规模化、组织化、服务化为特征的集约型、产业化方向转变。三是农村改革取得

---

① 详见《中共云南省委办公厅转发省委组织部、省委农村工作领导小组办公室、省农业厅〈关于下派社会主义新农村建设工作队的意见〉的通知》（云厅字〔2007〕1 号）、《中国云南省委新农村建设领导小组关于加强新农村建设工作指导员学习培训和管理有关问题的通知》（云农队发〔2007〕2 号）。

② 六大统筹措施即统筹城乡发展规划、统筹国民收入再分配、统筹城乡发展措施、统筹农村各项改革、统筹城乡区域分布和统筹城乡工作机制。

新突破，农村承包地、宅基地"三权分置"稳步推进，农村集体产权制度改革扎实开展，农村创新创业和投资兴业风生水起，农村发展新动能加快成长。四是城乡发展一体化实现新突破，农民收入和生活水平明显提高，2012—2017年大约410万农业转移人口成为城镇居民，农村常住居民人均可支配收入增速连续14年快于城镇居民①，城乡居民收入相对差距稳步缩小。五是农村公共服务和社会事业达到新水平，公共基础设施加快向农村延伸覆盖，农村水、电、路、网等基础设施建设不断加强，人居环境整治加快推进，基本公共服务均等化有力推进，教育、医疗卫生、文化等社会事业快速发展，农村义务教育持续巩固，县乡村三级医疗服务体系、公共文化服务网络已经形成，农村社会焕发新气象。

二、重要机遇

乡村兴则云南兴。在国家全力推进高质量发展、全面实施乡村振兴战略的大背景下，贯彻落实乡村振兴战略为云南提供了难得的发展机遇。

（一）新时代国家实施乡村振兴战略的重大战略机遇

随着新时代我国社会主要矛盾的转变，全国迈入了以提高发展质量为导向的新阶段。人民日益增长的美好生活向往和不平衡、不充分发展之间的矛盾在云南突出表现为城乡发展的不平衡、乡村发展的不充分。全面建成小康社会、全面建设社会主义现代化强国最艰巨、最繁重的任务在农村，最广泛、最深厚的基础在农村，最大的潜力和后劲也在农村。因此，乡村振兴战略遵循高质量发展的要求，坚持农业农村优先发展，着力补齐农业发展短板和农村发展弱项。根据全国乡村振兴战略的一系列重大工程、重大计划、重大行动，云南及其农业农村发展将迎来政策"洼地"，形成项目资金的集聚叠加效应，为全省高原特色现代农业"错位"转型全面升级、农村美丽宜居全面进步、农民文明富裕全面发展提供巨大发展空间。

（二）新型城镇化持续加快推进的长期战略机遇

作为全球经济社会发展的必然趋势和国家现代化的重要标志，城镇化不仅

---

① 根据云南城乡居民收入计算，从2005年开始，全省农村居民人均收入增速均高于城镇居民。

是人类社会发展的客观规律，也是经济发展的重要动力、推动区域协调发展的有力支撑、最大的内需潜力所在，更是一项重要的民生工程①。国家将新型城镇化作为建成全面小康社会、建设全面现代化强国、助推乡村振兴战略实施的重要抓手，云南也将其作为推动高质量跨越式发展的重要举措。新型城镇化和乡村振兴是不可割裂的命运共同体，都是推进现代化、解决"三农"问题的重要途径，是相互促进、相辅相成的。不考虑乡村发展的城镇化，将会加速农村资源外流、加剧农村衰败；而不考虑城镇化的乡村发展，将会陷入盲目投入资源留住农民的"误区"，在财力不足的情况下超前投入和建设，既造成资源浪费，又抑制新型城镇化的发展②。

从世界各国城市化进程的规律来看，当城市化水平进入30%以上的中期发展阶段后，城市化进程会加速前进③。2019年，云南城镇化率已经达到了48.91%，已经进入城镇化加速发展阶段。随着以工促农、以城带乡、工农互惠、城乡一体的新型工农城乡关系的深入落实，云南城镇化加速发展也必将带动农业加速升级、农村的加速转型和农民的加速分化，而以人为核心的农村城镇化将成为链接城乡资源、促进要素双向流动的重要桥梁，进而提升乡村功能、增强农业农村吸引力、助推城乡融合发展。

（三）农业农村优先发展理念提供了重大发展机遇

国家已经明确了农业农村优先发展的政策方针，这不仅意味着长期以来农业支持工业、农村支持城市的发展战略将从根本上转型，而且随着中央对"三农"工作前所未有的高度重视，以及以城乡融合发展为基本方向的政策调整，将为农业农村发展提供重大发展机遇。云南尽管第二三产业得到了较快发展，但从本质上需要把以农业为主的第一产做大做强，不论是2016年4月提出的"八大产业"，还是2018年提出的打造世界一流"三张牌"，都把高原特色现代农业放了重要位置。正在深入推进的脱贫攻坚战，不仅为农业产业化发展奠定坚实基础，而且为农村发展、特别是农村基础设施建设打下坚实基础，为压茬推进乡村振兴战略提供坚实的政策和现实基础。

①　《国务院关于深入推进新型城镇化建设的若干意见》（国发〔2016〕8号）。
②　王立民.基于村庄演化视角的城镇化与新农村建设协调发展研究［D］.哈尔滨：东北林业大学，2015.
③　赵之枫.城市化加速时期村庄集聚及规划建设研究［D］.北京：清华大学，2001.

三、主要困难

尽管云南经济社会发展取得了历史性成就，但农业农村基础差、底子薄、发展滞后的状况尚未发生根本改变，"小农"特征与困局依然突出，全省经济社会发展中最明显的短板仍然在"三农"，现代化建设中最薄弱的环节仍然是农业农村。

（一）体制机制亟待健全

尽管国家将构建制度框架和政策体系作为乡村振兴战略的阶段性目标，明确建立党委统一领导、政府负责、党委农村工作部门统筹协调的农村工作领导体制以及中央统筹、省负总责、市县抓落实、五级书记抓乡村振兴的工作机制，云南省也出台了相关政策，但全省州（市）县（市、区）调研普遍反映，这种宏观的领导体制和工作机制落实落地困难。随着全面脱贫后扶贫部门改革的稳步推进，乡村振兴局、农业农村部门将成为推进乡村振兴战略的牵头部门统筹协调相关部门、相关政策的落实。然而在推进乡村振兴战略的具体操作或工作中，农村工作领导体制和工作机制如何在推进乡村振兴战略过程中具体化、顺畅运行，是现实亟须解决的制度层面的问题。乡村振兴工作的机构、人员、职能等应该怎么设置？五级书记的职责是什么？政策如何制定？投入如何保障？谁来保障？资源如何动员？资金如何整合？成效如何考核？如此种种体制机制问题都亟须明确。云南虽然将脱贫攻坚作为实施乡村振兴战略当前的主要任务，但省、州（市）、县（市、区）三级农村工作领导体制及推进乡村振兴战略的运行机制的不健全、不明确、不具体，将影响全省各地推进乡村全面振兴的进程。

（二）巩固拓展脱贫攻坚成果仍然艰巨

脱贫攻坚是实现乡村振兴的前提，更是高质量全面建成小康社会的首要政治任务。相比于全国其他已经脱贫地区，巩固拓展脱贫攻坚成果自然成为云南全面推进乡村振兴战略的中心任务和重中之重。据相关部门资料，2021 年，云南省东川区、昭阳区、鲁甸县、巧家县、镇雄县、彝良县、盐津县、大关县、永善县、宣威市、会泽县、武定县、红河县、元阳县、绿春县、金平县、马关县、广南县、澜沧县、宁蒗县、泸水市、福贡县、贡山县、兰坪县、香格里拉市、德钦县、维西县被列为国家乡村振兴重点帮扶县。

（三）公共财政收支矛盾加剧

作为欠发达地区，云南绝大多数县（市、区）的一般公共财政收入偏低，"吃饭"财政特征显著。2017年，全省102个县（市、区）的一般公共财政收入低于10亿元，115个县（市、区）的一般公共财政收入达不到全省平均水平。而随着刚性支出的不断增加，即便有国家的转移支付，绝大多数县级财政收支矛盾依然突出，"保工资、保运转、保民生"压力和难度加剧。近年来，由于脱贫攻坚战的持续深入推进，各地的政府负债进一步加大，而随着国家信贷政策的调整，加之还款周期叠加，进一步加剧了县级财政的压力，有些县（市、区）出现"工资缓发""绩效拖欠"等现象，个别县（市、区）的政府债务已逼近上限。作为乡村振兴战略的责任落实主体，县级财政收支如此突出的矛盾，进一步加剧了县（市、区）继续坚持财政优先保障、确保财政投入与乡村振兴目标任务相适应①的难度。

（四）农业转型升级缓慢

受制于"小农"困境，云南农业家庭经营主体地位、劳动密集型特征、分散组织方式特点没有发生根本改变②，农业生产的物质技术装备水平提升受限，农业发展方式依然粗放。农村一二三产业融合发展深度不够，大量农业农村富余劳动力难以转移，农业劳动生产率和土地产出率整体偏低，2017年云南省农业劳动生产率仅为全国平均水平的49.26%，农业土地产出率仅为全国平均水平的77.54%③。农业产业化龙头企业"量少、质弱"，农业社会化服务体系发育缓慢，小农户与现代农业难以有效衔接。农产品阶段性供过于求和有效供给不足并存，加工升值率严重偏低，农业竞争力与高原比较优势匹配度低、耦合度不够，农业供给质量和效益亟待提高。云南虽然全力打造世界一流绿色食品牌，但农业农村转型发展全面升级速度依然缓慢。

（五）基层党组织功能弱化

受经济社会发展水平的制约，云南多数农村存在党员"老龄化""低质

---

① 乡村振兴战略规划（2018—2022年）［M］.北京：人民出版社，2018：95.

② 云南省社会科学院农村发展研究所.摆脱小农之困：云南农村改革发展40年［M］.昆明：云南人民出版社，2018：153-158.

③ 根据《中国统计年鉴2018》相关数据整理计算。

化""断档化"以及基层党组织服务功能不足的情况,这不仅严重影响乡村振兴战略在农村的宣传落实落地,而且影响党在农村执政基础的巩固。调研县(市、区)普遍反映,当前农村党员存在年龄偏高、文化程度偏低的"一高一低"现象,60岁以上农村党员占比达30%以上,初中及以下学历的党员占比约50%,这也导致一些农村党员缺乏新知识、新技术、新思路,自身创业致富和带领群众共同创业致富的能力不强,党员模范带头作用难以发挥。加上农村青年劳动力大量外流、村组干部待遇严重偏低、激励机制不完善等因素,一些农村基层党组织甚至出现了年轻人不愿意入党、青年党员少、不愿意当村党支部书记等现象,致使农村基层党组织缺乏吸引力、凝聚力和活力,稳定性不够、接续性不足,组织振兴成为"五大振兴"的短板。此外,云南大多数村底子薄、基础差,村级集体经济薄弱,也制约着党组织功能的有效发挥。2017年,全省当年无经营收益的村占全省村集体经济组织的48.45%,当年有3万元以下经营收益的村占全省村集体经济组织的23.65%,经营收益"薄弱村""空壳村"比例高达72.1%①。

(六)农村基础设施仍然薄弱

经过改革开放40多年的发展,云南农村基础设施和公共服务设施尽管有了较大提升,但与城镇和周边省份农村相比,农村基础设施建设仍然滞后,农村民生领域欠账较多,环境和生态问题比较突出,城乡基本公共服务和收入水平差距仍然较大,乡村发展整体水平亟待提升。2017年,全省建制村公路基本实现"通畅",自然村和村小组整体上还是"通达";全省农村每千人口卫生技术人员仅有4人,为城镇平均水平的30.08%②;普遍缺乏可操作性的村庄规划,村庄无序化发展突出,呈现"布局散乱、环境脏乱、景观零乱"特征,"村村像城镇,镇镇像农村""室内现代化,室外脏乱差""只见新房,不见新村"现象屡见不鲜。

(七)乡村人才严重匮乏

受城镇化和"三农"问题的长期影响,云南农村青壮年劳动力大量外流,导致农村劳动力出现"总量过剩与结构性短缺并存"的问题,加之新型农民培育不足、农村对各类人才吸引力弱,导致人才严重匮乏。第三次全国农业普

---

① 根据《2017云南农村经营统计资料》相关数据计算。
② 云南省社会科学院农村发展研究所. 摆脱小农之困:云南农村改革发展40年 [M]. 昆明:云南人民出版社,2018:334.

查结果显示，2016 年，全省 35 岁以下的农业生产人员仅占全部农业生产人员的 29.6%；小学及以下受教育程度的农业生产人员占 61.3%，其中未上过学的农业生产人员比例高达 9.4%；规模农业经营户农业生产经营人员仅占全部农业生产人员的 2.34%。而实地调研的丘北县，2017 年全县专业技术人才仅占人口总数的 1.44%，高技能人才仅占 0.46%，农村实用人才仅占 1.98%，远远不能满足乡村振兴对人才的需求。

专题四 云南分类推进乡村振兴的方法与路径

一、传统单一维度分类

作为一个地处高原、地域形态复杂、气候立体多样、少数民族众多的边疆省份，云南村庄的非均质化特征尤为突出，特别是村庄经济社会发展差异非常大。实施乡村振兴战略亟须根据不同村庄的发展现状、区位条件、资源禀赋等对村庄进行分类，不仅解决村庄发展的共性问题，又能因地制宜兼顾村庄差异化的个性问题，以此助推村庄全面发展、全面振兴。传统分类主要使用单一指标。这虽然解决了分类的问题，但是由于过于单一很难客观反映多因素影响下的乡村情况。然而，即使采用高维方法分类仍然不可避免地存在分类的细碎化风险，这在一定程度上客观体现了云南乡村的复杂性。

（一）自然地域环境复杂的乡村

云南极其特殊的自然地理环境，造成了村庄类型较为复杂。这种复杂性也使得村庄类型的差异性很大，甚至乡村间、户与户的差异性也较为突出。分类的本质要求是要抓住事物的共性特征来进行分类，但高维影响因素下分类仍然需要照顾到事物的个性特征。

1. 自然地域环境复杂

云南属山地高原地形，山地面积 33.1 万平方千米，占全省辖区总面积的 84.01%，高原面积 3.9 万平方千米，占全省辖区总面积的 9.90%；盆地面积 2.4 万平方千米，占全省辖区总面积的 6.09%。地形以元江谷地和云岭山脉南段宽谷为界，分为东西两大区。东部为滇东、滇中高原，是云贵高原的组成部分，平均海拔 2 000 米左右，表现为起伏和缓的低山和浑圆丘陵，孕育着各种类型的岩溶（喀斯特）地貌；西部高山峡谷相间，地势险峻，山岭和峡谷相对高差超过 1 000 米。5 000 米以上的高山顶部常年积雪。全省海拔相差很大，最高点海拔 6 740 米，最低点海拔 76.4 米，两地直线距离约 900 千米，海拔相差 6 000 多米。全省地势呈现西北高、东南低，自北向南呈阶梯状逐级下降，从北到南每千米水平直线距离，海拔平均降低 6 米。高落差与高海拔，坝区与山区相间散布，这就是云南最典型的地域形态。云南乡村就在这种地域形态中被"塑造"。比如按照传统单一指标分类的思路，以云南乡村所处地形为指标可以分为坝区、山区、半山区乡村。

2. 复杂的地形形成多样的气候

云南气候基本属于亚热带高原季风型，但立体特点显著，类型众多、年温差小、日温差大、干湿季节分明、气温随地势高低垂直变化异常明显。滇西北属寒带型气候，长冬无夏，春秋较短；滇东、滇中属温带型气候，四季如春，遇雨成冬；滇南、滇西南属低热河谷区，有一部分在北回归线以南，进入热带范围，长夏无冬，一雨成秋。在一个省域内，同时具有寒、温、热（包括亚热带）三带气候，一般海拔高度每上升 100 米，温度平均递降 0.6~0.7 度。因此"小气候"特点突出，高山、河谷地带气候差异明显，降水分布不均衡十分突出，最多的地方年降水量可达 2 200~2 700 毫米，最少的仅有 584 毫米，大部分地区年降水量为 1 000 毫米。滇东南喀斯特地形区降水少却相对地势平缓，虽然不缺乏大江大河但是缺水却制约着农业的发展。

3. 复杂的自然地域环境塑造了云南乡村的多样化

理论上，乡村聚落的形成与自然、人文有着密切关系。在这种复合关系叠加作用下，云南乡村的聚落呈现各种各样的发展态势。高原丘陵的分布造就云南县城大多分布在坝区，形成典型的"坝子经济"，少部分县城和大多数乡镇分布于半山区、山区，绝大多数的村分布在山区、半山区，仅有少部分分布于县城郊区地形相对平缓的坝区。县与县之间、村与村之间，甚至一个村的不同自然村之间的气候差异都非常明显。在这种地域环境下，河流分布、山川分布也更为"杂乱"，乡村与乡村间的发展，县与县之间的发展，其可利用的自然资源差异非常明显。而乡村与乡村间甚至同一村农户与农户间的可利用资源差异也比较突出，在调研中也验证了这一点。以丘北县为例，调研组发现丘北日者镇与双龙营镇的地势海拔在小范围内存在明显高低落差，双龙营镇小气候与日者镇明显不同，这就决定了这两个地方乡村发展产业类型、模式以及效益的差异。特别是在一些"沟槽"区域户与户之间虽属同一村,但存在明显生产条件的差异。从实际看,云南1/3的县城位于高海拔地区,1/3的县城位于坝区,1/4的县城位于高山峡谷坡地。自然地形相对平缓的地区主要位于滇中的昆明坝子、滇东的陆良坝子、滇南的蒙自坝子、滇东北的昭鲁坝子等大坝区。从地形看,全省129个县(市、区)除昆明市的五华、盘龙两个城区外,山区比重都在70%以上,没有一个纯坝区县,有18个县的山区比例超过99%;而占全省土地面积6%的坝区,集中了2/3的人口和1/3的耕地。这就是云南乡村与全国其他乡村发展所面临的非常复杂的自然地域环境。

(二)多民族融合发展的乡村

云南是我国民族种类最多的省份,除汉族外,人口在6 000人以上的世居少数民族有25个,其中15个为云南特有,人口数均占全国该民族总人口的80%以上。云南少数民族交错分布,表现为"大杂居与小聚居",彝族、回族在全省大多数县均有分布。少数民族县、乡、村大多分布于半山区、山区,少部分分布于峡谷、坝区。比如怒族大多分布于怒江两岸河谷,纳西族多居住于海拔2 700米以上的山川河谷地带等。云南下辖县、乡、村的民族人口基本遵循片区"大杂居与小聚居"高度分散化的特征,同时伴有高山、峡谷、半山区、山区、坝区的区别,局部体现"立体式分布",高海拔坝区居住有白族、纳西族,低海拔河谷傣族居住较多。因此,在多民族融合发展背景下,云南乡村形成了各自独特的民族文化差异。这既是云南推动实施乡村振兴战略的优势,同时也是短板。多民族大杂居小聚居的优势是民族文化资源丰富,民族发展特色鲜明,可以成为乡村振兴的宝贵资源;短板则集中在这些多民族地区基础设施建设严重不足,且成本较高。

云南乡村的发展水平与县域经济发展相关联,加上自然地理环境的塑造,县域与乡村构成一个有机体。云南县域经济发展水平的较大差异,使得乡村发展呈现出鲜明的区域差别。2017年,云南县域农村常住居民人均可支配收入最高的为18 728元,最低的为5 672元,相差3.30倍,差额为13 056元;县域GDP最高的为1 140.14亿元,最低的仅为12.64亿元,相差90.20倍,差额达1 127.5亿元;县域人口最多的为141.03万人,人口最少的为3.88万人,相差36.35倍,差额为137.15万人①。高度离散化的资源禀赋造就高度离散化的

---

① 根据《云南统计年鉴2018》中数据整理计算。

区域经济形态。从一般特征看，云南农村居民收入较高的地区多数为坝区，既有滇西的高海拔坝区，也有滇中的中海拔坝区，还有滇南的中低海拔坝区，总体滇中农村居民收入相对较高，但分布不均衡问题突出。农村乡村从业人员[①]占乡村人口[②]的比例衡量了乡村实际从事生产活动获得收入人群的数量，其值越低说明实际从事乡村农业生产的人数越少，该值从87.77%降到46.43%的情况[③]表明，全省县域范围内从事农业生产的劳动力差距高达40多个百分点。

（三）片区空间区位差异的乡村

云南特殊的地形地貌及地理区位，还造成了乡村分布在空间上具有显著的片区性。传统意义上的滇中、滇东北、滇西北、滇东南、滇西南不仅仅是地理学的概念，还隐含着经济社会发展水平和文化层面的含义。这也导致乡村空间区位上的显著差异。

1. 乡村空间区位差异明显

云南复杂的自然地域形态，造成了县到县、村到县、村到乡的空间距离差异非常突出。比如石屏县牛街镇到县城距离将近80千米，而牛街镇的多数村委会到石屏县城将近100千米，加之多数少数民族地区自然村分散、立体式居住的特征使交通基础设施、生活基础设施投入成本远高于平原地区。比如，滇西北地区在海拔3 500米以上的高原峡谷地区修筑高速公路可谓"天堑变通途"。相反，条件优越的坝区村、乡镇与县之间，村到乡镇、村到县之间的空间距离就明显具有优势。比如昆明官渡坝区的一些村到城镇空间距离非常近，出门便是城镇。据课题组测算，云南全省的建制村到乡镇政府所在地的平均距离为11.97千米，据最近的农贸市场的平均距离也在8.64千米。滇西北、滇东北、滇西南片区的自然村高度分散，这也说明云南各乡村间的空间区位差异非常明显。这种乡村空间区位差异还体现在片区化的不同，滇东北主要是由于人口压力导致乡村分散，而滇西南则主要受多民族大杂居小聚居立体式分布影响，滇东南主要是由于石漠化分割造成，滇西北主要受高海拔高山峡谷影响。

2. 沿边县域乡村空间区域特殊

云南有25个边境县，与邻国的边界线总长4 060千米，其中中缅段1 997

---

① 乡村从业人员指乡村人口中16岁以上实际参加生产经营活动并取得实物或货币收入的人员，既包括劳动年龄内实际参加劳动人员，又包括超过劳动年龄但实际参加劳动的人员。

② 乡村人口数指乡村常住人口数。

③ 根据《云南统计年鉴2018》中数据整理计算。

千米，中老段 710 千米，中越段 1 353 千米。云南自古就是中国连接东南亚各国的陆路通道，有出境公路 20 多条，通往邻国的乡村便道不计其数，15 个少数民族跨境而居。云南边境地区的自然条件以山地地形为主，少数如河口、瑞丽等地处河谷坝区；紧邻边境的县城不在少数，形成一条延边县城带。仔细审视边境县的村庄分布发现，高寒山区边境村一般在海拔 2 500 米以上，山区边境村一般在海拔 1 500~2 500 米，半山区边境贫困村一般在海拔 1 000~1 500 米，坝区边境村一般在海拔 1 000 米以下，而绝大多数贫困人口也主要分布在海拔 1 500~2 500 米的区域。可见沿边县域乡村所处地域空间高度复杂，与内地相比所面临的发展风险更多。从空间区位看，全省边境县乡村具有明显的沿边优势，但从现实看这些地方又相对落后。尤其是滇西北边境地区，自然环境恶劣，经济社会发展程度低，沿边不仅没有优势，反而承担着守边、固边责任，这些地方的乡村振兴不论在内容上还是路径上与非边境地区都具有明显的差别。

二、高维复杂因素下云南乡村分类定量分析

村庄分类的依据和标准不同，类型也千差万别。上文按照传统地貌、民族、气候、沿边等单一标准对云南乡村进行分类，虽然反映了单一标准下当前云南乡村的一些现实，却不能完全反映多因素影响下的云南乡村现状。如依据城乡关系远近和联系密切程度，乡村可以分为城市主导型、城镇带动型、城乡协调型、乡村主导型四类；依据支柱产业，乡村又可分为农业主导型、农产品加工业主导型、乡村旅游业主导型、三产融合型四类；依据人口流向，乡村还可以分为人口流出型、人口流入型两类，等等。总体上看，云南乡村发展的差异化特征十分突出，且片区化、梯度化发展层次明显。科学划分的前提是更多地使用客观依据和标准，这在一定程度上必然削弱主观划分的作用。而科学划分就是为了避免主观"偏好"或"知识范围"对特征的影响进而直接影响分类，以起到"实事求是""因地制宜"的作用。因此，科学划分云南乡村类型，必须综合考虑分类逻辑、分类方法、分类指标等。

（一）分类逻辑

从逻辑上看，云南乡村大致存在三种分类逻辑。

一是在同一分类层级上增加和丰富乡村种类。比如国家分为四类，省级层面根据实际情况可以分为五类、六类甚至更多。优点是能够更好地体现和反映具体分类对象的特质，缺点是可能忽视一些共性，因为随着层级分类数量的增加，政策执行成本将增大。按照现有政策体系和投入体系，随着同一层级分类数量的增加，一方面对接上级政策的难度会加大，另一方面是政策成本增加。

二是在第一层级分类之下细化。比如国家制定四类标准，省级层面对这四类中的每一类细分为若干小类。这种分类的优点是能够反映乡村的共性特质，同时兼顾到个性特征。缺点是过度细分势必造成细分的细碎化风险，使科学分类过多引入"主观因素"从而破坏科学分类的客观性。虽然这种分类方式会使下一层级数量增多，但大都能够反映某一大类的共性特质。因此，采用该方法必然要求控制细分数量，否则将会削弱分类的客观性。从执行和运行来看，这种分类的执行成本相对较低，投入也相对较少，也容易对接上一级的政策，但难点是如何突显特色。一句话，这种分类逻辑既有利于发挥地方特色，又有利于因地制宜，从而避免引发"一刀切"的问题。

三是既考虑到增加第一层级的数量，又细分亚层级的分类逻辑。这种分类一方面有第一、二种分类逻辑的优势，另一方面也将两种分类逻辑的缺点包含在内，其优势是能够最大限度地反映分类对象的特点。从方法论角度看，第三种分类逻辑实际上是选择一个支点或多个支点，然后将各个支点进行拓展，进而形成节点的分类逻辑。因此，只要控制第一层级分类数量，同时定向、定量释放亚层分类就可以按照分类需要控制好反映个性和共性的反映情况，从而实现运行成本和政策目标的平衡，起到有效"趋利避害"的作用。

综合考虑云南省情农情，我们认为云南乡村分类的逻辑选择应该优选第二种。这种分类方式一方面能够"顺应云南乡村差异化"发展的现实，另一方还能够为"有序推进乡村发展"制定不同类别的推进策略，同时提高"片区谋划梯次发展"的乡村空间集约效率。但关键是必须防止细分类型膨胀，防止主观化风险。按照这种分类逻辑，本书采用 K-H 系统聚类分析法和 AHP 层次分析法，分两个阶段对云南乡村类型进行计量分析。之所以采取两阶段分类方法，主要是为了将云南乡村振兴的 14 323 个建制村的分析与 129 个县的实际相结合，一方面照顾到建制村将成为乡村振兴的实施单元，另一方面也兼顾了各县域经济发展的基础与特点，同时还能够从动态角度看待乡村振兴的目标与现实基础的关系。

（二）分类方法

1. AHP 层次分析法

人们在分析社会、经济以及科学管理领域的问题时，常常面临的是一个由相互关联、相互制约的众多因素构成的复杂而又缺少定量数据的系统。农村发展就是一个由相互关联、相互制约的多因素构成的复杂系统。层次分析法（analytic hierarchy process，AHP）正是针对这些负载的、模糊的问题做出决策的一种新的、简洁而实用的建模方法，它特别适用于那些难于完全定量分析的问题。该方法是美国运筹学家 T. L. Saaty 教授于 20 世纪 70 年代初提出的一种简便、灵活而又实用的多准则决策方法。Saaty 教授于 1971 年在为美国国防部研究"应急计划"时运用了 AHP 法，并于 1977 年在国际数学建模会议上发表了《无结构决策问题的建模——层次分析法》一文。此后，AHP 法在许多决策问题领域得到广泛应用。

AHP 法属于系统性的分析方法，能够考虑多重共线性问题。该方法把研究对象作为一个系统，按照分解、比较判断、综合的思维方式进行决策，成为继机理分析、统计分析之后发展起来的系统分析的重要工具。系统的思想在于不割断各个因素对结果的影响，而 AHP 法中每一层的权重设置最后都会直接或间接影响到结果，而且在每个层次中的每个因素对结果的影响程度都是可量化的，非常清晰、明确。这种方法尤其可用于对无结构特性的系统评价以及多目标、多准则、多时期等的系统评价。

AHP 法在应用方面简洁实用。这种方法既不单纯追求高深数学，又不片面注重行为、逻辑、推理，而是把定性方法与定量方法有机结合起来，对复杂系统进行分解，进而将人们的思维过程数学化、系统化，便于人们接受，且能把多目标、多准则又难以全部量化处理的决策问题化为多层次单目标问题，通过两两比较确定同一层次元素相对于上一层次元素的数量关系后，最后进行数学运算。正因为 AHP 法有其他方法不可替代的优势，所以本研究采用了该方法。

2. 聚类分析法

聚类分析（cluster analysis）又称群分析，是根据"物以类聚"的道理，对样品或指标进行分类的一种多元统计分析方法，它讨论的对象是大量的样品，要求能按各自的特性来进行合理的分类，没有任何模式可供参考或依循，即是在没有先验知识的情况下进行的。聚类分析起源于分类学。在古老的分类学中，人们主要依靠经验和专业知识来实现分类，很少利用数学工具进行定量的分类。

聚类分析被应用于很多方面：在商业上，聚类分析被用来细分不同的客户群，并且通过购买模式刻画不同的客户群特征；在生物学上，聚类分析被用来进行动植物分类和对基因进行分类，获取对种群固有结构的认识；在地理学上，聚类分析能够帮助分析在地球中观察到的数据库的相似性；在保险行业，聚类分析通过一个高的平均消费来鉴定汽车保险单持有者的分组，同时根据住宅类型、价值、地理位置来鉴定一个城市的房产分组；在因特网的应用上，聚类分析被用来在网上进行文档归类和信息修复等。

聚类分析是根据事物本身的特性研究个体的一种方法，目的在于将相似的事物归类。它的原则是同一类中的个体有较大的相似性，不同类的个体的差异性很大。①适用于处理由多个变量决定的分类。例如，要根据消费者购买量的大小进行分类比较容易，但如果在进行数据挖掘时，要求根据消费者的购买量、家庭收入、家庭支出、年龄等多个指标进行分类通常比较复杂，而聚类分析法就可以解决这类问题。②聚类分析法是一种探索性分析方法，能够分析事物的内在特点和规律，并根据相似性原则对事物进行分组，是数据挖掘中常用的一种技术。聚类分析计算方法主要有如下几种。

设样本为 $\bar{X}_i$ 和 $\bar{X}_j$，d 为空间中的距离：

（1）欧氏距离（Euclidean Distance）：多维空间距离测算 $d_{ij} = \sqrt{\sum_k^p (X_{ik} - X_{jk})^2}$。

（2）欧式平方距离（Sequard Euclidean Distance）：$d_{ij} = \sum_k^p (X_{ik} - X_{jk})^2$。

（3）闵氏距离（Minkowshi Distance）：$d_{ij} = \left(\sum_k^p |X_{ik} - X_{jk}|^q\right)^{\frac{1}{q}}$，$q \geq 1$，该距离的 q 值实际上就是空间中可以将其分为类别的类数，建模分析者可根据特性自行设定。H. Minkowski 闵可夫斯基空间是狭义相对论中由一个时间维和三个空间维组成的时空，它最早由俄裔德国数学家闵可夫斯基（1864—1909 年）提出。

（4）切比雪夫距离（Chebyshev Distance）：$d_{ij} = \max_{1 \leq k \leq p} \{|X_{ik} - X_{jk}|\}$。

此外还有布洛克（Block）、余弦等距离，由于本研究不涉及这些距离计算方法，故不赘述。

（三）分类指标

按照乡村差异化发展规律，以及有序推进乡村发展、片区谋划梯次发展的分类思路，云南乡村必须考虑边疆、民族、欠发达、气候、地形、县域经济等因素来综合选择指标。依据两阶段两方法的"2×2"模型，需要在两阶段选择具体指标综合反映云南乡村发展的现实。从乡村发展的实际情况来看，2017年，云南有129个县（市、区），其中29个民族自治县、25个边境县、1 403个乡（镇、街道办）、14 323个村（居）委会①。这14 323个村（居）委会分布在129个县域中，所处的地理位置、海拔、气候、经济社会发育程度均不相同，社会管理能力均不一样。综合区域经济发展、社会发展、资源状况等因素，乡村分类既需要考虑乡村特点，又要兼顾县域特点。虽然国家和云南省都已经提出了分类类型②，但这些分类类型的指标选择、依据、标准都仍需要进一步细化。同时，还必须结合云南实际，按照乡村差异化发展规律，分析当前云南乡村发展的现实情况，解决如何分类更符合实际的问题。

第一阶段，选择"云南数字乡村网"相关乡村（建制村）的地形特征（含坝区、山区、半山区）、乡村所在地平均海拔、乡村与最近的农贸市场的距离、少数民族人口占比、与乡（镇）政府所在地的距离、年降水量、年平均气温、乡村人口、自然村数量等指标作为村一级的基础数据。利用这些指标，旨在客观反映云南乡村的实际情况。虽然"云南数字乡村网"相关数据更新比较缓慢，但由于建制村一级大多考虑自然地形气候等因素，年度间相对变化较小。这对掌握云南乡村的实际情况非常有用。

表4-1反映了乡村一级数据的基本情况，村级数据库总共涉及建制村12 597个，覆盖云南行政村的87.76%，效度较高，Minimum表示变量最小值，Maximum表示最大值，Mean表示平均值，Std. Deviation表示标准差，Variance表示方差。以地理状况为例，平均值为2.41说明云南80%以上的乡村处于半山区和山区。由于"云南数字乡村网"网络更新缓慢的缘故，表4-1中的农民人均纯收入大多为2009年或2011年的水平，平均收入为3 270.93元，最低为107.00元，基本反映了当时云南的总体情况，2009年，全省的农民人均纯收入为3 369元，最低的贡山县为1 257元③。用这些数据对2017年的乡村分类进行分析显然既不科学也不合理。与此相类似的指标还有常用耕地面积、少数民族人口、乡村人口等。

---

①　云南省人民政府办公厅，云南省统计局，国家统计局云南调查总队. 2018云南领导干部手册［M］. 昆明：云南人民出版社，2018：54.

②　《国家乡村振兴战略规划（2018—2022年）》将村庄分为集聚提升型、融入城镇型、特色保护型、搬迁撤并型4类；《云南省乡村振兴战略规划（2018—2022年）》将村庄分为集聚提升型、融入城镇型、特色保护型、搬迁撤并型、固边守边型5类。

③　云南省人民政府办公厅. 2010云南领导干部手册［M］. 昆明：云南人民出版社，2010.

表 4-1 第一阶段模型变量描述性统计分析

index	N	Minimum	Maximum	Mean	Std. Deviation	Variance
地理状况：山区（1）、半山区（2）、坝区（3）	12 297	1	3	2.41	0.81	0.65
海拔/米	12 345	105.00	3 990.00	1 670.94	441.84	195 219.04
年平均气温/摄氏度	12 357	4.00	36.00	16.81	3.45	11.91
年降水量/毫米	12 370	200.00	4 000.00	1 116.51	387.89	150 457.84
辖区面积/平方千米	12 340	0.00	601.00	23.56	25.83	667.09
2009—2011 年常用耕地面积/亩	12 260	1.00	71 568.00	3 442.90	3 129.28	9 792 370.20
2009—2011 年乡村人口/人	12 359	74.00	10 181.00	2 791.00	1 790.24	3 204 950.22
2009—2011 年少数民族人口/人	12 374	0.00	6 978.00	1 037.15	1 219.38	1 486 895.76
2009—2011 年农民人均纯收入/元	12 296	107.00	14 868.00	3 270.93	1 885.62	3 555 570.33
距离最近的农贸市场集市/千米	12 370	0.00	184.00	8.69	10.29	105.80
距离乡镇府/千米	12 373	0.00	202.00	12.31	12.40	153.65
村卫生所医生人数/人	12 374	0.00	84.00	2.29	2.68	7.15
自然村数/个	12 374	0.00	96.00	8.75	6.60	43.57
2009—2011 年党员人数/人	12 374	0.00	240.00	72.39	50.14	2 513.92
人均耕地面积/亩	12 591	0.00	39.00	1.37	1.24	1.54
少数民族人口占比/%	12 591	0.00	10.00	0.43	0.41	0.17

注：数据精确到 0.01。

基于此，本研究参考《云南统计年鉴 2018》县域发展情况，将少部分县域发展指标如"农村常住居民人均可支配收入"纳入分析模型，同时通过县域、村级座谈会问卷校准偏差，最后形成第二阶段建模指标。

进入第二阶段模型的权重主要来源于课题组实地调研的问卷。问卷来源于参加市级和县级座谈会的相关部门的领导和专家，有效问卷数为 173 份。因此，本书采取"问卷数据+统计年鉴"的方式，希望分析的结果更加精确、更加客观地反映云南农村的实际和特点。

第二阶段模型指标共有 15 个，具体有：坝区、半山区、山区占比，年平均气温，年降水量，平均海拔，土地面积指数，平均少数民族人口占比指数，平均海拔指数，农村常住居民人均可支配收入指数，二产发展指数，人均耕地面积指数，乡村从业人员数占乡村人口比，距离农贸市场平均距离指数，距离乡（镇）

政府所在地平均距离指数，乡（镇）政府管辖建制村指数，建制村辖自然村指数等。其中，乡（镇）政府管辖建制村指数用于衡量乡村治理的难度，同时反映建制村的分散程度；建制村辖自然村指数主要用于衡量自然村的分散程度。

表 4-2 反映了第二阶段建模使用变量的平均值、标准差、方法等情况，Skewness 和 Kurtosis 均表示偏度。这些指标均采用相对数，以避免绝对数过大对结果造成扰动，比如农村常住居民人均可支配收入通常为 4 或 5 位数，如果将其直接代入模型，将会对结果产生扰动，而计量经济学的基础程序就是要避免数量绝对大小对计算结果的扰动。这些指标已采用数据标准化方法或比值法消除单位的影响，且映射在 [0，1] 区间，标准化方法如下式：

$$\frac{x_i - \min(x_j)}{[\max(x_i) - \min(x_i)]} = n_i$$

其中 x_i 为 129 个县（市、区）的变量向量。

Skewness 和 Kurtosis 主要用于分析数列的密度情况，一般用 Skewness 和 Kurtosis 的 Std. Error 值的大小来衡量数量密度的偏向，以便矫正断点。

表 4-2　第二阶段模型变量描述性统计分析

	Mean		Std. Deviation	Variance	Skewness		Kurtosis	
	Statistic	Std. Error	Statistic	Statistic	Statistic	Std. Error	Statistic	Std. Error
坝区占比指数	0.219 9	0.016 1	0.183 3	0.034 0	0.972 0	0.213 0	0.392 0	0.423 0
半山区占比指数	0.192 2	0.009 5	0.108 4	0.012 0	0.906 0	0.213 0	0.623 0	0.423 0
山区占比指数	0.587 3	0.018 5	0.210 1	0.044 0	-0.446 0	0.213 0	-0.414 0	0.423 0
年平均气温指数	0.601 3	0.014 2	0.161 3	0.026 0	-0.459 0	0.213 0	1.984 0	0.423 0
年降水量指数	0.334 1	0.017 5	0.199 2	0.040 0	1.192 0	0.213 0	1.170 0	0.423 0
平均海拔指数	0.502 1	0.017 1	0.194 7	0.038 0	-0.041 0	0.213 0	0.190 0	0.423 0
农村居民人均收入指数	0.378 4	0.017 7	0.201 6	0.041 0	1.060 0	0.213 0	1.157 0	0.423 0
工业化程度指数	0.086 0	0.012 7	0.143 7	0.021 0	4.234 0	0.213 0	20.467 0	0.423 0
人均耕地面积指数	0.277 6	0.015 6	0.177 4	0.031 0	1.590 0	0.213 0	2.992 0	0.423 0
土地调查面积指数	0.240 4	0.014 7	0.167 5	0.028 0	1.438 0	0.213 0	3.103 0	0.423 0
少数民族人口占比指数	0.457 5	0.027 1	0.307 4	0.094 0	0.193 0	0.213 0	-1.332 0	0.423 0

表4-2(续)

	Mean		Std. Deviation	Variance	Skewness		Kurtosis	
	Statistic	Std. Error	Statistic	Statistic	Statistic	Std. Error	Statistic	Std. Error
乡村从业人员数占乡村人口的比重指数	0.598 5	0.004 5	0.051 7	0.003 0	0.238 0	0.213 0	1.039 0	0.423 0
距离农贸市场平均距离指数	0.303 3	0.013 8	0.156 3	0.024 0	1.029 0	0.213 0	2.503 0	0.423 0
距离乡镇政府平均距离指数	0.396 5	0.017 0	0.193 2	0.037 0	0.391 0	0.213 0	0.151 0	0.423 0
每个乡镇管辖建制村数指数	0.105 5	0.002 6	0.029 2	0.001 0	0.653 0	0.213 0	0.316 0	0.423 0
每个建制村管辖自然村数 L 指数	0.209 9	0.015 3	0.173 4	0.030 0	1.979 0	0.213 0	5.240 0	0.423 0

注：数据精确到0.000 1。

（四）分类建模

第一阶段主要根据云南建制村的基础数据展开分析，提取并分析出重要指标。这些指标的影响权重由本次实地调研座谈会完成的问卷调查表分析而得，主要使用 AHP 层次分析法评估当前云南乡村发展现状。图 4-1 为第一阶段 AHP 层次分析法结构模型，反映了六大分类依据结构。其基本逻辑假设为图 4-2，反映了六个分类指标之间的两两分类逻辑，结果详见表 4-3。

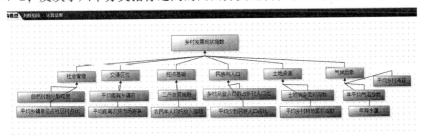

图 4-1　AHP 法乡村振兴分类依据结构模型

判断矩阵一致性：	一致 (0.0678)	
要素关系说明		关系
关于决策目标--"分类实施乡村振兴分类依据"--的重要性关系		
关于"分类实施乡村振兴分类依据"，"气候因素"与"经济基础"相比：		后者比前者稍微重要/有优势(1/3)
关于"分类实施乡村振兴分类依据"，"气候因素"与"土地资源"相比：		前者比后者微小重要/有优势(2)
关于"分类实施乡村振兴分类依据"，"气候因素"与"民族与人口"相比：		两者具有相同重要性(1)
关于"分类实施乡村振兴分类依据"，"气候因素"与"交通区位"相比：		后者比前者稍微重要/有优势(1/3)
关于"分类实施乡村振兴分类依据"，"气候因素"与"社会管理"相比：		后者比前者微小重要/有优势(1/2)
关于"分类实施乡村振兴分类依据"，"经济基础"与"土地资源"相比：		前者比后者稍微重要/有优势(3)
关于"分类实施乡村振兴分类依据"，"经济基础"与"民族与人口"相比：		前者比后者稍微重要/有优势(3)
关于"分类实施乡村振兴分类依据"，"经济基础"与"交通区位"相比：		前者比后者稍微重要/有优势(3)
关于"分类实施乡村振兴分类依据"，"经济基础"与"社会管理"相比：		前者比后者稍微重要/有优势(3)
关于"分类实施乡村振兴分类依据"，"土地资源"与"民族与人口"相比：		前者比后者微小重要/有优势(2)
关于"分类实施乡村振兴分类依据"，"土地资源"与"交通区位"相比：		后者比前者稍微重要/有优势(1/3)
关于"分类实施乡村振兴分类依据"，"土地资源"与"社会管理"相比：		两者具有相同重要性(1)
关于"分类实施乡村振兴分类依据"，"民族与人口"与"交通区位"相比：		两者具有相同重要性(1)
关于"分类实施乡村振兴分类依据"，"民族与人口"与"社会管理"相比：		两者具有相同重要性(1)
关于"分类实施乡村振兴分类依据"，"交通区位"与"社会管理"相比：		两者具有相同重要性(1)

图 4-2　AHP 法分类逻辑假设

表 4-3　一致性判别矩阵

分类依据	气候因素	经济基础	土地资源	民族与人口	交通区位	社会管理
气候因素	1.000 0	0.333 3	2.000 0	1.000 0	0.333 3	0.500 0
经济基础	3.000 0	1.000 0	3.000 0	3.000 0	3.000 0	3.000 0
土地资源	0.500 0	0.333 3	1.000 0	2.000 0	0.333 3	1.000 0
民族与人口	1.000 0	0.333 3	0.500 0	1.000 0	1.000 0	1.000 0
交通区位	3.000 0	0.333 3	3.000 0	1.000 0	1.000 0	1.000 0
社会管理	2.000 0	0.333 3	1.000 0	1.000 0	1.000 0	1.000 0

　　表 4-3 结果显示：一致性矩阵合理值为 0.067 8，小于 0.1 说明该 AHP 结构化模型构造合理，分析结果可靠。图 4-1 中六大分类依据——气候因素、经济基础、土地资源、民族与人口、交通区位、社会管理是反映云南乡村分类特质的主要指标。一致性矩阵合理值说明，这些指标已经能够客观反映云南乡村的特点，按照这 6 类指标实施分类已经能够准确定位当前云南乡村发展的基础，同时已经能够相对准确地判断云南乡村发展的基本规律。通过这 6 类因素构成云南乡村振兴综合分类指数，据此进入第二阶段模型分析。

　　第二阶段建模依据上文计算出的六类乡村分类主要因素，主要结合 129 个县的乡村发展基础数据，构建云南乡村发展指数。考虑县域发展方面的指标，主要源于乡村振兴是统筹城乡发展的乡村振兴，同时县域是乡村振兴人口流动的主要区域。据此第二阶段模型采用 K–H 系统聚类模型（K–Hierarchical classification method）。模型迭代公式为欧氏距离（Euclidean distance）：多维空间距离测算 $d_{ij} = \sqrt{\sum_{k}^{p}(X_{ik} - X_{jk})^2}$ 。计算程序为

Data written toC：\ Users \ Administrator \ Desktop \ 分类. xls.

11 variables and 129 cases written to range：SPSS.

Variable：f1   Type：String Width： 15

Variable：v1   Type：Number Width： 13 Dec：7

Variable：v2   Type：Number Width： 13 Dec：7

Variable：分类综合指数 Type：Number Width： 13 Dec：7

Variable：坝区指数   Type：Number Width： 13 Dec：7

Variable：半山区指数 Type：Number Width： 13 Dec：7

Variable：山区指数   Type：Number Width： 13 Dec：7

Variable：q1   Type：Number Width： 13 Dec：7

Variable：q2   Type：Number Width： 13 Dec：7

Variable：q3   Type：Number Width： 13 Dec：7

Variable：CLU3_ 1   Type：Number Width： 8 Dec：0

CLUSTER 分类综合指数 坝区指数 半山区指数 山区指数

 /METHOD BAVERAGE

 /MEASURE＝SEUCLID

 /ID＝f1

 /PRINT CLUSTER（4）

 /PLOT DENDROGRAM VICICLE

 /SAVE CLUSTER（4）.

--end.

  经过计算机运算，可以得到系统聚类模型的 ANOVA 检验，该检验主要应用于检验分类标准是否符合模型需要，Mean Square 表示均值的平方，Error 表示标准误差，F 统计量主要用于检验变量是否符合进入模型，Sig. 反映显著性水平，Sig 为 0.000 0 说明研究进入的指标变量拒绝原假设，进入模型变量在 99.991 2%的概率下拒绝原假设变量不显著，说明研究选择分类指标符合模型分类标准，详见表4-4。

表 4-4　样本进程概述

	Cluster		Error		F	Sig.
	Mean Square	df	Mean Square	df		
乡村发展状况指数	0.088 0	4.000 0	0.003 0	124.000 0	29.215 0	0.000 0
坝区指数	0.814 0	4.000 0	0.004 0	124.000 0	190.332 0	0.000 0
半山区指数	0.213 0	4.000 0	0.005 0	124.000 0	39.148 0	0.000 0
山区指数	1.113 0	4.000 0	0.006 0	124.000 0	183.994 0	0.000 0

129 个县的乡村分类冰状图仅运用与寻找相似类型。距离函数迭代之后的距离谱系图直接反映各类型间的谱系关系。这两个图主要用于观察分类距离异常情况是否存在。对比观察这两个图发现，断点清晰、结果可靠。表 4-5 为各类型模糊迭代后占比估计值，也就是各类型的占比情况。依据表 4-5 还不能确定各类型所代表的含义，必须结合表 4-6 才能说明。表 4-6 反映了各类型指标的平均水平，即四维空间中迭代的散点均值点，通过均值点对应指标区别不同类型。

表 4-5　聚类分析结果

Valid	Percent	Cumulative percentage
1	0.169 433	0.119 432
2	0.582 567	0.431 999
3	0.038 043	0.789 992
4	0.171 012	0.960 999
5	0.039 010	0.999 999
Total	1.000 000	1.000 000

注：stati 输出，数据精确到 0.000 001。

表 4-6 给出了各类型乡村的平均指标情况，该平均指标即为模型通过 150 次迭代运算得到的各典型类别区分的四维坐标点。这个坐标值反映了各种类型的典型特征。表 4-7 为各类型乡村的临界点区分情况，因为模型将其分为五类，所以存在 4 个断点，最后 1 个断点下的为第五类。通过模型模糊预测分析发现，全省城郊融合型乡村占比为 16.94%，集聚提升型为 58.26%，特色保护型为 3.80%，搬迁撤并型为 17.10%，守边固边型为 3.90%。

表4-6　平均距离两阶段分类指标均值

均衡典型分类点	Average Linkage（Between Groups）				
	城郊融合型	集聚提升型	特色保护型	搬迁撤并型	守边固边型
乡村发展指数	0.300 7	0.218 6	0.080 5	0.071 7	0.044 5
坝区指数	0.596 6	0.404 9	0.181 5	0.131 8	0.042 8
半山区指数	0.035 3	0.308 9	0.143 9	0.100 5	0.456 5
山区指数	0.127 8	0.298 2	0.407 0	0.891 4	0.729 0

注：stati 计算输出，数据精确到0.000 1。

表4-7　中断临界分类点

Critical classification point-below	Cluster				
	城郊融合型	集聚提升型	特色保护型	搬迁撤并型	守边固边型
乡村发展指数	0.231 5	0.147 2	0.093 9	0.049 7	—
坝区指数	0.452 1	0.309 5	0.178 1	0.085 6	—
半山区指数	0.285 7	0.197 3	0.130 4	0.070 6	—
山区指数	0.804 3	0.653 2	0.480 8	0.255 6	—
占百分比	16.943 3	58.256 7	3.804 3	17.101 2	3.901 0

注：stati 计算输出，数据精确到0.000 1。

（五）不同类型乡村的主要特征

结合模型分析结果，笔者认为把云南乡村分为五类较为科学，分别为城郊融合型、集聚提升型、特色保护型、搬迁撤并型和守边固边型。为了突出乡村间的差异研究根据模型测算在五大类分析基础上再展开亚类细分，总共分为十类。这十类分别是城郊融合型、坝区集聚提升型、山区半山区集聚提升型、古村名村保护型、生态功能保护型、易地扶贫搬迁型、工程生态搬迁型、人口流失搬迁型、抵边型、固边型，详见图4-3。为充分展示全省乡村类型的具体差异及其细分亚类，本部分也对模型确定的五大类村庄特点进行详细分析，如表4-8所示。同时，在分类的基础上为突出指导性表4-9在分类的基础上归纳了云南实施乡村振兴战略各县城单元主攻重点与方向。

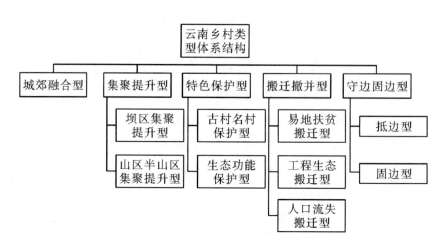

图4-3 云南乡村分类体系结谱系图

表4-8 各类型乡村的主要特征

类型	空间地域	亚分类	标准	实施难易程度
城郊融合型	地形：坝区居多，半山区、山区极少 片区：滇中、滇东、滇东北坝区，滇西坝区，滇南坝区，尤其是陆良坝区、昆明坝区、蒙自坝区、昭鲁坝区、曲靖坝区、嵩明坝区、祥云坝区、大理坝区等	此类乡村以坝区居多乡村内部差距较小可不需细分	部分地区已达到城市社区标准，人口聚集明显，产业优势突出，三次产业融合发展程度高，基础设施配套齐全，环境优美宜居；乡风文明、乡村治理水平较高	★
集聚提升型	地形：少量坝区，地势相对落差明显，河谷、沟槽冲击缓坡区域；大量分布在半山区，少量在山区	坝区集聚提升型	集聚提升公共基础设施承载力；做强优势主导产业，形成一村一品；向生态田园高效农庄方向发展；基础设施和公共服务配套显著提高，环境优美；乡风文明、乡村治理有待加强	★★
	片区：滇中半山区，滇东南石漠化半山区，滇南、滇西南、滇西河谷区和半山区，滇东北半山区，滇南半山区，滇西北半山区	山区半山区集聚提升型		

表4-8(续)

类型	空间地域	亚分类	标准	实施难易程度
特色保护型	地形：坝区非常有限，仅有的少量小片坝区处于高海拔，降水稀少，半山区也较少，大量分布在山区，少量在高寒山区	古村名村保护型	生态环境良好；自然风景优美；民族风情多元；产业特色明显，特色资源保护与村庄发展良性互促；基础设施和公共环境明显改善；乡风文明、乡村治理特点明显	★★★★
	片区：滇东北乌蒙山系高落差较大的半山区和山区；滇东南石漠化低海拔半山区、山区；滇南红河谷南部山区、半山区；滇西、西南三江河谷落差小、低海拔半山区和山区	生态功能保护型		
搬迁撤并型	地形：山区占绝大多数，少量半山区，多数山区地处高海拔，甚至高寒山区	易地扶贫搬迁型建设	结合易地扶贫搬迁、工程性生态搬迁、依据乡村人口流失情况，在尊重群众意愿的基础上，有序推动人口流失乡村搬迁；迁建与发展同步推进；农民就近安居和就业取得显著进展	★★★★★
	片区：滇东北乌蒙山系高寒山区；滇中北部高寒山区；滇西、滇西北横断山脉高寒山区；滇东南深山区；自然保护区内的深山区	工程生态搬迁型		
		人口流失搬迁型		
守边固边型	地形：山区占绝大多数，少量半山区，海拔多在1 000~1 500米，滇西北少部分地区海拔较高，抵边或邻边	抵边型	实施兴边富民美丽乡村等工程；完善公共基础设施和公共服务；推进边境沿线民族团结示范区建设；打造特色边境旅游；加快推进创新创业就业	★★★★
	片区：延边抵边，地处滇南边境、滇西边境	固边型		

1. 城郊融合型

城郊融合型乡村在指标上反映为发展指数在 0.300 7 的乡村，其中坝区指数在 0.596 6，半山区指数在 0.278 9，山区指数在 0.127 8，这个四维点周围的均可以纳入集约发展型，临界点值详见表4-6和表4-7。城郊融合型乡村以坝区居多乡村内部差距较小不具备细分亚类条件，此类乡村具有以下特征：

（1）乡村特征：是云南乡村中地形平缓、地处坝区，有少量高原丘陵，半山区、山区相对非常少的地区，这些地区经济发展条件优越、土地资源条件相对较好、交通区位条件较好、社会管理难度较小、少数民族人口比重小或者社会发展程度较高、自然气候条件都比较优越的地区。

（2）片区空间特征：片区上主要集中在滇中坝区、滇东、滇东北坝区、滇西高海拔坝区，滇南低海拔坝区等。

（3）对策重点：这些地区属于云南乡村基础"硬件"和"软件"条件均较好的地区，乡村振兴已经有较好基础，有利于在短期和率先实现振兴的乡村，可以成为云南乡村振兴的典型示范和先行先试乡村，详见表4-8。

（4）梯次策略：以滇中坝区为中心优先推进，依次向滇中周围地区分批次有序拓展推进。

2. 集聚提升型

集聚提升型乡村在指标上反映为发展指数为0.218 6的乡村，坝区指数为0.404 9，半山区指数为0.308 9，山区指数为0.298 2，临界点值详见表4-6和表4-7。从数据可直观发现，这类乡村与前一类乡村的发展指数有一定差距，集中体现了这类乡村综合发展基础条件要比城郊融合型乡村差一些，但通过一定时期的发展，可以追赶上城郊融合乡村，这类乡村是云南乡村中的大多数，具有以下鲜明特征。

（1）乡村特征：这类乡村在坝区中的较少，且主要分布在地势相对落差明显的河谷、沟槽冲击缓坡地区，大量分布在半山区，少部分在山区。这些地区经过一定时期的综合农村发展，总体生产生活基础条件得到了明显改善，且经济基础良好；土地资源充裕，大量半山区、缓坡的可开发利用空间较大；少数民族人口条件较好，人口聚集态势基本形成；交通区位条件相对便捷，乡村到乡（镇）、农贸集市的距离为5~10千米；社会管理难度较小，乡村分散程度较小；自然气候条件有一定差异，"立体气候"明显。

（2）片区空间特征：在空间片区上主要分布在滇中半山区，滇东南石漠化半山区，滇南、西南、滇西河谷地区和半山区，滇东北半山区，滇南半山区，滇西北半山区。

（3）亚类细分：坝区集聚提升型和山区半山区集聚提升型；由于坝区与山区半山区集聚投入成本差距明显，坝区成本低于山区半山区可细分为两类有序推进。

坝区集聚提升型乡村多为远离中心城镇，有部分坝区的乡村；以提升乡村基础设施承载力为主导。山区半山区集聚提升型乡村远离中心城镇，大部分处半山区，极少数处山区；以产业带动提升人居环境发展为主导。

（4）对策重点：集聚提升型乡村占据云南乡村的31.26%，这些地区属于云南乡村振兴基础条件有待进一步改善和提升，产业发展基础较好，公共服务配套基础有待提高的地区，是云南乡村振兴中发展空间较大的一类乡村。通过一段时间的发展，有可能在第一类地区之后形成云南乡村振兴的"主力军"。但难点在山区、半山区乡村基础设施和公共服务投入均相对较高，但探索特色、绿色产业发展推动乡村振兴基础较好，需产业配套政策予以支撑。

（5）梯次策略：以坝区集聚提升型率先推进，山区、半山区集聚提升型依据基础适时推进，有序推进。

3. 特色保护型

特色保护型乡村在指标上界定为发展指数在 0.080 5 的村，其中坝区为 0.181 5，半山区为 0.143 9，山区为 0.407 0，详见表 4-6 和表 4-7。对比集聚提升型乡村，这种类型少部分分布在坝区，但发展基础与潜力发展型差距不大。而在半山区，尤其是山区部分乡村的差距非常明显，且山区占大多数，具有以下特征。

（1）乡村特征：坝区非常有限，仅有的少量小片坝区处于高海拔，降水稀少，半山区也相对较少，存在大量的山区和少量高寒山区。这类型乡村可开发、可利用空间比起潜力发展型有限，经过一定时期的发展虽然与过去相比经济社会发展水平、生产生活基础设施能够有所提升，但"欠账"问题比较突出。经济基础条件有待大幅提升；土地资源相对稀缺，森林资源丰富，一部分山区、半山区缓坡具备一定的开发空间，但必须处理好"三区"的划定和可利用区域；人口相对稳定，人口流出非常少；交通区位条件相对落后，乡村到乡镇、农贸集市距离为 10~20 千米；社会管理难度一般，自然村较分散；自然气候条件存在较多"小气候""立体气候"。

（2）片区空间特征：这类村庄主要集中于滇东北乌蒙山系落差较大的半山区、山区；滇东南石漠化的低海拔半山区和山区；滇南红河谷南部山区、半山区；滇西、滇西南三江河谷落差小、低海拔半山区、山区。这些地方的乡村可开发空间较小，生产发展与生态修护存在矛盾，需要同时处理好生产、生活、生态的"三生"空间关系。

（3）亚类细分：名村古村保护型和生态功能保护型。

名村古村保护型乡村具备历史文化价值、民族文化价值以及自然地质价值的名村古村，可探索以特色资源优势主导保护与发展良性循环的可持续发展机制。生态功能保护型乡村生态屏障功能、生态修护功能、涵养生物多样性作用突出；以生态保护、生态宜居、美丽乡村相结合的乡村发展模式。

（4）对策重点：从当前乡村振兴基础来看，这类乡村未来实施乡村振兴的难度要大于集聚提升型乡村。难点在于这些乡村基础比较薄弱，同时，处于

"临界值"的乡村数量不在少数，多为可发展、可保护乡村，投入发展成本也相对较高。有些古村名村与生态功能型多功能重叠，发展与保护矛盾凸显。总量上占据着云南乡村的35.80%，高于集聚提升型4个百分点。未来将是乡村振兴的重点、难点区域，同时也是当前云南乡村振兴基础的薄弱乡村，此类乡村的难点、重点在于乡村类型识别与特色资源挖掘，详见表4-8。

（5）梯次策略：以古村、名村率先试点推动；生态功能保护型乡村依据生态资源禀赋，结合村容村貌整治以典型示范带头为先导，适时有序推进其他乡村。

4. 搬迁撤并型

搬迁撤并型乡村在指标上界定为发展指数在0.071 7的乡村，其中坝区为0.131 8，半山区为0.100 5，山区为0.891 4，详见表4-6和表4-7。对比特色保护型乡村，此类乡村山区占据着最大多数，只有少量的坝区和半山区，且发展指数大约仅为特色保护型的一半，说明这类乡村山区占据绝大多数，其基本特征如下。

（1）乡村特征：山区占绝大多数，少量坝区和半山区，多数山区地处高海拔地区，甚至高寒山区。这类乡村自然生态环境脆弱，生产生活空间狭小，可开发利用空间比起保护发展型更加有限。一些自然生态基础薄弱的地区，甚至存在灾害、次生灾害风险。有的地方已经不适于生产生活，存在"一方水土养不活一方人"的情况。这些地方经过一定时期的发展，虽然与过去相比经济社会能够获得一定程度的发展，但乡村衰败、衰落趋势明显；土地资源非常稀缺；少数民族人口占比较大，大多分散居住，人口净流出问题突出，有的甚至出现"空壳村""空心村"；交通区位条件较差，乡村到乡镇、农贸集市的距离在30千米以上，由于地处高寒山区，道路建设和维护成本较高；社会管理难度很大，村庄分散程度较高，50户甚至30户以下的自然村占据很大比重；自然气候条件恶劣，冬季存在道路结冰、大雪封山的情况。

（2）片区空间特征：在空间片区分布上，这类村庄主要集中于滇东北乌蒙山系高寒山区；滇中北部高寒山区；滇西、滇西北横断山脉高寒山区；滇东南山区。

（3）亚类细分：易地扶贫搬迁型、工程建设搬迁型以及人口流失搬迁型。

易地扶贫搬迁型乡村多为生活在缺乏生存条件地区的贫困人口搬迁安置到其他地区，并通过改善安置区的生产生活条件、调整经济结构和拓展增收渠道，帮助搬迁人口逐步脱贫致富；对接脱贫攻坚符合易地扶贫搬迁政策；重点解决自然生态基础薄弱的地区，甚至存在灾害、次生灾害风险。有的地方已经不适于生产生活，存在"一方水土养不活一方人"的情况。

工程建设搬迁型乡村多为自然灾害频发、地方病严重、重大项目建设、农村集聚发展以及工程性生态移民等搬迁乡村。以解决搬迁稳定性为主，重点以产业扶持推动解决乡村就业。

人口流失搬迁型乡村多为人口流失特别严重不具有保留价值的乡村，依据群众意愿。采取宜并则并、宜散则散的方式集中或分散疏导化解"空心村""空壳村"。

（4）对策重点：相比城郊融合型、集聚提升型乡村，搬迁撤并型乡村，总体较小，但是实施乡村振兴难度非常巨大。一方面要解决"硬件"基础设施问题，搬到哪？怎么搬？另一方面要解决"软件"问题，搬迁后社会融入、"民族融合"等的社会管理压力、公共服务压力都较大。加之，这类乡村目前与其他几类相比非常"萧条"，不仅留不住人，留下的多数是"留守人"，同时还兼具直过民族和小少民族地区特点。在乡村振兴中这类乡村必须引起高度重视。

（5）梯次策略：以易地扶贫搬迁试点、工程建设搬迁为抓手率先推进，审时度势，适时适度推进人口流失搬迁型乡村振兴。

5. 守边固边型

守边固边型乡村在指标上界定为发展指数在 0.044 5 的乡村，其中坝区指数为 0.042 8，半山区为 0.456 5，山区为 0.729 0，详见表 4-6 和表 4-7。这类乡村山区、半山区占多数，间有少量平坝缓坡乡村，发展基础总体比较差，具有以下显著特征。

（1）乡村特征：这些乡村地域上要么邻边，要么直接与邻国接壤；地形上山区占绝大多数，少量半山区，海拔多为 1 000~1 500 米，滇西北少部分乡村的海拔更高。从经济社会发展现状来看，有的与邻国接壤的低海拔地区的经济条件较好，依托边贸发展集体经济；而有的则地处山区，经济发展基础较差，产业相对滞后。总体来看，这类乡村内部的经济基础差距明显；土地资源、森林资源情况一般，优势不突出，少量半山区、山区一段时间内仍有较大发展空间；少数民族较多且居住分散，人口呈现经济发展落后的地方向条件好的地方流动，甚至出现一些山区抵边乡村人口向内地迁移的情况；交通区位条件落后，乡村到乡镇、农贸集市距离为 20 千米左右；自然村分布较为分散，社会管理难度较大；自然气候条件呈现立体式差异，低海拔地区气候适宜，高海拔地区则降水稀少，生产生活生态空间较小。

（2）片区空间特征：延边、抵边、邻边，地处滇南边境、滇西、滇西北、滇西南边境区域和次区域。滇西北—滇西—滇西南—滇南海拔呈现由高到低，局部错落的空间形态。

（3）亚类细分：抵边型和固边型。

抵边型乡村，主要是离边境线 5 千米以内、承担着维护国门形象、边贸桥梁等作用的乡村。以建设设施完善、环境优美、和谐稳定的宜居宜业持续保持边民不流失、守边不弱化、边境和谐稳定繁荣发展。

固边型乡村，主要是 25 个边境县内邻近边境而不直接与边境接壤，作为抵边沿边乡村的缓冲和经济社会发展支撑区域对巩固抵边沿乡村经济有至关重要作用的乡村。

（4）对策重点：这类乡村虽然数量最少，占比最低，实施乡村振兴有一定难度，但从固边守边角度讲，不能搬迁，必须就地振兴。在乡村振兴过程中，需要进一步发挥这类村庄固边、稳边、兴边的作用，从政策上给以特别倾斜。

（5）梯次策略：根据乡村基础条件适时打造抵边沿边型，有序推进邻边固边型乡村振兴。

表 4-9 为云南实施乡村振兴战略各县主攻重点与方向。在县域范围内既可能存在城郊融合型乡村，又有可能存在集聚提升型乡村，因此各县之间在乡村分类上必然存在一定交叉与重复，只是分类实施乡村振兴各有侧重于主攻方向不同，调研中也验证了这一点。在实地调研开远市时发现，开远大庄—羊街坝区乡村属坝区气候条件不佳，经济基础、社会管理等乡村条件较好属集聚提升型乡村区域；而同属开远的碑格又处高海拔山区，鲁姑母—大寨等乡村气候条件不佳，经济基础、社会管理等相对薄弱，实施乡村振兴则需着眼长远。因此，在实施乡村振兴中分类只是前提，更重要的是发挥各县自主性（调动各县"内生动力"）更加因地制宜①地实施乡村振兴，这才是分类的初衷。

---

① 上文高维复杂模型分析已经发现云南各县域之间气候条件、自然环境、社会经济环境差别明显；同时调研中也发现同属一县的不同乡镇差别同样非常明显。

表 4-9　云南实施乡村振兴战略各县主攻重点与方向①

类型		区县
城郊融合型		1：五华区 3：官渡区 6：呈贡区 11：嵩明县 14：安宁市 15：麒麟区 24：红塔区 25：江川区 2：盘龙区 4：西山区 72：楚雄市 106：大理市 85：弥勒市 33：隆阳区 38：昭阳区 82：个旧市 95：文山市 103：景洪市 16：沾益区
集聚提升型②	坝区提升型	7：晋宁区 8：富民县 9：宜良县 10：石林县 18：陆良县 23：宣威市 26：澄江县 27：通海县 28：华宁县 29：易门县 30：峨山县 39：鲁甸县 49：古城区 50：玉龙县 51：永胜县 52：华坪县 54：思茅区 61：孟连县 70：耿马县 77：大姚县 79：元谋县 81：禄丰县 83：开远市 84：蒙自市 87：建水县 88：石屏县 89：泸西县 100：丘北县 104：勐海县 105：勐腊县 108：祥云县 109：宾川县 110：弥渡县 112：巍山县 116：剑川县 115：洱源县 117：鹤庆县 118：瑞丽市 119：芒市 120：梁河县 121：盈江县 122：陇川县 127：香格里拉市
	山区半山区集聚提升型	12：禄劝县 20：罗平县 21：富源县 31：新平县 32：元江县 34：施甸县 35：龙陵县 36：昌宁县 41：盐津县 42：大关县 44：绥江县 45：镇雄县 46：彝良县 53：宁蒗县 55：宁洱县 56：墨江县 57：景东县 59：镇沅县 60：江城县 62：澜沧县 63：西盟县 64：临翔区 65：凤庆县 66：云县 67：永德县 68：镇康县 69：双江县 71：沧源县 73：双柏县 75：南华县 80：武定县 86：屏边县 90：元阳县 91：红河县 92：金平县 93：绿春县 94：河口县 97：西畴县 98：麻栗坡县 99：马关县 102：富宁县 107：漾濞县 111：南涧县 113：永平县 114：云龙县 124：福贡县 125：贡山县 126：兰坪县 129：维西县
特色保护型		49：古城区 87：建水县 90：元阳县 106：大理市 112：巍山县 22：会泽县 125：贡山县
搬迁撤并型		5：东川区 13：寻甸县 17：马龙区 19：师宗县 22：会泽县 37：腾冲市 40：巧家县 43：永善县 47：威信县 48：水富县 58：景谷县 74：牟定县 76：姚安县 78：永仁县 96：砚山县 101：广南县 123：泸水市 128：德钦县
守边固边型		35：龙陵县 37：腾冲市 60：江城县 61：孟连县 62：澜沧县 63：西盟县 68：镇康县 70：耿马县 71：沧源县 92：金平县 93：绿春县 94：河口县 98：麻栗坡县 99：马关县 102：富宁县 103：景洪市 104：勐海县 105：勐腊县 118：瑞丽市 119：芒市 121：盈江县 122：陇川县 123：泸水市 124：福贡县 125：贡山县

① 县域前数字不代表排序，仅表示计算标记号。
② 集聚提升型乡村各县都有所涉及只是重点与非重点区别，未列入名单不代表没有此类乡村，该县分类仅反映侧重与中心。

总之，未来云南乡村振兴只有通过片区有序化、差异化、梯度化分类分层推进，才能真正顺应乡村发展规律，走出具有云南特色的乡村振兴道路。

（1）有序推进策略：滇中坝区和少部分基础较好的坝区乡村振兴基础较好，可先试先行，率先实现乡村振兴作为第一梯队；第一梯队为五华区、官渡区、呈贡区、嵩明县、安宁市、麒麟区、红塔区、江川区、盘龙区、西山区、楚雄市、大理市、弥勒市、隆阳区、昭阳区、个旧市、文山市、景洪市、沾益区。

环滇中片区的次区域延伸至滇南、滇西、滇西北坝区，是乡村振兴基础条件较有利区域，可以作为乡村振兴的第二梯队；第二梯队为晋宁区、富民县、宜良县、石林县、陆良县、宣威市、澄江县、通海县、华宁县、易门县、峨山县、鲁甸县、古城区、玉龙县、永胜县、华坪县、思茅区、孟连县、耿马县、大姚县、元谋县、禄丰县、开远市、蒙自市、建水县、石屏县、泸西县、丘北县、勐海县、勐腊县、祥云县、宾川县、弥渡县、巍山县、剑川县、洱源县、鹤庆县、瑞丽市、芒市、梁河县、盈江县、陇川县、香格里拉市。

滇东北乌蒙山片区、滇北山区、滇西北横断山脉片区、滇西南高原丘陵山区、滇南河谷山区、滇东南石漠化山区的基础比较薄弱，有的高海拔地区甚至可能存在地质隐患，可作为乡村振兴的第三梯队；第三梯队为禄劝县、罗平县、富源县、宣威市、新平县、元江县、施甸县、龙陵县、昌宁县、盐津县、大关县、绥江县、镇雄县、彝良县、宁蒗县、宁洱县、墨江县、景东县、镇沅县、江城县、澜沧县、西盟县、临翔区、凤庆县、云县、永德县、镇康县、双江县、沧源县、双柏县、南华县、武定县、屏边县、元阳县、红河县、金平县、绿春县、河口县、西畴县、麻栗坡县、马关县、富宁县、漾濞县、南涧县、永平县、云龙县、福贡县、贡山县、兰坪县、维西县。

（2）特殊推进策略：高度重视沿边地区、少数民族和直过民族地区的特殊性，从政策上争取国家特殊政策予以照顾。

三、分类存在的不足及问题

2018年12月15日国务院常务会议强调，"中国农村各地情况千差万别，政府出台文件切忌'一刀切'和'下指标'"。实事求是差异化分类推进乡村振兴战略，难点在于各地如何结合本地实际，制定差异化推进策略和政策。回归云南乡村分类定量研究过程，虽然研究采用高维建模的方式与传统单一维度建模相比取得了一定的突破，但是也存在一些不足。

（一）自然地理环境极其复杂

云南乡村所处的地理环境非常复杂，使乡村分类面临标准难以统一的难题。云南属山地高原地貌，平均海拔较高，山地面积居多，坝区（盆地）面积稀少。大多数乡村地处高原山区、半山区。地处坝区的乡村的水、土地资源相对丰富，吸引和聚集了相对较多人口，特别是随着生产生活基础设施的逐步完备，使一些乡村、乡（镇）逐渐与县城形成融合发展态势。但随着坝区发展进入城乡融合阶段，"三区"约束也在坝区日益凸现，城市发展与农业发展使原本紧缺的高质量土地资源更加紧缺。而坝区发展挤占了半山区、山区可开发利用的土地资源，又使半山区、山区开发空间受限，进而可能引发土地资源的"劣币驱逐良币"问题。山区、半山区的乡村由于本身资源条件较差，乡村人口总体呈现分散聚居。50 户以下的自然村在一些山区、高寒山区比较常见。一方面不利于改善基础设施条件，另一方面可能存在空壳村、空心村、留守村等问题。

云南乡村所处的地理域环境十分复杂，不仅在无形中增加了基础设施建设成本和行政管理成本，而且村与村之间的情况千差万别，使政策制定难度加大。在统计方法上，超过 3 个指标以上的分类将面临高维空间、更高维空间建模方法上的挑战，涉及模糊数学方法。这使本研究在计算高维指标方面也面临着巨大挑战。

（二）社会人文经济差异显著

首先，云南乡村振兴面临复杂的人文经济环境。众所周知，云南是我国少数民族最多的省份，文化、宗教信仰多种多样。加之，许多少数民族村寨地处高原和崇山峻岭之中，交通阻隔，部分村民处于相对"封闭"状态中，久而久之，形成了较为保守的思想观念和行为态度，对乡村振兴产生了一定的阻碍作用。

其次，云南少数民族分布呈现交错分布、大杂居、小聚居特征，全省没有一个单一的民族县（市），也没有一个民族全居住在一个县（市）的情况，且在边疆地区分布居多。同时还具有立体分布特征，与云南立体地形、立体气候相联系，傣族、壮族主要居住在河谷地区，回族、满族、白族、纳西族、布依族、水族等民族主要聚居在坝区，哈尼族、拉祜族、佤族、景颇族、基诺族等民族居住在半山区，而傈僳族、怒族、独龙族、藏族、普米族等民族主要聚居在高山区，彝族、苗族则交错居住在不同区域。这种高度差异化的人文经济社会因素对使用经济计量来进行描述，本身就是不全面的，难以真实反映地方人文经济社会环境。这一方面使分类指标面临数量上的膨胀，另一方面使指标本身面临是否现实的考验。这也使得本定量研究存在诸多不足，尤其是指标选择。

（三）空间区位复杂

云南乡村分类的困难还反映在乡村空间区位上。云南是一个集边疆、民族、贫困、高原山区的省份，地处中国经济圈、东南亚经济圈和南亚经济圈的结合部，是中国连接南亚东南亚的国际大通道和面向印度洋周边经济圈的关键枢纽，拥有面向"三亚"（南亚、东南亚、西亚）、紧靠"两湾"（东南方向的北部湾、西南方向的孟加拉湾）、肩挑"两洋"（太平洋、印度洋）通江达海沿边的独特区位，空间区位优越，但也极其复杂。从统计方法上看，要使空间要素进入计量模型本身就是一个建模问题，需要综合使用空间计量（spatial-econometric）。加之一些周边国家政局变化无常，更使得抵边和邻边的村、乡（镇）和县面临更为复杂的环境。在这样复杂的空间区位条件下进行乡村分类研究，难度自然不小，得到的分析结果也面临诸多挑战。

专题五 云南分类推进乡村振兴的思路与策略

全省分类推进乡村振兴战略，既要在整体上遵循总体思路、基本原则，按照既定目标有序压茬推进，又要在解决振兴乡村进程中面临的共性问题的基础上，从乡村的具体类型出发有所侧重、突出重点，采取差异化的措施。

一、总体思路

以习近平新时代中国特色社会主义思想为指导，全面贯彻党的十九大精神和实施乡村振兴战略的重大决策部署，加强党对"三农"工作的全面领导，牢固树立新发展理念，落实高质量发展要求，坚持农业农村优先发展，遵循乡村发展规律，按照产业兴旺、生态宜居、乡风文明、治理有效、生活富裕的总要求，以建立健全乡村振兴体制机制为突破口，以乡村类型和特征为基础，以分类典型试点示范乡村建设为载体，以发挥广大农民内生动力和发挥政策引导为驱动力，统筹推进乡村产业振兴、人才振兴、文化振兴、生态振兴、组织振兴，走因地制宜、发挥优势、彰显特色的多元化乡村振兴路子，示范引领、典型带动，形成可复制可推广的经验做法，梯度有序推进全省乡村振兴战略，与全国同步实现农业强、农村美、农民富和现代化强省宏伟目标。

二、基本原则

坚持规划引领、分类指导。强化规划的引领和指导作用，建立"多规合一"工作机制，加强各类规划之间的协调联动，系统安排规划空间和时间；完善城乡规划体系，切实维护规划的严肃性和权威性，"一张蓝图绘到底"。

科学把握乡村发展基础、人口规模、资源禀赋、民俗文化等方面的差异性，切实加强分类指导，扬长避短、因村施策，发挥地方自主性和创造性，防止生搬硬套，支持各地探索符合实际的乡村振兴路子。

坚持因地制宜、尊重规律。坚持从云南基本省情、农情出发，遵循村庄发展规律和分化趋势，顺应村情、民意要求，因势利导，实事求是，保持定力和耐心，既尽力而为，又量力而行，不急于求成，不大拆大建，不搞层层加码，不搞"一刀切"，突出地方特色，促进乡村多样化发展。

坚持点面结合、统筹推进。按照规划先行、集中投入、分批实施、有序推进、提高质量的思路，试点先行、点面结合，逐村统筹推进，逐步配套完善，不搞形式主义和形象工程，不搞齐步走，确保建一个成一个，久久为功，防止一哄而上、盲目推进。尊重基层首创精神，鼓励探索创新，凝聚各方共识，实现重点突破，总结可复制可推广经验。

坚持城乡融合、彰显特色。按照新型工农城乡关系要求，建立城乡融合发展体制机制和政策支撑体系，促进城乡功能互补、要素互动、服务共享，实现互利共赢。突出乡村特点、差异和特色，保持田园风貌，体现民族特色，体现地域文化风格，注重农村文化传承，适应农民生产生活方式，切忌用一张图纸、一个式样、一种格调搞村庄建设或照搬城镇建设模式，避免出现"千村一面"现象。

坚持政府引导、农民主体。充分尊重群众主体地位，切实发挥广大农民群众的积极性和主动性，切实保护广大农民群众的知情权、参与权、决策权、管理权和监督权，保障他们的自主权和受益权，明确各层级地方政府的责任和权力边界，做到责权统一对等，充分发挥政策的引领作用，引导广大村民把乡村振兴作为共同意志、共同目标和共同行动，努力实现共建共治共享共发展。

三、总体目标

充分认识乡村振兴目标任务的长期性、艰巨性和差异性，围绕"建设中国最美丽省份"的目标，准确把握中央和云南关于乡村振兴战略的安排部署，准确聚焦阶段任务，准确把握节奏力度，分层次梯次推进乡村振兴。

到 2025 年，脱贫攻坚成果巩固拓展，乡村振兴全面推进。符合云南实际的乡村振兴政策体系、制度体系、标准体系和考核体系初步构建；坚决打赢打好精准脱贫攻坚战这一优先底线任务，贫困户、贫困村全部脱贫出列，贫困县全部摘帽，区域性整体贫困得到根本解决；乡村基础设施和公共服务短板加快补齐，农民精神风貌全面提升，"十三五"目标圆满完成，全面建成小康社会目标如期实现。对标全面建成现代化的目标要求，全力做好乡村振兴的基础性工作。根据国家统一部署，全省重点推进以下几项重点工作。一是建立省域乡村振兴制度体系，尤其是领导体制和工作机制的实施细则，建立乡村振兴的标准体系、考核体系和政策体系，健全省、州（市）、县（市、区）三级乡村振兴战略规划体系。二是不折不扣完成脱贫攻坚任务，持续巩固扩大脱贫攻坚成果。三是持续增加农民收入，以打造世界一流绿色食品牌为目标，促进高原特色现代农业转型升级、提质增效，着力推动农村三产融合发展，农村低收入人口分类帮扶长效机制逐步完善。四是全面改善农村人居环境，以农村垃圾污水治理、厕所革命、村容村貌提升为重点，推进农村人居环境整治三年行动，确保农村人居环境明显改善，村庄环境基本干净整洁有序，村民环境与健康意识普遍增强。五是加快补齐公共服务短板，以安全饮水、四好农村路、电、物流、宽带、房为重点加快农村基础设施建设，全面提升农村教育、医疗卫生、社会保障、养老、文化体育等公共服务水平，加快推进城乡基本公共服务均等化。六是全面深化农村改革，按照时间节点，完成农村承包地确权颁证、农村土地征收制度改革、农村集体经营性建设用地入市改革、农村宅基地使用权确权颁证、农村集体产权制度改革等一系列改革任务。七是逐步实现乡村规划管理全覆盖，以县为单位统筹推进乡村规划工作，编制多规合一的实用性村庄规划；加强农村建房许可管理。

到 2025 年，乡村振兴开创新局面。典型乡村示范效果初步显现，各具特色的乡村振兴模式和经验日益增多，乡村振兴和美丽县城、美丽乡村、最美丽省份建设取得新进展。城市郊区、集体经济实力强以及其他条件较好的乡村，加速推进农业农村现代化步伐。缓解相对贫困的政策体系和工作机制更加完善，贫困乡村振兴与巩固脱贫攻坚成果有机结合取得决定性进展。一是深入推进高原特色现代农业绿色发展，初步构建农村一二三产融合发展格局，增强产业对乡村振兴支撑力。二是加快推进示范村创建提质扩面，总结推广一批乡村振兴模式和经验，推动一些城郊型和条件较好的乡村率先实现农业农村现代化。三是进一步完善相对贫困的政策体系和工作机制，持续夯实贫困乡村巩固脱贫成果和推进乡村振兴的基础。四是加快推进城乡融合发展步伐，加速城乡资源双向流动配置，进一步提高城乡基础设施和公共服务均等化水平。五是提升乡村治理体系和治理能力现代化水平，充分发挥乡村各类组织功能。

到 2030 年，乡村振兴取得重大进展。典型乡村示范效果显著，分类推进乡村振兴成效逐步显现，可复制、可推广的乡村振兴模式和经验逐步推广，乡村振兴步伐加快。城市郊区、集体经济实力强以及其他条件较好的乡村，率先实现农业农村现代化的基础进一步夯实；潜力发展型乡村开启基本实现农业农村现代化的新征程。云南美丽乡村建设世界一流"健康生活目的地"取得决定性进展。典型乡村示范效应开始显现，分类乡村振兴成效初步显现，可复制、可推广的乡村振兴模式和经验加速推广，乡村振兴加快推进。城市郊区、集体经济实力强以及其他条件较好的乡村，率先实现农业农村现代化；潜力发展型乡村基本实现农业农村现代化；相对贫困乡村的发展基础逐步夯实。云南美丽乡村成为世界一流"健康生活目的地"，成为中国的靓丽名片。

到 2050 年，乡村全面振兴。聚焦难点，精准发力，不同基础不同发展阶段的各种类型的乡村如期实现农业农村现代化，与全国一道共享全面现代化盛世。

四、对策措施

根据国家乡村振兴的重大工程、重大计划和重大行动，结合全省乡村振兴的阶段性目标任务和工作重点，分类有序推进实施乡村振兴战略，既着力解决全省实施乡村振兴战略面临的共性问题，又针对不同类型乡村的主要特征及发展重点，研究制定更加有效政策举措。

（一）统筹解决乡村振兴的问题

对标对表近期乡村振兴的主要目标任务，全省分类推进乡村振兴面临着打赢打好脱贫攻坚战、建立乡村振兴体制机制、全面开展人居环境整治等共性任务和问题。

1. 巩固拓展脱贫攻坚成果同乡村振兴有效衔接

一是保持政策措施总体稳定。脱贫攻坚目标任务完成后，对摆脱贫困的县，从脱贫之日起设立 5 年过渡期，过渡期内保持现有主要帮扶政策总体稳定，并逐项分类优化调整，逐步实现由集中资源支持脱贫攻坚向全面推进乡村振兴平稳过渡。持续巩固和扩大脱贫成果，减少和防止贫困人口返贫，着力解决收入水平略高于建档立卡贫困户、缺少政策支持的农村"贫困边缘群体"的发展问题，脱贫地区农民收入增速高于全国农民平均水平。

二是主攻国家乡村振兴重点帮扶县。从解决建档立卡贫困人口"两不愁三保障"为重点转向实现乡村产业兴旺、生态宜居、乡风文明、治理有效、生活富裕，从集中资源支持脱贫攻坚转向巩固拓展脱贫攻坚成果和全面推进乡村振兴。

三是打牢持续脱贫的产业基础。发展产业既是巩固脱贫成果的关键，也是实现乡村振兴的重点。产业扶贫，选好产业是基础，龙头带动是关键，价值提升是核心，供销顺畅是根本①。以增加贫困群众收入作为主要目标，以高原特色现代农业"十大重点"产业为核心载体，以绿色化、特色化、优质化、品牌化为生产方向，着力建立产业科学遴选机制和产业经营主体培育机制，探索完善贫困群众与各类经营主体利益联结机制，加快完善产业市场机制，健全产业发展保障机制，持续提升产业发展能力及对贫困户的带动能力，实现贫困村有支撑产业、贫困户有增收项目、贫困劳动力有实用技能，切实提高产业精准扶贫实效，切实发挥其减贫和防止返贫的关键作用。

四是稳步提高贫困人口保障水平。加快建立健全医疗卫生服务体系，着力提高乡村医疗保障水平，强化医保资金省域调剂能力，让贫困人口"看得上病""看得起病""看得好病"，切实降低贫困人口因病致贫、因病返贫的机率。继续做好做实做细农村最低生活保障制度与脱贫攻坚政策的有效衔接工作，加大省州财政统筹承担力度，在应保尽保、应救尽救基础上，建立完善农村低保标准动态调整机制，确保全省所有县（市、区）农村低保标准都能达到国家扶贫标准，逐步缩小城乡低保水平差距。以解决贫困家庭子女厌学带动控辍保学为方向，进一步完善教育扶贫的政策支撑体系。

五是统筹推进非扶贫工作重点县的脱贫攻坚。统筹解决非扶贫工作重点县政策支持力度弱、扶贫投入压力大等难点问题，加大对全省 41 个非扶贫工作重点县贫困村贫困人口的扶持力度，安排新增资金投向贫困人口超过 1 万人和贫困发生率超过 5% 的非贫困县，助推其率先打赢、打好脱贫攻坚战。

2. 建立乡村振兴的体制机制

完善的体制机制是确保乡村振兴"一张蓝图绘到底"、一任接着一任干、久久为功、接续推进的根本保障。根据做好乡村振兴与脱贫攻坚的政策衔接、机制整合和工作统筹的要求，借鉴全国各地乡村振兴、美丽乡村、社会主义新农村建设等有益经验，全尽快建立健全乡村振兴的体制机制。

一是明确工作领导体制。坚持和完善党对"三农"工作的全面领导，健全党委统一领导、政府负责、党委农村工作部门统筹协调的农村工作领导体

---

① 韩俊. 实施乡村振兴战略五十题［M］. 北京：人民出版社，2018 年：214.

制。借鉴山东经验，调整省委农村工作领导小组及其办公室，省委书记任组长，省长任副组长，一名常委任专职副组长；办公室设在农业农村厅，农业农村厅长兼办公室主任，统筹推动乡村振兴各项任务落实。州（市）、县（市、区）党委农村工作领导小组及其办公室参照省委农村工作领导小组及其办公室执行。各级党委农村工作领导小组强化在决策部署、统筹协调、督促落实、检查考核等方面的职能。各级党委农村工作领导小组办公室牵头负责乡村振兴战略的整体谋划、综合协调、政策指导、统筹推进和督促检查工作。各级党委农村工作领导小组将根据《中国共产党农村工作条例》做适当调整。

二是细化工作推进机制。建立实施乡村振兴战略领导责任制。在中央统筹安排下，实行省负总责、市县抓落实、乡村具体实施的工作机制。强化各级党委和政府实施乡村振兴战略的主体责任，坚持乡村振兴重大事项、重要问题、重要工作由党组织讨论决定的机制，形成党政一把手是第一责任人、五级书记抓乡村振兴的工作机制。省委和省人民政府对乡村振兴负总责，全面做好方案编制和组织实施工作，重点抓好目标确定、项目下达、资金投放、组织动员、监督考核等工作。州（市）党委和政府做好上下衔接、域内协调、督促检查工作。县级党委和政府做好进度安排、项目落地、资金使用、人力调配、推进实施等工作，县委书记是乡村振兴的"一线总指挥"和"施工总队长"。

建立乡村振兴分工协作机制。坚持党政主要负责人亲自抓，行业部门重点推，合力推进的分工协作机制。各行业部门要把乡村振兴作为分内职责，按照本部门、本行业在乡村振兴战略中的职能职责，推进行业发展规划与乡村振兴战略规划的有效衔接，充分发挥部门职能，强化资源要素支持，做到工作上协同、项目上支撑、资金上保障、措施上落实，形成工作合力，确保乡村振兴战略重大工程、重大行动、重大行动落实到位。以乡村振兴规划体系为载体，按照"统一规划、集中使用、用途不变、各负其责、优势互补、各记其功、形成合力"的原则，形成多部门协作、多渠道投入、多措施并举、多层次推动的合力振兴乡村新格局。强化各级乡村振兴领导小组综合协调职能，加大政策统筹、资源整合力度，推动任务分解、指导服务、督促检查、绩效评估等工作，形成上下联动、部门协同、乡村落实的工作格局。

完善工作推进体系。强化规划引领，各地各部门要编制乡村振兴战略规划和专项规划或方案，增强国土空间规划和人口发展规划的基础性作用，形成系统衔接、城乡融合、多规合一的规划体系，推动多规融合在乡村一级的落地实施。围绕新型城镇化和乡村振兴"双轮驱动"，强化制度和政策供给，加快形成乡村分类振兴政策体系。建立乡村振兴统计体系，推进数据开发应用。坚持典型引路，鼓励先行先试，选择若干不同类型的地方，建设乡村振兴示范村、示范乡（镇）和示范县（市、区）。

三是完善投入保障机制。立足当前发展阶段，科学评估财政承受能力、集体经济实力和社会资本动力，依法合规谋划乡村振兴筹资渠道，避免负债搞建设，合理确定乡村基础设施、公共产品、制度保障等供给水平。健全投入保障机制，加快形成财政优先保障、金融重点倾斜、社会积极参与的多元投入格局，使乡村振兴目标任务与资金投入相匹配。

健全财政优先保障机制。把农业农村作为财政优先保障领域，确保公共财政更大力度向"三农"倾斜，确保财政投入与乡村振兴的目标任务相适应。积极争取中央财政加大转移支付力度，建立财政资金投入合理增长机制，扩大财政支出规模，增加农村基础设施和公共服务"短板""弱项"投入；优化财政供给结构，推进行业内资金整合与行业间资金统筹相互衔接配合，增加县级自主统筹空间；积极争取省州级政府发行用于支持乡村振兴领域公益性项目的一般债券；完善以绿色生态为导向的财政支农政策体系。以省农业发展投资基金为基础，设立省乡村振兴投资基金，支持有条件的地区设立乡村振兴基金。调整完善土地出让收入使用范围，进一步提高农业农村投入比例；积极开展建立高标准农田建设等新增耕地指标和城乡建设用地增减挂钩结余指标跨省域交易，着力增加所得收益。

完善涉农资金统筹整合长效机制。深入贯彻落实省政府《关于探索建立涉农资金统筹整合长效机制的实施意见》，进一步明晰涉农部门职责关系，实行"大专项+任务清单"管理模式，在省、州（市）、县级分类有序推进涉农资金统筹整合，对行业内涉农资金在预算编制环节进行源头整合，形成农业发展领域权责匹配、相互协调、上下联动、步调一致的涉农资金统筹整合长效机制，不断提高涉农资金整合力度、管理效率和使用绩效，确保支持乡村振兴力度不减弱、总量增加。

建立金融支持乡村振兴机制。充分发挥政策性金融的导向作用，加大财政贴息资金投入力度，积极争取扩大政策性贴息贷款规模。深入实施"金融入滇工程"，引导金融机构到贫困地区发展，推动金融机构和网点向贫困乡（镇）、社区延伸，改善农村支付环境，鼓励金融机构扩大支持乡村振兴贷款规模，提高金融服务乡村振兴水平。探索建立省级政策性农业农村担保公司，引导金融机构创新金融产品和服务，积极开展以"三权三证"抵押融资为主的"三农"金融服务改革创新试点和便利化行动工作，支持各地区探索建立乡村振兴投融资服务机构。

探索建立市场化社会化投入机制。优化乡村营商环境，加大农村基础设施和公用事业领域开放力度，按照"谁投资、谁经营、谁受益"的原则，鼓励不同经济成分和各类投资主体以独资、合资、承包、租赁等多种形式参与乡村振兴。探索有效盘活农村闲置资源资产的路径和方式，引导更多工商资本、金融资本、社会资本等投向农业农村。通过村企结对、部门联村等形式，建立多方筹资、共建共享的投入机制。

四是完善社会动员机制。健全干部下乡驻村机制。统筹整合新农村建设、干部直接联系和服务群众挂钩点以及定点挂钩扶贫的帮扶力量，制定统一的干部下乡驻村实施办法，在完成脱贫攻坚任务后，将脱贫攻坚工作队全建制转换为乡村振兴工作队，实现下乡驻村长期化、制度化，打造一支永不落幕的驻村工作队。树立人才向农村基层一线流动的用人导向，落实保障措施、建立激励机制，把下乡驻村作为培养锻炼干部特别是年轻干部的重要渠道，加大选派优秀年轻干部特别是后备干部到县、乡、村工作的力度，每年对乡村振兴下派的优秀干部进行考核表彰，并把考核结果作为干部选拔任用的重要依据。

健全社会力量参与机制。制定社会主体参与乡村振兴的信贷优惠、税收优惠、政策扶持等办法，鼓励支持民营企业、社会组织、个人参与乡村振兴，引导各方面社会资源有效配置。推广PPP、政府购买服务、社会组织与企业合作等模式，实现社会资源和乡村振兴需求有效对接。充分发挥工会、共青团、妇联、科协、残联等群团组织的优势和力量，充分发挥各民主党派、工商联、无党派人士在人才和智力上的优势和作用，凝聚起乡村振兴强大合力。围绕乡村振兴阶段性目标任务，推进部门之间、政府与社会之间的信息共享、资源统筹和规划衔接，构建政府主导、市场主体、社会协同推进的乡村振兴参与机制。

加强"三农"工作队伍建设。加强"三农"工作干部队伍的培养、配备、管理、使用，锻造一支懂农业、爱农村、爱农民的"三农"工作队伍。制定和实施"三农"干部培训计划，依托农干院、民干院、各级党校等省内专业培训机构，加大各级"三农"干部培训力度，促使各级党委和政府主要领导干部真懂、会抓"三农"工作，分管领导真正成为"三农"工作的行家里手，全面提升各级干部特别是领导干部做好"三农"工作的能力和水平。推进乡镇干部队伍专业化，有针对性地选配政治素质高、工作能力强、熟悉"三农"工作的干部担任贫困乡镇党政主要领导，着力提高乡村干部本土化率。选好配强村级领导班子，突出抓好村党组织带头人队伍建设，建立村组干部正向激励机制及报酬合理增长机制，完善村集体经济组织利益分配机制。

五是完善农民参与机制。乡村振兴力量源自农民，农民是实施乡村振兴战略的主体，是真正的实践者和受益者。切实发挥农民群众的主体作用，大力弘扬自力更生、艰苦奋斗精神，激发广大农民投身乡村振兴的积极性、主动性、创造性。加强责任意识、法治意识和市场意识培育，提高农民参与市场竞争的自觉意识和能力，切实提高自我发展能力。建立健全农民参与乡村振兴的组织保障机制，避免代替农民选择，引导农民摒弃"等、靠、要"思想。进一步总结完善"一事一议""以奖代补"等办法，修订财政支农资金使用管理办法，探索建立以村集体和群众为主、政府补助的筹资方式，鼓励农民对直接受益的乡村基础设施建设投工投劳。继续完善村民自治制度，加快推进村务监督委员会建设，继续落实好"四议两公开"、村务联席会等制度，在有条件的乡村继续开展以村民小组或自然村为单元的村民自治实践探索。

六是建立乡村人才培引用机制。建立乡村本土人才培育机制，实施新型职业农民培育工程，逐步完善配套政策体系；创新培训机制，支持农民专业合作社、专业技术协会、龙头企业等主体承担培训，不断提升新型职业农民培育的针对性、规范性、实效性；建立自主培养与人才引进相结合，学历教育、技能培训、实践锻炼等多种方式并举的人力资源开发机制；建立城乡、区域、校地之间人才培养合作与交流机制，支持地方高校、职业院校综合利用教育培训资源，灵活设置专业，创新培养模式，为乡村振兴培养专业化人才。

建立乡村人才引进机制。继续做好农民工和农村大学生返乡创业的政策扶持。研究制定管理办法，允许符合要求的公职人员回乡任职。逐步建立城市医生、教师、科技文化人员等定期服务乡村机制，研究制定鼓励城市专业人才参与乡村振兴的政策。创新人才引进方式，科学统筹"引人"与"引智"的关系，着力夯实乡村人才和智力支撑基础。积极推行乡村教师"县管校聘""三支一扶"、特岗教师计划等，组织实施高校毕业生基层成长计划。

优化乡村人才使用机制。探索实施高等院校、科研院所等事业单位专业技术人员到乡村和企业挂职、兼职和离岗创新创业制度，保障其在职称评定、工资福利、社会保障等方面的权益。壮大科技特派员队伍，深入贯彻落实农业科研杰出人才计划和杰出青年农业科学家项目。探索科研人员、农技人员通过提供技术增值服务获取合理报酬的机制。建立县域专业人才统筹管理使用制度，完善农村专业人才选拔管理规定，构建县乡村三级管理网络，建立农村各类乡土人才库，提高农村专业人才培养、使用、激励等服务保障能力。推动人才管理职能部门简政放权，保障和落实基层用人主体自主权。加大乡村教师队伍、"三区"人才等专业人才的使用支持力度。

健全乡村人才激励机制。营造农村各类人才实现才能的良好环境和平台，加大对农村优秀人才的奖励、表彰力度，扩大乡土人才的影响力和知名度，增强其荣誉感。扶持培养一批农业职业经理人、经纪人、乡村工匠、文化能人、非遗传承人等。

七是健全宣传研究机制。加强舆论宣传，提高全社会对实施乡村振兴战略重要性、长期性的认识。创新宣传形式，开展形式多样、生动活泼的宣传活动，充分发挥电视、广播、报刊、网络等主流媒体的作用，提升融媒体作用，广泛宣传乡村振兴相关政策，提高乡村和农民对乡村振兴的知晓度和关注度。及时宣传基层开展乡村振兴的生动实践，总结和推广涌现出来的好典型、好做法、好经验，形成全社会关心、支持和助推乡村振兴的良好氛围。促进与周边国家在乡村振兴领域的交流合作，讲好乡村振兴的中国故事和云南案例，为世界贡献中国智慧和中国方案。

切实加强乡村振兴理论和政策研究，发挥智库作用，在系统总结全省扶贫开发、新农村建设、美丽乡村建设等实践经验的基础上，对乡村振兴重大理论和现实问题进行前瞻性和政策性研究，建立乡村振兴专家决策咨询制度，动员社会各界为乡村振兴建言献策，不断提高乡村振兴的科学决策水平。

八是建立评估考核机制。建立乡村振兴评价体系。围绕乡村振兴阶段性目标任务和工作重点，构建符合云南实际的、国家认可的乡村振兴指标体系、标准体系和评价体系。争取国家统计部门支持，开展乡村振兴统计监测体系建设，提高监测能力和数据质量，探索开展乡村振兴和农业农村现代化实现程度的动态监测。

建立考核激励机制。落实乡村振兴责任制，依据乡村振兴标准和指标，制定党委和政府乡村振兴工作成效考核办法，把乡村振兴实绩列入各级党政干部政绩综合考核和"三农"综合考核，作为评价党政领导班子政绩、干部选拔任用和拨付下年度扶持资金、以奖代补资金的主要依据，严格奖惩。按照有关规定，对工作抓得紧、成效显著的给予表彰奖励；对工作不到位、进度慢或成效不明显的给予通报批评，并在扶持资金、项目安排上予以扣减；制定有效政策措施，鼓励地方先行先试，创新实践，对成效显著的给予专项奖励和表彰。

建立报告督查机制。建立年度乡村振兴报告和督查制度，各级党委、政府每年要向上一级党委、政府报告乡村振兴进展情况，各级督查部门将阶段性目标任务完成情况和重大工程、重大计划、重大行动的落实情况作为重要督查事项，完善督查办法，减少督查层级和次数，提高综合督查质量，推动乡村振兴落实落地。加强对乡村振兴绩效的村民自我监督和社会监督，建立乡村振兴政策落实情况和推进成效的第三方评估机制。

3. 全面开展人居环境整治

充分结合农村经济发展水平、当地文化、风土人情等因素，深入学习浙江"千村示范、万村整治"工程经验，以试点村为样板，因地制宜全面推开以农村垃圾污水治理、厕所革命和村容村貌提升为重点的农村人居环境整治。着力开展村庄清洁行动、美丽宜居村庄、最美庭院、最美县城等创建活动。按照地方为主、中央补助的政府投入机制①要求，积极争取中央财政专项资金支持，千方百计地扩大省级对人居环境整治的投入，鼓励社会力量积极参与，允许县级按规定统筹整合相关资金。

（二）科学有序推进乡村分类振兴

村庄本身及其发展的差异性决定了实施乡村振兴战略中不能简单模板化推进，因地制宜、分类指导、精准施策、有序推进是确保乡村振兴取得实效的基本要求。根据全省乡村类型及其主要特征，在规划引领基础上，初步明确各类村庄实施乡村振兴的突破口与侧重点，以及实现农业农村现代化目标的时序。

1. 城郊融合型乡村

具体思路：城郊融合型乡村要以引导人口、产业、土地高效配置和集聚为主，突出村庄布局优化，完善村庄基础设施和服务配套，重点开展村庄环境提升，强化社会综合治理，使之成为全省乡村振兴的典型示范和先行先试区，为城乡融合发展提供实践经验，争取 2022 年部分乡村率先实现农业农村现代化。

措施建议：一是加快村庄产业聚集发展，强化服务城市、承接城市功能外溢、满足城市消费需求能力，以土地集约利用促进产业发展，着力建设产业园区和田园综合体，促进一二三产融合发展，加快提高土地利用效率和产出率。二是优化村庄布局，引导布局零乱、居住分散、闲置低效的自然村（村小组）向城市、中心集镇和中心村集中，原则上坝区一律不再审批宅基地和农房建设，强化乡村特色风貌保留，严控村庄无序散乱蔓延和风貌破坏。三是重点开展村庄环境整治提升，强化江河湖泊湿地等环境保护与治理，加大村庄内部及周边生态环境改善力度。四是完善村庄基础设施和服务配套，推动城市基础设施向村庄延伸，加快完善公共服务设施，促进村庄城镇化。五是强化乡村治理，促进乡村综合治理逐步体现城市水平。六是加快推进农村集体产权制度改革力度，率先实现"资源变资产、资金变股金、农民变股民"的农村集体"三变"改革。

---

① 《中共中央 国务院关于坚持农业农村优先发展 做好"三农"工作的若干意见》。

2. 集聚提升型乡村

具体思路：集聚提升型乡村要以完善基础设施和壮大特色产业为重点，引导人口集聚，持续增强村庄综合承载力。坝区集聚提升型乡村以提升乡村基础设施承载力为重点来推进，山区半山区集聚提升型乡村以产业带动提升人居环境发展为重点来推进。集聚提升型乡村是全省乡村振兴的重点，坝区集聚提升型乡村基础条件较好，山区半山区集聚提升型乡村基础条件稍弱，遵循坝区优先、条件好的乡村优先原则，争取2035年集聚提升型乡村基本实现农业农村现代化。

措施建议：一是加快完善基础设施，以服务产业、人居环境为重点，提升路、水、电、网等基础设施建设标准，为继续壮大特色产业和三产融合发展夯实基础。二是着力壮大特色产业，以绿色化、特色化、优质化、品牌化、组织化为导向做强优势主导农业产业，形成"一村一品"，大力发展农产品加工业和农村三产融合业态，提升产业辐射带动能力，努力建成一批农业融合、乡村旅游、康体养生等专业化村庄。三是提升农村人居环境，发挥自身比较优势，科学定位村庄发展方向，保护保留乡村风貌，在原有规模基础上有序推进改造提升，实现村容整洁、道路通畅、环境卫生、适宜居住，提升发展承载能力，建设宜居宜业的特色美丽村庄。

3. 特色保护型乡村

具体思路：特色保护型乡村以完善基础设施和发展特色产业为重点，统筹生态保护与生产发展间的关系，引导村庄适度集中，有序推进迁村并户，着力建设人与自然和谐相融的山区村庄。名村古村保护型乡村，因具备历史文化价值、民族文化价值以及自然地质价值，具有将人文、生态资源优势转化为经济优势的潜力，可探索以特色资源优势主导保护与发展良性循环的可持续发展机制，争取在2035年基本实现现代化。生态功能保护型乡村，生态屏障功能、生态修护功能、涵养生物多样性作用突出，是全省乡村振兴的难点，探索以生态保护、生态宜居、美丽乡村相结合的乡村发展模式，争取2050年基本实现农业农村现代化。

措施建议：名村古村保护型乡村，一是统筹保护、利用与发展的关系，遵循村庄发展机理，注重保持村庄的完整性、真实性和延续性。二是切实保护村庄的传统选址、格局、风貌以及自然和田园景观等的整体空间形态与环境，全面保护文物古迹、历史建筑、传统民居等传统建筑，彰显历史文化名镇名村和传统村落的魅力。三是抓好民族文化静态保护和活态传承，尊重原住居民生活形态和传统习惯，突出民族村寨自然风貌、人文风俗保护，优先对人口较少民族、"直过民族"地区的特色村落进行保护发展。四是加快改善村庄基础设施和公共环境，合理利用村庄特色资源，发展乡村旅游和特色产业，形成特色资源保护与村庄发展的良性互促机制。

对于生态功能保护型村庄，一是着力改善村庄生产生活条件，科学规划村庄基础设施、教育医疗文化等公共服务设施，逐步补齐路、水、电、网等基础设施短板，逐步改善农村公共服务"弱项"。二是鼓励和支持村庄农民搬迁或进城。三是完善村庄布局，按照适度集中的原则，科学规划村庄布局，适时推进迁村并户，引导村庄向宜建区集中，优先向 50 户以上发展条件较好的村庄配套各项设施，努力建设高低错落、特色鲜明、人与自然和谐相融的山区村庄。四是加强村庄生态建设和环境保护，推进山区综合开发，充分发挥立体气候、小气候等优势，大力发展山地特色生态农林业、林下经济和养殖业，着力发展适宜山区条件的旅游、休闲、康养等产业。

4. 搬迁撤并型乡村

具体思路：对位于生存条件恶劣、生态环境脆弱、自然灾害频发等地区的村庄，因重大项目建设需要搬迁的村庄，以及人口流失特别严重的村庄，通过易地扶贫搬迁、生态宜居搬迁、重大项目建设搬迁、农村集聚发展搬迁等方式，实施村庄搬迁撤并，统筹解决村民生计、生态保护等问题。根据《云南省乡村振兴战略规划（2018—2022 年）》，到 2022 年，全省自然村在 2018 年规模基础上撤并搬迁 10% 以上。

易地扶贫搬迁型乡村，要主动对接脱贫攻坚符合易地扶贫搬迁政策，引导村庄人口逐步搬迁安置到其他地区，通过改善安置区的生产生活条件、调整经济结构和拓展增收渠道，帮助搬迁人口逐步脱贫致富。工程建设搬迁型乡村，要以解决搬迁稳定性为主，重点以产业扶持推动解决乡村就业。人口流失搬迁型乡村，要依据群众意愿，采取宜并则并、宜散则散的方式集中或分散疏导化解"空心村""空壳村"。以易地扶贫搬迁试点、工程建设搬迁为抓手率先推进，审时度势，适时适度推进人口流失搬迁型乡村振兴。

措施建议：一是坚持村庄搬迁撤并与新型城镇化、农业现代化相结合，依托交通沿线、县城、小城镇、产业园区、中心村等适宜区域进行安置，避免新建孤立的村落式移民社区。搬迁撤并后的村庄原址，因地制宜复垦或还绿，增加乡村生产生态空间。二是必须保障农民对村庄搬迁撤并的知情权、参与权和受益权，尊重农民意愿并经村民会议同意，不得强制农民搬迁和集中上楼。拟搬迁撤并的村庄，需要统筹考虑拟迁入或新建村庄（社区）的基础设施建设和公共服务配套，确保搬迁农民"搬得出、稳得住、能致富"。

5. 守边固边型乡村

边境兴则边疆稳，边民富则边防固。沿边一线村寨地处国门，是国家形象的重要窗口。根据《云南省深入实施兴边富民工程改善沿边群众生产生活条件三年行动计划（2015—2017 年）》，全省边境线上共分布着 110 个沿边乡镇（占全省 1 392 个乡镇的 7.9%）、814 个行政村（社区）（占全省 14 247 个村、居委会①的 5.71%），其中沿边一线有 373 个行政村（社区）（占边境行政村数的 45.82%，占全省 14 247 个村、居委会总数的 2.62%）、3 783 个自然村，共 23.6 万户、92.8 万人；还分布着 19 个沿边农村。

具体思路：按照边民不流失、守边不弱化的总体要求，严控抵边自然村撤并，在区位特殊、地位重要的边境空白地区，因地制宜抵边建设一批居民不少于 20 户的新村。按照"彰显形象、基础留民、产业富民、家园安民、政策惠民、守边耀民"的思路，全面推动沿边村镇基础设施、基本公共服务、宜居家园、特色产业快速发展，抵边型的乡村，要以完善设施、环境优美、和谐稳定、宜居宜业为导向，持续保持边民不流失、守边不弱化、边境和谐稳定繁荣发展；固边型乡村，作为抵边乡村的缓冲和经济社会发展支撑区域，积极稳慎推动推动固边型乡村村民向抵边型乡村流动，争取抵边固边型乡村在 2035 年基本实现现代化。

措施建议：一是高起点规划、高标准建设沿边一线村庄、乡镇、县，鉴于地处国门、沿边少数民族群众多数与境外存在亲缘关系，原则上村庄规模和设施优于沿边国家对应区域村庄。二是优先持续提升一线村寨、乡镇、县域基础设施和基本公共服务水平，全面实现"五通""八有""三达到"等基本要求，有序改善和提高公共设施和公共服务水平，用完善、便捷的基础设施和服务使沿边一线村民愿意留下来、稳得住，并吸引、引导和鼓励边境非一线地区人口向一线村镇搬迁安置。三是围绕"边"做文章，加快边民互市、跨境旅游、特色种养殖及加工等产业发展，通过产业发展带动边民就地就近就业创业，使边民就地发展致富。四是持续提升沿边一线村寨人居环境，实现布局合理、功能配套、环境优美、特色鲜明，推进边境沿线民族团结进步示范村、民族特色旅游村寨、国门村寨创建，打造一批边境民族风情小镇。五是持续加大兴边富民、守边固边等工程的实施力度，积极争取国家政策特殊倾斜和特殊支持，稳步提高边民待遇和保障层次，使边民充分享受党的惠民政策，共享改革发展成果。六是加大对守边兴边先进党员、个人和先进集体、党组织等的表彰和奖励，让"我为祖国守边境"成为沿边居民的共同自觉和无上荣耀。

---

① 此为 2015 年年底数据。2017 年，全省共有 1 403 个乡、镇、街道办事处，14 323 个村、居委会。

下篇
产业基础问题研究

专题六 改革开放以来云南农村产业发展的成绩与经验[①]

《国家乡村振兴战略规划》和《中华人民共和国乡村振兴促进法（草案）》都强调，坚持因地制宜、循序渐进，要求根据乡村的历史文化、发展现状、区位条件、资源禀赋、产业基础、演变趋势等，规划先行、注重特色、分类实施、有序推进。要求充分认识乡村振兴任务的长期性、艰巨性，保持历史耐心，避免超越发展阶段，统筹谋划，典型带动，有序推进，不搞齐步走。可见在地方实施乡村振兴战略要高度重视分类推进、有序实施，重要依据就是乡村发展规律。特别是要科学把握本地区乡村经济发展阶段、产业结构、空间布局、人文社会等方面的差异。

改革开放以来，云南农村产业发展成绩突出，随着乡村振兴战略的实施，农村产业发展又面临着新的目标与任务。党的十九大报告首次提出实施乡村振兴战略，中央农村工作会议进一步明确了乡村振兴战略的目标任务和基本原则，2018年中央一号文件又明确了实施乡村振兴战略时间表和路线图，都突出强调了农村产业发展对乡村振兴的作用。《国家乡村振兴战略规划（2018—2022年）》的发布，站在新的历史起点，对云南农村产业发展提出了更高的要求，更加突显了乡村振兴产业振兴、产业兴旺的意义。

一、云南农村产业发展成就

改革开放40多年来，云南农村产业发展成绩集中地反映在：提升了农业绩效、改善了农业生产条件、提高了农民收入、形成了高原特色现代农业发展

[①] 原文载于《云南农村发展报告（2018—2019）》中谭政撰写的一个专题章节，2019年由云南人民出版社出版。

模式。然而随着乡村振兴战略的推进，云南农村产业发展仍然面临两个最大的问题：一是传统农业小规模、半自给、兼业化特征与规模化生产之间的矛盾。二是稀缺的土地资源和劳动力资源禀赋特征不利于快速提高劳动生产率。处理和解决好这两个实际是破解云南农村产业"小农经营"的关键。

（一）提升了农村产业产值

云南农村产业产值持续提升。云南基本与全国同步，从农村基本经营制度入手，实行家庭联产承包责任制，废除人民公社制度，实行政社分开建立乡镇人民政府，发展乡镇企业，初步形成和基本确立了家庭承包经营制度。这一系列的改革激发了农村生产活力，推动了农村产业的迅速发展。2019年，云南省实现生产总值 23 223.75 亿元，同比增长 8.1%，增速高于全国（6.1%）2个百分点。第一产业完成增加值 3 037.62 亿元，同比增长 5.5%，增速高于全国（3.1%）2.4 个百分点；第二产业完成增加值 7 961.58 亿元，同比增长8.6%，增速高于全国（5.7%）2.9 个百分点；第三产业完成增加值 12 224.55亿元，同比增长 8.3%，增速高于全国（6.9%）1.4 个百分点[①]。农业经济平稳向好，高原特色农业稳步推进。1978—2017 年，云南省农林牧渔生产总值从 40.2 亿元上升到 3 808.8 亿元，增长了 95.17 倍。其中农业总产值从 30.35亿元增长到 2 034 亿元，林业总产值从 2.48 亿元上升到 381.5 亿元，牧业总产值从 7.11 亿元增长到 1 153.4 亿元，渔业总产值从 0.08 亿元增长到 108.20 亿元。到 2017 年，云南省农林牧渔总产值已占全国的 3.32%，农业总产值已占全国的 3.30%，林业总产值已占全国的 7.65%，牧业总产值已占全国的3.81%，渔业总产值已占全国的 0.88%。图 6-1 为云南农村各产业产值 1978—2017 年占全国产值比重，图中显示在 1978—2017 年云南农村各产业占全国的比重呈现迅速上升的趋势。尽管在此期间一些产业存在波动，但是总体保持了波动上升的态势。除渔业外，云南农、林、牧产业占比均接近或超过全国平均值。特别是云南林业，到 2017 年年底，已在全国其他省份中具有比较优势，且增长势头强劲，详见图 6-2。云南林业将与生态旅游、森林和湿地公园建设、经济林果加工等大健康产业相融合，形成农村产业发展的规模效应。云南林业发展成就归根结底还是真正贯彻落实了"绿水青山就是金山银山"的理念。总体来看云南农村产业的发展为全国农村产业的发展做出了重要贡献，真

---

① 云南网. 2019 年云南实现生产总值 23 223.75 亿元 增速高于全国平均水平 [EB/OL]. (2020-01-21) [2020-05-23]. https://baijiahao.baidu.com/s? id=1656327759750111135&wfr=spider&for=pc.

正增加了农民收入。

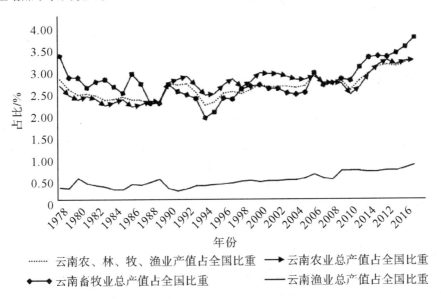

图 6-1　云南农村各产业产值与全国产值占比对比（1978—2016 年）

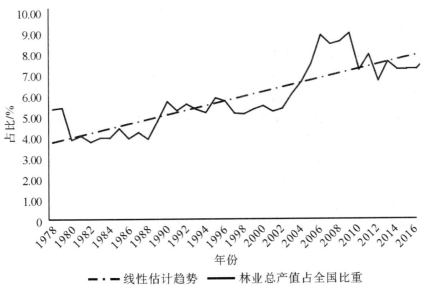

图 6-2　云南林业总产值占全国产值比重（1978—2016 年）

（二）改善了农业生产条件

产业的发展与农业生产条件的改善是一对互为因果的关系。随着改革开放的深入推进，云南社会主义市场经济逐步建立，日益增长的市场需求促进了农村产业的发展，使农村产业形成了扩大再生产改善农业生产条件的资本积累。改革开放初期农业生产条件相对落后，而随着农村产业的发展得到快速改善。云南农村生产条件的改善，又促进农村产业的发展。2019年云南农业机械总动力达2 714万千瓦时是1978年的11.16倍，其中拖拉机36.42万台，配套农具36万台，水稻插秧机2 538台，节水灌溉类机械6.62万台，谷物联合收割机8 408台。1978年云南农业机械总动力为2 432 000千瓦时，与全国平均水平差距148.46千瓦时，相比当时的发达地区，云南的农村生产条件不仅落后，而且投入少。农业机械总动力仅是农村生产条件的一个方面，然而，随着产业发展投入不断提升，农业机械投入发生较大转变。到2017年云南农机总动力超过36 000 000千瓦，比上年增加1 700 000千瓦，农机装备水平持续提升。农业机械类型从发动机、拖拉机、摩托车再到小卡车、大卡车等类型逐渐丰富、数量逐渐增多，农业机械结构进一步优化，农业现代化进程加快，促进了云南高原特色现代农业的发展。云南还积极开展农机化示范区建设，通过农业部农机化示范项目和省级推广示范项目的带动，推进农业机械化。图6-3反映了云南农业机械总动力1978—2017年的变化情况，其中虚线为线性发展趋势线，如果该虚线从左至右向右上角倾斜说明随时间变化呈现增长趋势，反映出云南农业机械总动力不断增长的趋势。对比全国平均水平，云南农业机械总动力自2016年起，已连续2年超过全国平均水平。2016年云南农业机械总动力超过全国199.12万千瓦时，2017年超过234.43万千瓦时。此外，据测算2012年云南农业水资源效率为0.038 7立方米/元，到2016年下降为0.029立方米/元，预计到2018年将下降到0.021立方米/元以下。水利生产基础设施的发展，使得用水成本明显降低，进一步改善了生产条件。改革开放以来云南农村产业的发展直接推动着生产条件持续改善，提高了农业生产效率。

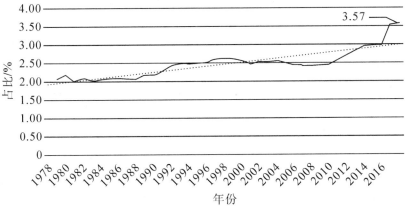

── 云南农用机械总动力占全国比重　······线性(云南农机械总动力占全国比重)

图 6-3　云南农业机械总动力占全国比重（1978—2016 年）

（三）提高了农村居民收入

农村产业发展使农民持续增收。改革开放以来云南农村产业发展给农民带来最直接、最显著的成效就是促进农民收入的不断提升。2019 年城镇常住居民人均可支配收入达 36 238 元，比上年增长 8.2%，农村常住居民人均可支配收入 11 902 元，比上年增长 10.5%。1978 年以来，云南农村产业发展使农民收入不断提高。2017 年，云南农村常住居民人均可支配收入扣除物价因素，按可比价计算达到了 9 862 元，比上年增长了 9.5%，增速高于城镇居民 1.3 个百分点，高于全国平均水平 0.8 个百分点。增速在全国 31 个省（市、区）中居第 4 位，持续呈现农村居民收入增长快于城镇居民、快于全国平均，城乡居民收入相对差距持续缩小的良好态势。但是仍然要看到当前云南的农民人均可支配收入与全国仍然有相当大的差距，并且差距拉大风险较高。为进一步缩小差距，近年来云南重点抓特色产业发展，使农村居民收入实现快速增长。云南农村居民人均可支配收入的经营性收入占比过半，而全国则是农村居民人均可支配收入的工资性收入为占比超过 40%，进一步说明了继续扩大的趋势。站在新的历史起点如何更好地通过农村产业发展促进农民增收关键还在于破解云南所面临的"小农经营"自发性。

（四）形成了农村产业比较优势

1. 高原特色现代农业优势突出

2019 年以来，云南着力发展高原特色农业，建设高原粮仓、特色经作、山地牧业、淡水渔业、高效林业、开放农业，打出丰富多样、生态环保、安全优质、四季飘香"四张名片"，打造世界一流"绿色食品牌"，发展茶叶、花卉、水果、蔬菜、坚果、咖啡、中药材、肉牛、生猪等重点产业。"云南粮食产量在全国 13 个主产区之外稳居领头位置，鲜切花、天然橡胶、咖啡、烤烟、核桃、中药材种植面积和产量连年保持全国第 1 位。"经过多年发展积累，云南高原特色农业与东北大农业、江浙集约农业和京津沪都市农业一起，成了中国现代农业发展的四种模式之一，走出了一条特色鲜明的发展道路。

1978 年以后云南开始探索适合本省省情的家庭经营制度。全省政策措施经历了"不许分田到户"到"包产到户是社会主义生产责任制形式"，再到"包产到户是农村的一项基本经营制度"的变革，极大地释放了农业生产力。1978—1984 年，云南省在粮食生产连续 4 年丰收的基础上，特色农业发展取得新的突破。2012 年做出发展高原特色农业的决定，针对云南山高坡陡、气候多样的特点，加大特色农产品培育，特别是野生菌、花卉、蔬菜、水果、中药材等产业。2017 年，云南围绕打造全国绿色农产品生产基地和特色产业创新发展辐射中心，出台了《云南省高原特色现代农业产业发展规划（2016—2020 年）》，明确提出加快推进生猪、牛羊、蔬菜、中药材、茶叶、花卉、核桃、水果、咖啡、食用菌十大重点产业发展，有力地促进了云南特色农业优势产业的快速发展。比如特色茶产业，2017 年云南春茶采摘面积 580 万亩，增加 5 万亩，产量达 15.5 万吨，同比增长 4.5%，毛茶平均单价每千克 39.6 元/千克，较去年同期提高 4.8 元，增长 13.8%，茶农春茶人均增收 200 元，增长6.9%；咖啡豆收购价在 18 元/千克左右，上涨 10% 以上；花卉种植面积达 133万亩，农业产值 233 亿元，增长 8%。再比如特色水果产业，2017 年以来，已建成出口水果注册果园 630 个、88.5 万亩，注册出口水果包装厂 96 个；出口蔬菜备案基地 150 个、47.4 万亩，供港蔬菜基地 48 个、4.8 万亩；9 个省级出口食品农产品质量安全示范区，总面积为 126.5 万亩。农村特色产业的发展极大地丰富了农产品种类、数量，并逐渐形成云南特色农产品出口比较优势。

2. 农产品产量优势日益明显

2019 年以来云南积极开展优势特色产业集群建设。云南省花卉和蔬菜两个产业集群建设项目成功入围全国优势特色产业集群建设，每个产业将投资 1 亿元，连续投资 3 年。开展"一县一业"示范创建。云南省于 2019 年 8 月公布了 20 个"一县一业"示范创建县名单，其中，茶叶产业 3 个、花卉产业 3 个、蔬菜产业 4 个、水果产业 4 个、核桃产业 2 个、中药材产业 2 个、畜牧产业 2 个。力争通过 3 年的示范创建，每年投入 6 亿元，在全省打造一批高水平县域产业发展标杆①。开展现代农业产业园和乡村振兴示范园建设。截至 2019 年年底云南省已建成 3 个国家级现代农业产业园、32 省级农业产业园，抓好这些产业园提质升级的同时，根据产业发展需要建设新园区。开展"绿色食品牌"产业基地建设。2020 年，云南省印发了打造世界一流"绿色食品牌"产业基地建设管理实施方案，将在全省分级建设一大批产业基地，目前，申报认定工作正在开展中。将从经营主体、基地规模、生产规范等八个角度，对产业基地进行扶持发展。

　　自 1978 年以来云南农村产业发展迅速，农产品产量快速提升。图 6-4、图 6-5、图 6-6 分别显示了 1978—2017 年云南粮食作物、油料作物、水果的产量情况，虚线表示线性趋势。观察三张图中的趋势线（虚线）可以发现产品产量总体呈现上升趋势。此外，2017 年榨季甘蔗种植面积为 500 万亩，增长 8%，产量 1 950 万吨，增长 7.8%，天然橡胶平均价格在 1.6 万元/吨左右，比 2016 年上涨了 25%。随着农村产业的发展农产品产量富余使农产品出口成为可能。云南农村产业的发展一方面丰富了产品的种类，另一方面增加了产量，使云南农村产业在一些领域具备规模竞争优势。2016 年食用菜籽油、蔬菜、水果出口占云南种植业出口的前三名。养殖业中肉类出口、生猪出口、水产品出口占据前三位，农业生产资料出口中，农药出口、化肥出口占据前两位，详见表 6-1。然而，仍然要注意从出口结构看，云南农产品出口仍然以初级原料为出口为主，农村产业获利仍然较少，出口质量明显与发达省份差距明显，云南特有的区位优势还没有真正得到充分发挥，特别是融入"一带一路"的进程缓慢。

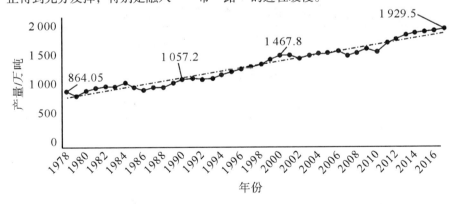

图 6-4　云南粮食作物产量（1978—2016 年）

　　① 新华网. 云南：把高原特色现代农业打造成万亿级支柱产业［EB/OL］.（2020-08-31）. http://yn.sina.com.cn/news/s/2020-08-31/detail-iivhuipp1664687.shtml.

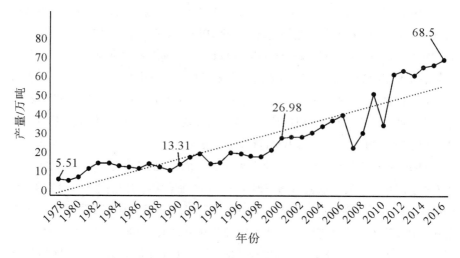

图 6-5 云南油料作物产量（1978—2016 年）

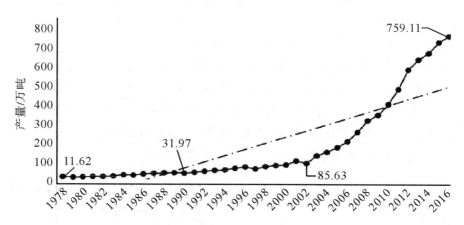

图 6-6 云南水果产量（1978—2016 年）

表 6-1 云南农产品出口情况（2013—2016 年）

年度	2016	2015	2014	2013
粮食出口/吨	818.31	292.58	2 301.29	1 790.72
食用油籽出口/万吨	2.07	2.05	1.69	1.04
蔬菜出口/万吨	88.41	74.42	66.87	66.09
水果出口/万吨	79.32	62.05	37.91	32.86
肉类出口/万吨	0.83	0.99	1.08	0.77

表6-1(续)

年度	2016	2015	2014	2013
生猪出口/万吨	0.81	0.97	1.06	0.74
水产品出口/万吨	0.64	0.55	1.18	0.84
农药出口/吨	12.49	58.66	99.90	132.48
化肥出口/万吨	372.19	498.00	300.52	287.65

数据来源：中国农业农村部网站。

二、云南农村产业发展经验

改革开放以来云南农村产业发展主要得益于有效的政策推动、因地制宜发挥优势以及激活生产要素活力。然而，为了进一步提升农业农村发展水平，强化农村产业发展质量，云南农村产业发展也面临着一些困难。

（一）强势有效的政策推动

产业政策是推动农村产业发展重要手段。科学的产业政策不仅能鼓励和促进产业扩展，而且能优化市场资源配置和确保供求稳定平衡。改革开放以来，从国家到地方制定了一系列支持和推动农村产业发展的政策，形成了支持农村产业发展的政策体系。云南农村产业发展的实践也证明科学合理的政策对推动农村产业有着重要作用。据不完全统计，仅在2011—2018年，省级共出台了5个综合性政策、5个农业载体政策、4个特色农业政策、6个专项支持政策，初步构成了支撑云南高原特色现代农业发展的政策体系。这些政策既有综合性的也有专业性的，既有针对农村产业发展载体的也有针对特色产业的。比如2013年云南省科技厅印发了《关于加强农业科技创新、加快高原特色农业发展的实施意见》的通知（云科农发〔2013〕4号），要求实施高原特色种业科技创新、优势特色产业科技培育、科技成果转化示范、农业科技创新能力提升、农业科技型企业培育等，这就是针对云南特色产业科技方面的专项政策。随着这些政策的贯彻落实，云南农村产业与1978年相比无论是从产业产值到农产品数量均有了大幅提升。特别是随着《国家乡村振兴战略规划（2018—2022年）》的发布，如何更好地高质量推进农村产业兴旺直接关系着乡村振兴战略的顺利实施。可见云南农村产业的发展离不开有效的农村产业政策的支持，这是云南农村产业发展的重要经验之一。

（二）因地制宜发挥自身优势

因地制宜地发展高原特色农村产业是云南经过多年不断探索总结出的重要农村产业发展经验。

独特的地形决定了规模经营的困难。云南地形地貌复杂，地上地下资源十分丰富。云南西部为横断山脉及其他山脉，东部属云贵高原，南部为中低山谷平地。全省山区、半山区面积占94%，坝区占6%，耕地面积4 200多万亩，人均占有耕地1亩左右。此资源禀赋造就了云南小农经营特征突出的特征，农村产业规模经营的困难。因此，发展农村产业必须走"差异化"的道路，以特色农产品生产为主线走绿色高质量农村产业发展道路。

独特多样的气候决定了发展特色农村产业的优势。云南具有复杂多样的气候类型，且小气候突出，季风气候特征极为明显，冬季盛行干燥的大陆季风，夏季盛行温润的海洋季风。境内高山深谷纵横交错，形成了独特的立体气候类型。有"一山分四季，十里不同天"反映了"立体气候"的特点。这种"立体气候"、小气候散布的特点决定了农村产业难以通过规模化经营获得产量的优势，却决定了"错季"生产、特色生产、绿色生产的绝对比较优势。

经过多年的努力云南结合自然气候资源禀赋特征，因地制宜地走高原特色现代农业之路，发挥绝对比较优势使云南农村产业发展焕然一新。基于云南高原及其农业资源的特殊性，发展高品质、高附加值、高集约度、高科技的精品农村产业是云南高原特色现代农业的基本方向和必由之路。高原特色现代农业已经成为全国四种农业发展类型之一，并得到了国家和有关部门的肯定，这是云南农村产业发展的又一重要经验。

（三）激活生产要素活力

高质量、有活力的生产要素是推动生产力发展的重要力量。改革开放以来云南农村产业发展成绩突出还得益于激活了生产要素活力。土地、劳动力、科学技术是农村产业发展的重要生产要素。

1. 土地要素

改革开放以来，云南与全国基本同步实施家庭联产承包责任制，激活了土地生产要素，推动了以家庭经营为主的农村产业发展。云南政策措施经历了"不许分田到户"到"包产到户是社会主义生产责任制形式"，再到"包产到户是农村的一项基本经营制度"的三次转变，激活了土地生产要素释放了农村产业生产力。到 1984 年年底，云南农业在粮食连续 4 年丰收的基础上，又取得新的突破，总量首次突破 1 000 万吨达到 1 005 万吨，比 1978 年的 865.6 万吨增长了 16.3%。在粮食产量上升的前提下，粮食种植面积由 5 516.8 万亩下降到 5 162.1 万亩，减少了 6.4%。经济作物面积、产值的比重分别比 1978 年上升了 3.0% 和 7.1%。特别是随着第二轮承包到期后，党的十九大明确提出："保持土地承包关系稳定并长久不变，第二轮土地承包到期后再延长三十年。"这让农业生产土地要素活力进一步释放。

2. 劳动力要素

改革开放以来，云南与全国同步逐步建立起市场经济体系，激发了劳动力创造价值的积极性，特别是农村剩余劳动力的逐步转移为更刺激了农村产业发展。由于流通体制的改革、乡镇企业的发展以及烤烟产业的兴起，推动云南农业产业结构和农村经济结构出现了新的变化。1985 年中央一号文件聚焦农产品流通体制，围绕《关于进一步活跃农村经济的市场政策》这一主题，着力改革农副产品统购派购制度，取消粮食、棉花的统购，将其改为合同定购。定购粮食国家按照"倒三七"比例计价，粮食可以自由上市。其他各类农产品，价格完全放开由市场供求自行确定。在调整农产品结构方面，提出"绝不放松粮食生产、积极发展多种经营的方针"。按照该文件精神云南农村家庭生产经营的农产品逐步通过市场机制进行配置，激发了农村劳动力的生产积极性。

3. 科学技术

科技创新是人类创造性的智力劳动。1988 年邓小平同志在科学全国科学大会上提出了"科学技术是第一生产力"的论断。改革开放以来，云南农村产业的发展农业生产率的提高离不开农业科学技术的贡献。集中地反映在农业综合生产力的提升、农业机械化进程加快。自 1978 年以来，随着良种改良、化肥技术等的逐步投入，云南农产品粮食、油料、水果等产量大幅提升。农业机械化水平与 1978 年相比均有了大幅提升农用机械总动力从 243.20 万千瓦增长到 2017 年的 3 535 万千瓦。科学技术对农村产业发展的作用日益重要。随着 2018 年国家《乡村振兴战略规划（2018—2022 年）》的公布，明确要求强化农业科技支撑作用，引领支撑农业转型升级和提质增效。这更加说明未来乡村振兴农业科技扮演着重要支撑作用。

三、小结与拓展

随着乡村振兴战略的实施，对农村产业发展提出了更高的要求。当前云南农村产业发展关系着高原特色现代农业、农民增收、精准脱贫以及乡村振兴，因此未来云南农村产业发展应该如何发展地位格外重要。

（一）农村产业发展方向

从云南农村产业发展的现实看，未来农村产业融合发展已大势所趋，巩固乡村振兴其地位已不可撼动，服务绿色发展已势不可挡。

1. 推动农村一二三产融合发展

随着农业产业升级步伐的加快和农业现代化进程的加速，推进农村一二三产业融合发展，已经成为我国转变农业发展方式、推动农业产业全面升级、促进农村经济社会可持续发展的重要途径。培育和促进云南农村产业融合发展，有利于构建现代农业产业体系、生产体系和经营体系，提升农业质量效益和市场竞争力；有利于拓宽农民就业增收渠道，促进农民收入持续较快增长；有利于培育农村新产业新业态新模式，壮大农业农村发展新动能；有利于促进城乡各种资源要素合理流动，以产业融合促进城乡融合。

根据中央文件精神，所谓农村产业融合发展，是以农民分享产业链增值收益为核心，以延长产业链、提升价值链、完善利益链为关键，以改革创新为动力，加强农业与加工流通、休闲旅游、文化体育、科技教育、健康养生和电子商务等产业的深度融合，增强"产加销消"的互联互通性，形成多业态打造、多主体参与、多机制联结、多要素发力、多模式推进的农村产业融合发展体系，努力助推乡村产业兴旺，切实增强农业农村经济发展新动能。由此可见，未来农村产业发展的重点，将围绕推动农村产业融合发展展开。这已经成为农业农村现代化的基本趋势。

一是新技术在农村产业中的渗透应用。现代科学技术向农业各领域的不断渗透，是农业现代化水平提升的核心保障。现代农业技术一般都具有创造性，农业技术连同其产生的农业生产要素或工具，渗入到传统农业内部，能够促使传统农业生产方式与产出成果发生根本性变革，促进传统农业向现代化新兴农业转换，这个过程必然伴随一二三产业之间的相互融合共生发展。

二是新业态驱动农村产业融合发展。农村地区三次产业之间的融合共生，就是通过不同行业之间的生产技术相互交叉作用和产品、服务功能的相互渗透，从而催生出新型的行业业态。这种新型的行业业态，拥有融合之前的分离产业所不具备的科技基础、资源配置模式与产成品的功能属性。目前不断兴起的生态农业、休闲观光农业、体验农业、工厂化农业等新型业态，都是通过传统农业业态不断跨界拓展，与工业、服务业之间相互融合而形成的，这种融合发展促进了传统农业的细化分工。

三是新生产要素投入促进农村产业融合。从现代农业生产运行所需要投入的要素来看，传统的劳动力和劳动工具等要素已远不能满足需求，需要强化农业产品研发、咨询、管理、信息以及教育、金融等新的生产要素投入，实质上就是推动农业与生产性服务业相融合。依托较为成熟的市场机制，可以促进这些新型生产要素的充分运用、加快流转和优化配置，拓展农业生产经营的空间，提高农业的生产效益。

农村一二三产业融合发展是农村经济转型升级的必然要求。可见农村产业融合发展是农业产业化的高级形态和升级版，其业态创新更加活跃，产业边界更加模糊，利益联结程度更加紧密，经营主体更加多元，功能更加多样，内涵更加丰富多彩，云南农村产业融合发展的基础性更加突出。

2. 推动云南乡村振兴战略有效实施

"农业农村农民问题是关系国计民生的根本性问题。没有农业农村的现代化，就没有国家的现代化"，2018 年中央一号文件提出实施乡村振兴战略，明确了"二十字方针"的总要求，就是要推动农业农村优先发展，加快实现农业农村现代化。结合云南实际，省委省人民政府提出了《关于贯彻乡村振兴战略的实施意见》。一方面贯彻了中央实施乡村振兴战略的总体要求，另一方面还提出了符合云南实际的乡村振兴方向。在"推进高原特色农业现代化"中明确要求推动农村产业融合发展。大力开发农业多种功能，延长产业链、提升价值链、完善利益链，采取就业带动、保底分红、股份合作、利润返还等多种形式，让农民合理分享全产业链增值收益。实施农产品加工业振兴行动，大幅提升农产品加工水平。实施休闲农业和乡村旅游提质升级行动，建设一批特色旅游示范村镇和精品线路，打造乡村健康生活目的地，到 2020 年，全省乡村旅游总收入达 2 500 亿元以上。

可见，推动农村产业融合发展，将成为有效实施乡村振兴战略的重要抓手。农村产业融合发展不仅事关农村产业发展和农民增收，而且会在更深层次上对整个国民经济发展中的要素流动、产业集聚、市场形态乃至城乡格局产生积极影响，为经济社会健康发展注入新活力和新动能。

3. 推动绿色发展巩固重要基础

农业是国民经济的基础，农村产业的发展事关巩固国民经济基础。推动农村产业绿色发展是推动国民经济绿色发展的重要一步，也是实现农业可持续发展经济可持续发展的重要一步。2018 年云南省人民政府在工作报告中首次提出，云南将努力打好"绿色能源""绿色食品""健康生活目的地"这三张牌。

推动绿色发展建设绿色经济体系已经成为云南农村产业发展重要方向。这三张牌均与绿色发展有关，其中"绿色食品"指的是形成一批具有云南特色、高品质、有口碑的"云南名品"。绿色食品的产业基础是农业，重点是二产中轻工业，竞争力是三产中的品牌影响力。发展绿色食品的关键在于推动农村一二三产融合发展。必须加快绿色产业发展步伐。以打造"绿色能源""绿色食品""健康生活目的地"三张牌为依托，将多种文化、多种产业、多种要素有机融合在一起，把资源优势转化为经济发展优势，大力发展观光农业、游憩休闲、健康养生、生态教育等服务，切实增强经济发展的内生动力；为全域旅游开发插上"互联网+"翅膀，积极抢占行业制高点，离开了绿色发展，农村产业就失去了本色。只有始终坚持以绿色发展引领乡村振兴，让绿色发展成为乡村振兴的"助推器"。

（二）农村产业发展预测

改革开放 40 多年以来，云南农村产业的发展为农民增收和发展地方经济做出了重要贡献，站在新的起点未来云南农村产业应该如何发展以及发展到什么程度，都关系着更好地解决好三农问题。据此研究期望通过计量经济模型预测分析，2018 年及之后云南农村产业发展走势。预测时当期的统计年鉴尚未发布，仅有最新 2017 年数据。2019 年统计年鉴发布后，预测值与实际值偏差非常小。

分析根据 1978—2017 年云南农村产业相关数据，选取一产总产值（lntny）、农业总产值（lnny）、林业总产值（lnly）、畜牧业总产值（lnxm）、渔业总产值（lnye），建立动态时间序列预测未来云南第一产业增加值和农业总产值发展趋势，其中 ln 表示取自然对数。通过这些指标客观分析未来云南农产业发展趋势和可能预见的瓶颈。为了消除单位的影响进入模型分析变量均采取自然对数化。具体模型如下：

$\ln tny = 0.767\,0 + 0.597\,0 \times \ln ny + 0.120\,0 \times \ln ly + 0.337\,0 \times \ln xm - 0.034 \times \ln ye$ （1-1）

t = 　9.974　25.716　5.945　8.856　−2.815

R^2. = 0.991 0

调整 R^2. = 0.989 0　　　　　　　　F = 78 574.386（SIG = 0.000）

表 6-2 为描述性统计分析结果，Mean 表示均值，Std. Deviation 表示标准差，N 表示样本数量。表 6-3 为 Pearson 偏相关系数反映了一产总产值、农业总产值、林业总产值、畜牧业总产值、渔业总产值之间的相关性，相关系数在

0～1，越接近 1 表示相关性越强，从表中观察发现这些变量相关性较高。图 6-7 反映的是计量模型对一产总产值的估计趋势。表 6-4 表示各变量的 t 统计计量结果、Std. Error 标准误差、B 估计系数等结果表显示中 Sig. 数值均≤0.05 说明在 95% 的置信区间内模型结果显著接受原假设，模型拟合效果良好。模型拟合 lntny 趋势为图 6-7，横坐标为年份，纵坐标为自然对数后的云南农业总产值，预测结果见表 6-5。结果显示 2018 年云南农业总产值可能在 4 521.31 亿元到 3 700.99 亿元之间，预计最可能达到 4 281.06 亿元。2019 年统计年鉴发布后，2018 年云南农业总产值实际为 4 108.88 亿元，与本书预测值仅差 172.18 亿元，说明本书预测较为精确度较高。云南农村产业发展将继续向好发展，但最小值小于 2017 年的 3 808.8 亿元说明仍然存在一定的缓降风险。在第一产占地区 GDP 比重将持续下降的前提下，如果充分推动云南农村产业融合发展将有利于提升农村产业对地区 GDP 增长的贡献。

表 6-2 描述性统计分析

	Mean	Std. Deviation	N
lntny	6.112 4	1.424 6	40.000 0
lnny	5.611 3	1.308 0	40.000 0
lnly	3.632 6	1.550 2	40.000 0
lnxm	4.811 9	1.586 5	40.000 0
lnye	1.697 3	2.169 5	40.000 0

注：程序计量输出。

表 6-3 Pearson 相关系数

		lntny	lnny	lnly	lnxm	lnye
Pearson Correlation	lntny	1.000 0	0.999 0	0.996 0	0.999 0	0.990 0
	lnny	0.999 0	1.000 0	0.993 0	0.996 0	0.989 0
	lnly	0.996 0	0.993 0	1.000 0	0.996 0	0.985 0
	lnxm	0.999 0	0.996 0	0.996 0	1.000 0	0.994 0
	lnye	0.990 0	0.989 0	0.985 0	0.994 0	1.000 0

注：程序计量输出。

表 6-4　系数计量结果

Model	Unstandardized Coefficients		Standardized Coefficients	t	Sig.
	B	Std. Error	Beta		
（Constant）	0. 767 0	0. 077 0		9. 974 0	0. 000 0
lnny	0. 597 0	0. 023 0	0. 548 0	25. 716 0	0. 000 0
lnly	0. 120 0	0. 020 0	0. 130 0	5. 945 0	0. 000 0
lnxm	0. 337 0	0. 038 0	0. 375 0	8. 856 0	0. 000 0
lnye	−0. 034 0	0. 012 0	−0. 052 0	−2. 815 0	0. 008 0

注：程序计量输出。

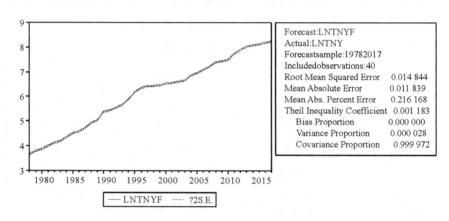

图 6-7　预测拟合曲线

表 6-5　Forecast 预测结果　　　　　　　　　　单位：亿元

Forecast		
Model		2018
lntny-模型_ 1	Forecast	4 281. 059 9
	UCL	4 521. 306 4
	LCL	3 700. 987 4

注：程序计量输出。

（三）分类推进农村产业发展。

随着国家乡村振兴战略的实施，分类推进农村产业发展将成为新趋势。分类推进农村产业、乡村振兴的作用在于科学把握工作节奏与进度。《国家乡村振兴战略规划》和《中华人民共和国乡村振兴促进法（草案）》都强调了坚持因地制宜、循序渐进，要求根据乡村的历史文化、发展现状、区位条件、资源禀赋、产业基础、演变趋势等，规划先行、注重特色、分类实施、有序推进。要求充分认识乡村振兴任务的长期性、艰巨性，保持历史耐心，避免超越发展阶段，统筹谋划，典型带动，有序推进，不搞齐步走。可见在地方实施乡村振兴战略要高度重视分类推进、有序实施，重要依据就是乡村发展规律。特别是要科学把握本地区乡村经济发展阶段、产业结构、空间布局、人文社会等方面的差异。改革开放以来云南农村产业获得了较大发展，也积累了因地制宜实事求是的宝贵的经验。而分类引导、有序推进工作方法解决了如何因地制宜？如何实事求是？使政策执行更加科学、高效。

总之，随着乡村振兴战略的稳步推进，云南农村产业的发展更肩负着巩固乡村振兴基础的作用。通过计量分析和宏观数据分析，研究预测未来云南农村产业发展：一是继续沿着高原特色现代农业发展路径逐步提升；二是尽管农村产业机遇与挑战并存，但是产业政策将持续发力将提升产业绩效；三是云南一产在三大产业中的占比将持续下降，但未来一产的产业贡献将持续上升。随着乡村振兴战略的实施云南农村产业的基础地位将更加巩固；分类推进乡村振兴产业兴旺，农村产业的基础地位更加显现。

专题七　农村产业在云南农业农村经济中的作用[①]

自 2002 年云南全面布局建设小康社会以来，云南农村经济基础得到全面巩固，农村产业迸发出强劲动力为全面建设小康社会提供了重要物质保障。在全面建设小康社会的征程中，云南农村产业为农村经济的发提供了强劲动力。云南农村经济的发展为全面建设小康社会取得决定性进展做出贡献。省委、省人民政府高度重视"三农"工作，全面建设小康社会以来，一方面强化政策体系建设，另一方面狠抓工作落实，推动农村经济持续快速发展。

一、政策推动产业发展

自党的十六大报告明确提出"全面建设小康社会，开创中国特色社会主义事业新局面"以来，全国上下同心协力，瞄准全面建设小康社会持续发力。党的十八大明确提出："全面建成小康社会。"实现第一个百年奋斗目标，是中国共产党向人民、向历史做出的庄严承诺。云南作为我国西部欠发达省份，农村全面建设小康社会更具重要意义。自 2002 年以来云南深入贯彻中央文件精神，全面推进农村各项事业发展，探索出了一条以高原特色现代农业为抓手，农村经济全面发展的道路。

（一）深化改革推动农村产业发展

改革是推动农村产业发展的动力。中共云南省委、云南省人民政府高度重视"三农"工作，全面建设小康社会以来，持续推进农业农村改革，破除体

---

① 原文载于《云南农村发展报告（2020—2021）》中谭政撰写的一个专题章节，2021 年由云南人民出版社出版。

制机制障碍为农村产业发展奠定基本支持政策和制度框架。

1. 推动农业税费改革

从 2000 年开始，云南与全国同步开始了农业税费改革试点工作，到 2003 年已在全省全面推开，共减轻农民负担 11.3 亿元，人均减负 32.7 元，到 2004 年，全省再次减轻农民负担 10 亿元，农业税费改革初见成效。同时，全面取消了烟草农业特产税以外的农业税和农产品特产税，加快构建农村资源税费价格制度体系，逐步完善了山、河、湖、水的农村资源税费制度。税费的大幅度降低为云南农村产业的发展提供了宽松的政策环境，农村产业投入规模持续增加。

2. 实施农村治理体制改革

2000 年 5 月云南省委、省人民政府又出台了《关于改革村级体制、实行村民自治的意见》，明确要求村级行政管理体制改为村民自治，乡村治理体制改革全面推进，到 2001 年 8 月，全省 13 498 个建制村依法选举产生了村民委员会。随后 2004 年、2007 年县级政府完成了第二届、第三届村民委员会换届选举。村级体制改革强化了村民自治，理顺了管理体制机制上的障碍，有效促进了村民创造性精神的发挥，为农村的发展注入了活力。

3. 构建全面改革制度体系

全面建设小康以来，云南省委、省人民政府专门发布了一系列有效促进农村产业发展的政策文件。特别是分别制定了《全面生活农村改革总体方案》《深化农业改革专项方案》《深化林业改革专项方案》《深化水利改革专项方案》《供销合作社综合改革试点工作专项方案》5 个专项方案，直面农村改革难点，为全省农村长远发展构建了制度框架，对当前及今后制约云南省农业农村发展的难点和关键问题作了重点谋划，明确提出了全省全面深化农村改革的 11 项重点。

4. 深化农村产权改革

随着稳定农村土地承包关系、完善土地所有权、承包权、经营权"三权分置"办法的实施和开展农村土地承包经营权确权登记颁证，更加激发了农村生产的积极性，进一步释放了农村生产力。党的十九大报告中明确提出："巩固和完善农村基本经营制度，深化农村土地制度改革，完善承包地'三权'分置制度。保持土地承包关系稳定并长久不变，第二轮土地承包到期后再延长三十年。"① 让农民吃下了"定心丸",改革举措的持续推进深化加速了农村产业的稳中向好趋势。

（二）强化基础设施探索特色产业

农村生产基础设施是推动农村产业发展的先决条件,自全面建设小康社会以来,云南逐渐摸索出一条以农村生产基础设施建设为抓手,培育特色产业发展的基本路径。

1. 强化基础设施建设

从 2007 年开始,全省全面实施农村产业基础设施建设、实施中低产田改造计划、实施优势生物产业计划、加大新农村建设力度、实施农民收入翻番计划、建设社会主义新农村、实施"兴边富民工程"、决战决胜脱贫攻坚。到 2008 年,云南省委、省人民政府出台了《关于实施新三年"兴边富民工程"的决定》,通过六大工程、30 件惠民实事,重点解决边境地区发展和各民族生产生活面临的特殊困难及问题,促进边境地区增强自我发展能力。再到 2011 年年底,已经基本形成农业生产用水用电不发愁的局面。一大批农业生产生活使用的小水窖、小水池、小塘坝、小水沟、小抽水站建设了起来,农村水利条件得到显著改善,对加快农业农村发展起到了支撑作用。在中低产田改造过程中,云南整合发改、农业综合开发、国土资源、水利、农业、烟草等部门和单位的项目和资金,着力完成中低产田改造计划。2012 年决战脱贫攻坚以来,农村公路、进村入户道路更是得到了全面提升,产业路、致富路得到进一步优化。破旧不堪的农村道路焕然一新,变成了全省农民群众致富奔小康的幸福路。

2. 探索特色产业发展

在推进农村生产基础设施建设的同时,还重视发挥云南生态资源、立体气候优势,探索高原山地特色农业。首先在生物产业快速发展过程中,农民开始逐渐意识到特殊的地理、气候对产品质量有着特殊的影响,一些气候适宜的地方产品质量较好,"能卖好价钱",由此初步探索符合本区域气候的作物和特色产业。从自然气候来看,虽然总体云南属亚热带季风气候,但是由于高山峡谷相间分布,所以立体气候、小气候在局部差异较大。针对云南山高坡陡、气候多样的特点,一些偏远地区村民开始探索符合各自地方气候特点的特色作

---

① 习近平:《夺取新时代中国特色社会主义伟大胜利——在中国共产党第十九次全国代表大会上的报告》。

物。比如野生菌、花卉、蔬菜、水果、中药材等特色产品的产业，到 2008 年年初步形成产业化、规模化，特色农产品得到市场的充分认可。

（三）坚持绿色发展引领农村产业

坚持走绿色发展之路是云南引领高原特色现代农业发展的重要措施。"十二五"期间，全省农业绿色发展成效显著，农村产业的农药使用量、化肥的使用量均低于全国水平，农业生产面源污染等也低于全国水平，生态、绿色农特产品已逐渐得到市场认可。云南省委、省人民政府在全面总结云南"十二五"农村经济、农村产业发展成绩的基础上，科学分析云南农村产业发展的优势劣势，提出了坚持绿色发展走高原特色现代农业的新路径。从云南"十三五"开始，以高原粮仓、特色经作、山地牧业、淡水渔业、高效林业和开放农业六大建设重点，打造"丰富多样、生态环保、安全优质、四季飘香"四张靓丽名片。在"十四五"期间又明确了重点发展的"八大产业"支持体系，推动农业可持续发展，形成了资源利用高效、生态系统稳定、产地环境良好、产品质量安全的农业发展新格局。特别是随着精准扶贫精准脱贫的全面实施，依靠贫困地区农村产业增强内生发展动力，更成为稳定脱贫的重要支撑。

在党的十八大以后，随着"五大发展理念"的深入贯彻，"绿色"已逐渐成为云南农村产业发展的底色。云南省委、省人民政府相继出台了《中共云南省委 云南省人民政府关于加快高原特色农业发展的决定》《云南省人民政府办公厅关于加快转变农业发展方式推进高原特色农业现代化的意见》《中共云南省委 云南省人民政府关于加快高原特色农业现代化实现全面小康目标的意见》《中共云南省委 云南省人民政府关于着力推进重点产业发展的若干意见》等一系列政策文件，编制了《云南省高原特色现代农业重点产业"十三五"规划（2016—2020 年）》，初步形成了农村产业绿色发展的政策支持体系，进一步夯实了绿色发展的政策基础。

特别是 2020 年云南省人民政府在工作报告中明确提出："打造世界一流'三张牌'要取得更大突破。持续打造'绿色能源牌'……持续打造'绿色食品牌'，打好'区域公用品牌+产品品牌+企业品牌'组合拳，推动'产品+品牌+企业+基地'有机结合，全面提升云南名品的美誉度和影响力；建设一批云品展销、仓储、冷链配送中心；加快普洱茶博物馆建设，持续开展绿色食品评选表彰。持续打造'健康生活目的地牌'，……加快建设美丽县城、康养小镇、特色小镇，让云南成为创新创业、休闲度假的聚集地。"可见，坚持走绿色发展的道路已经成为云南迈向高质量发展的根本途径。随着云南《云南省乡村振兴战略规划（2018—2022 年）》的实施，农村产业绿色发展已经成为云南乡村振兴的主旋律，乡村兴则云南兴，乡村美则云南美。

（四）培育壮大农业新型经营主体

农业新型经营主体是以家庭承包经营为基础，以专业大户、家庭农场、农民合作社、农业产业化龙头企业为骨干，开展多种经营、发展多种形式的农业规模经营和社会化服务的农业主体。农业新型经营主体的壮大为云南农村产业的发展提供了重要动力。云南全面建设小康社会以来，逐渐培育出一批有较强实力的农业新型经营主体，为全面小康群众增收提供了重要基础。

在"十一五"期间提出了："按照'民办、民管、民收益'的原则……大力发展农民专业合作组织……引导村集体与供销社、农技组织、龙头企业等合作联社，提高农民的组织化程度。"旨在通过培育新型经营主体提升农民组织化程度，提高农村产业效率增加农民收入。

到"十二五"期间强调："积极发展种养大户、农民专业合作组织、行业协会等各类适应现代农业发展要求的经营主体，……构建龙头企业主导、优势产品带动、区域化布局、标准化生产、系列化加工、品牌化营销、一体化经营、社会化服务的现代农业产业化经营新格局。"并且实施了"农业产业化推进工程"，培育 10 个销售收入超 100 亿元的农产品加工业大县，培育 10 个综合产值超 100 亿元的特色优势产业集群，培育 5 个年销售收入超 50 亿元的农业产业化龙头企业集团，培育省级农业重点龙头企业达到 500 户。

此后，国家出台了《中共中央关于全面深化改革若干重大问题的决定》强调指出，要在坚持家庭经营在农业中的基础性地位的基础上，推进家庭经营、集体经营、合作经营、企业经营等共同发展的农业经营方式创新。为更好贯彻中央指示"十三五"规划有关要求，云南相继制定了《中共云南省委办公厅 云南省人民政府办公厅印发<关于加快发展家庭农场的意见>的通知》《关于推进农业产业化发展扶持农业龙头企业的意见》《云南省人民政府关于进一步落实粮食安全行政首长责任制的实施意见》《云南省人民政府办公厅关于培育壮大农业小巨人的意见》《云南省人民政府办公厅关于加快转变农业发展方式推进高原特色农业现代化的意见》《云南省人民政府办公厅关于完善支持政策促进农民持续增收的实施意见》等文件。强化了农业新型经营主体对农业组合化的作用，有效促进了农村产业的快速发展。特别是近年来提出的"双百工程"，即《云南省人民政府关于印发产业发展"双百"工程实施方案的通知》，持续推进优胜劣汰，主动淘汰落后产能，加大绿色产业、高原特色现代农业以及新型经营主体的扶持力度。通过多年的扶持和培育，农业新型经营主体已经成为加快农民增收、提升农民组织化、推动农业农村现代化的有效抓手。

（五）推进农村一二三产融合发展

推动农村一二三产业融合发展，是党中央对新时代"三农"工作做出的重要决策部署，是实施乡村振兴战略、加快推进农业农村现代化的重要举措。"三产融合"是农村产业内部各部门之间，农业与农村二三产业通过融合渗透、交叉重组等方式形成的农业新业态、新模式的过程。虽然农村三产融合是近年才提出的概念，但是从全面建设小康社会以来一些政策举措已经涉及。

在"十一五"期间云南就在发展方针方面强调，以全面建设惠及各族人民的小康社会为目标，坚持工业反哺农业、城市支持农村，以工促农、以城带乡，促进城乡和区域全面协调可持续发展。"工业反哺农业""城市支持农村""以工促农、以城带乡""协调"等的本质就是要求在统筹城乡发展过程中促进工业、农业、服务业之间的相互渗透、交叉。同时还强调："坚持'多予少取放活'和工业反哺农业、城市支持农村的方针，稳定、完善和强化扶持农业的政策。"其通过财政转移支付手段强化利益渗透连接。

到"十二五"时期党中央则提出必须突出农业产业化、新型工业化、城镇化和教育现代化这个抓手。希望紧抓农业产业化这个先导，在"四化"同步中打通农村产业与工业、城镇化、教育现代化之间的连接。产业"融合"在"十二五"期间分别在信息化、工业化、旅游业以及文化产业的延伸方向上提出。虽然这一时期已经强调了融合发展，但是并没有从产业循环发展视角认识农村产业的作用。

到"十三五"时期党中央明确提出一二三产融合发展的思路。"增强农业产业协调融合发展能力，坚持稳粮、扩经、提质、增效，深入推进农业结构调整，打造供应链，延伸产业链，强化营销链，提升价值链，开发农业多种功能，形成农业与二三产业交叉融合的现代产业体系"，以此强化农业产业与二三产业间的渗透、交叉、重组。国家层面也分别出台《关于推进农村一二三产业融合发展的指导意见》《关于支持返乡下乡人员创业创新促进农村一二三产业融合发展的意见》《关于进一步促进农产品加工业发展的意见》等专门文件，推动农村三产融合发展。为更好地贯彻落实国家政策，云南省委、省政府也相继制定了：《云南省人民政府办公厅关于推进农村一二三产业融合发展的实施意见》《云南省人民政府办公厅关于加快推进农业供给侧结构性改革大力发展粮食产业经济的实施意见》《云南省人民政府办公厅关于支持返乡下乡人员创业创新促进农村一二三产业融合发展的实施意见》《云南省人民政府办公厅关于完善支持政策促进农民持续增收的实施意见》《云南省人民政府办公厅关于促进农产品加工业跨越发展的实施意见》。在持续有效的政策推动下，云南农村产业融合已经成为促进农村经济发展，带动农民快速增收的重要途径。

（六）持续加大涉农资金整合力度

云南省在全国率先实施财政涉农资金省级源头整合，建立省级财政专项扶贫资金统筹投入机制、整合财政涉农资金分配下达机制。据省扶贫办 2020 年 11 月发布，2016 年年初至 2020 年 10 月底，中央和省级累计投入 88 个贫困县整合财政涉农资金 1 833.74 亿元。

财政涉农资金通过"云财整合"统一文号下达，不指定具体用途，项目权限完全下放到县，提高了贫困县统筹资金能力，有效缓解了贫困县脱贫攻坚资金紧张的局面。重点支持农村水利、农村危房改造、交通等基础设施建设和壮大农村产业发展，完成了 130 万户贫困户农村危房改造，全省建档立卡贫困人口饮水安全问题全部清零，群众出行难问题得到极大改善。同时，统筹整合财政涉农资金分配向贫困县特别是深度贫困县倾斜，确保贫困县资金增幅大于全省平均增幅。4 年来共下达 27 个深度贫困县中央和省级整合财政涉农资金 869.96 亿元，占 88 个贫困县整合资金的 47.46%。贫困县通过整合财政涉农资金将不同渠道不同用途的资金归集捆绑、统筹整合使用，打破了"专款专用、严禁挪用"的限制，解决了资金安排"碎片化"的问题。

为加大农村产业扶贫作用，云南省出台了用于农业产业发展的整合财政涉农资金不得低于 30% 的政策。2020 年，88 个贫困县用于产业扶贫的涉农资金占比为 41.95%，积极引导整合资金投向农业生产发展领域，确保村有致富产业、户有脱贫项目。全省建档立卡贫困人口中，有产业支撑的比例由 2015 年的 4.5% 上升至 2019 年的 93.6%，人均纯收入 5 000 元（含）以上的比例由 5% 上升到 90.6%，脱贫攻坚质量得到显著提升。涉农资金整合力度的持续加大，有效促进了农村产业的快速发展，补齐了全面小康的短板。

二、农村产业发展的作用

农村经济的快速发展、农民收入及生活质量稳步提升为云南农村全面建设小康社会提供重要物质保障。全面建设小康社会以来，农村经济的快速发展主要得益于农村生产条件改善、农村产业效益提升以及特色产业优势几个方面。

(一) 农村生活质量明显提升，更好满足群众多层次需求

2002 年我国初步建立社会主义市场经济体制。这既繁荣了商品和服务市场，又扩大了增收渠道，进一步释放了生产力，也正是这一年中央明确提出全面建设小康社会。全面小康以来云南农村生活质量明显提高，消费、居住条件、用水条件持续改善。

农村居民消费水平持续提高。统计年鉴数据①显示，自 2002 年开始云南农村居民人均消费支出持续上升，从 1 381.54 元/人，上升到 2019 年的 10 260.15 元/人上升了 7.42 倍。其中，农村居民人均消费性支出衣着方面从 2002 年的 57.54 元/人上升到 2019 年 396.17 元/人，增长了 6.88 倍；农村居民人均消费性支出居住方面从 2002 年的 223.30 元/人上升到 2019 年的 2 053.12 元/人，增长了 9.19 倍；农村居民人均消费支出交通和通讯支出从 2002 年 45.57 元/人上升到 2019 年的 1 663.01 元/人，增长了 36.49 倍；农村居民人均消费性支出医疗保健方面，也从 2002 年的 69.02 元/人上升到 2019 年的 936.25 元/人，增长了 13.56 倍。图 7-1、图 7-2 和表 7-1、表 7-2 反映出云南农村居民的消费数量趋势持续提升；消费结构更加趋于合理，食品占比小幅下降、教育文化和娱乐占比小幅提高。

农村居民生活质量明显改善。农村居民住房面积持续增长，调查数据显示，2019 年云南农村居民人均住房建筑面积为 44.6 平方米，比上年增加 4.8 平方米，增长 12.1%。农村居民人均住房条件增长迅速。农村居民住房质量明显提高，云南省第三次全国农业普查显示，2016 年年末，全省 99.4% 的农户拥有自己的住房。其中，拥有 1 处住房的 824.8 万户，占 93.6%；拥有 2 处住房的 48.2 万户，占 5.5%；拥有 3 处及以上住房的 2.6 万户，占 0.3%；拥有商品房的 20.2 万户，占 2.3%。其中，住房为砖混结构的 331.5 万户，占 37.6%；砖（石）木结构的 323.7 万户，占 36.7%；钢筋混凝土结构的 75.1 万户，占 8.5%；竹草土坯结构的 75.8 万户，占 8.6%；其他结构的 74.9 万户，占 8.5%。农村居民生活基础设施明显改善，调查数据②显示，2019 年云南居民饮用水使用经过净化处理的自来水的户比重明显上升，住宅内卫生设施、洗澡设施极大改善，炊用能源使用柴草、煤炭的户比重有所下降。农村居

---

① 如无其他说明，"统计年鉴数据"均指 2002—2019 年《云南统计年鉴》。
② 如无其他说明，"调查数据"均指 2013—2020 年《云南调查年鉴》。

民卫生条件明显改善，调查数据显示 2019 年有水冲式卫生厕所的户的比重为 34.40%，有卫生旱厕的户的比重为 11.50%，有普通旱厕的户的比重为 30.80%，其中，本住户独用的户比重 59.80%。农村耐用消费品持续增加，调查数据显示，2019 年农村居民每百户拥有家用汽车 26.70 辆，摩托车 78.90 辆，洗衣机 88.2 台，彩色电视机 102.6 台，移动电话 289.80 部，计算机 8.8 台。全面建设小康社会以来，云南农村居民生活质量有了大幅提高，农民生活用水、生产用水、卫生条件、耐用消费品均得到明显改善。

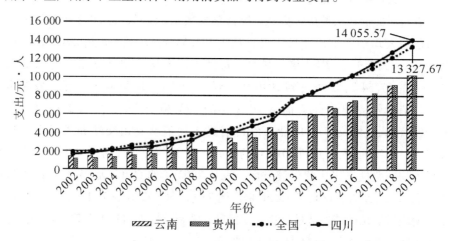

图 7-1 云南、贵州、四川、全国农村居民人均消费性支出趋势（2002—2019 年）

（数据来源：中经网统计数据库）

表 7-1 云南农村居民人均消费支出分项占百分比（2013—2019 年）

单位:%

年份	食品烟酒	衣着	居住	生活用品及服务	交通和通信	教育文化和娱乐	医疗保健
2013	39.09	4.42	19.10	5.54	12.49	10.26	7.88
2014	35.59	4.43	19.03	5.96	14.21	11.03	8.52
2015	36.41	4.46	17.99	5.61	14.45	11.45	8.46
2016	35.28	4.13	19.04	5.30	14.08	12.55	8.46
2017	32.55	3.99	18.80	5.73	16.30	13.00	8.49
2018	29.47	4.06	20.65	6.13	16.52	12.64	9.27
2019	31.82	3.86	20.01	5.60	16.21	12.22	9.13

数据来源：中经网统计数据库，整理计算得出。

表 7-2 全国农村居民人均消费支出分项占百分比（2013—2019 年）

单位:%

年份	食品烟酒	衣着	居住	生活用品及服务	交通和通信	教育文化和娱乐	医疗保健
2013	34.13	6.06	21.11	6.08	11.69	10.08	8.93
2014	33.57	6.09	21.03	6.04	12.08	10.25	8.99
2015	33.05	5.97	20.89	5.92	12.61	10.51	9.17
2016	32.24	5.68	21.20	5.88	13.43	10.57	9.17
2017	31.18	5.58	21.48	5.79	13.78	10.69	9.66
2018	30.07	5.34	21.94	5.94	13.94	10.74	10.23
2019	30.00	5.35	21.54	5.73	13.78	11.12	10.66

数据来源:中经网统计数据库,整理计算得出。

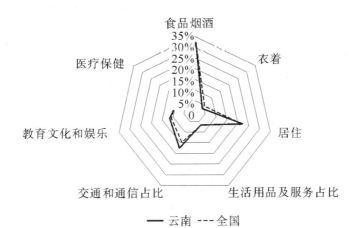

图 7-2 2019 年云南、全国农村居民消费支出结构

（数据来源于中经网统计数据库）

（二）农业生产条件持续改善，有效巩固产业发展基础

云南农村生产条件持续改善，主要表现在农村机械化水平、农村水利条件、农村"四通"方面，详见图 7-3 至图 7-6。

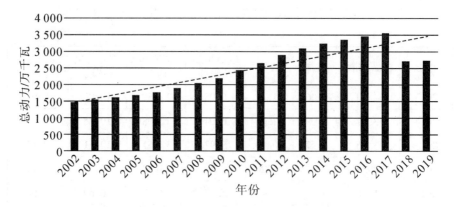

图 7-3 云南农业机械总动力（2002—2019 年）

（数据来源：中经网统计数据库）

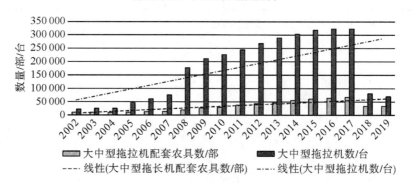

大中型拖拉机配套农具数/部　　大中型拖拉机数/台
----- 线性(大中型拖长机配套农具数/部)　　-·-·- 线性(大中型拖拉机数/台)

图 7-4 云南农村大中型拖拉机、配套农具数趋势（2002—2019 年）

（数据来源：中经网统计数据库）

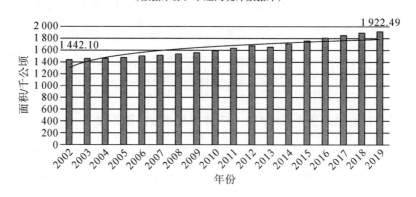

图 7-5 云南省有效灌溉面积（2002—2019 年）

（数据来源：中经网统计数据库）

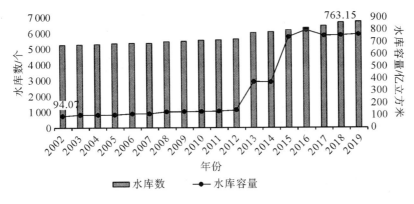

图 7-6　云南省水库数量与水库容量

（数据来源：中经网统计数据库）

农村机械化水平稳步提升。统计年鉴数据显示，云南农用机械总动力 2002 年为 1 460.43 万千瓦，到 2019 年增长到 2 714.40 万千瓦，增长了 1.86 倍；对比全国，从 2002 年的 57 929.85 万千瓦增长到 2019 年的 102 758.26 万千瓦，增长了 1.77 倍。云南农村大中型拖拉机配套农具数则从 2002 年的 2.06 万台，上升到 2019 年的 6.92 万台，增长了 3.36 倍；农用排灌溉柴油机数从 2002 年的 6.03 万台上升到 2017 年的 23.33 万台。作为一个高原山区省份，盆地、坝区、平坦河谷仅占国土面积的 6%，农业机械化水平的稳步提升成绩来之不易。

农村水利条件持续改善。农村产业的发展离不开灌溉用水，由于受自然地理和季风气候的制约，使云南高原山区既有季节性缺水，又有工程性缺水，农村水资源短板是制约农村产业发展的限制性条件。自 2002 年以来，云南持续加大农村水利基础设施投入，使水库数量、水库容量有了根本性改变。统计年鉴数据显示，2002 年云南水库数量从 5 370 个增长到 2019 年 6 769 个，增加了 1 502 个，而水库容量从 2002 年的 94 亿立方米增长到 763.15 立方米，增长了 8.11 倍。2002 年全国层面水库容量为 5 594.63 亿立方米，到 2019 年增长到 8 983.21 亿立方米，增长 1.61 倍，反映出云南水库容量增长速度高于全国增长速度。此外，云南农村水电站数量持续增加，统计年鉴数据显示，云南农村水电站从 2002 年的 1 177 个也加到 2018 年的 1 951 个。农村灌溉量持续提升，有效灌溉面积从 2002 年的 1 442 100 公顷增长到 2019 年的 1 922 490 千公顷，增长了 1.33 倍；同期全国又该灌溉面积从 2002 年的 54 354 850 公顷增加到 2019 年的 68 678 610 公顷，增长了 1.26 倍，云南有效灌溉面积增长倍数仍然高于全国水平。

农村"四通"基本全面覆盖。调查数据显示，截至 2019 年进村道路为水泥或柏油路面的户比重为89.10%，农村能接收有线电视信号的户比重为98.60%，通宽带网的户比重93.00%，饮用水经过集中净化处理的户比重为55.20%，主要道路有路灯的户比重为60.6%，垃圾能集中处理的户比重为76.00%。云南农村生产条件有了巨大改善，这一系列政策的背后是云南省委、省政府对"三农"工作的高度重视，一方面不断完善政策体系，另一方面持续加大对农村生产基础设施投入。云南农村生产基础设施的持续改善为农村产业的发展提供了先决条件。

（三）农村产业效益持续提升，产业优势更加明显

全面建设小康以来云南农村产业效益快速提升，产业结构持续优化、农村产业效益明显改善、农产品产出明显提升、农业科技贡献有效提高。

产业结构持续优化。从一产占GDP的比例来看，2002年一产比重为20.34%，到2019年降低到13.08%；二产比重从2002年的41.14%降低为2019年的34.28%；三产比重从2002年的35.04%上升到52.64%。三次产业结构的逐步优化反映出在"有效市场"和"有为政府"的推动下，优胜劣汰产业效率稳步改善。2002年云南农、林、牧、渔总产值从737.55亿元到2019年上升到4 935.73亿元，增长了6.69倍。第一产业、第二产业、第三产业结构不断优化，效益持续提升。在三次产业结构持续优化的背景下，云南农业总产值在仍然保持了强劲增长势头，产业细分结构更加合理，说明云南农村产业发展基础牢固。图7-7和表7-3的数据反映出云南农业细分结构更加合理。

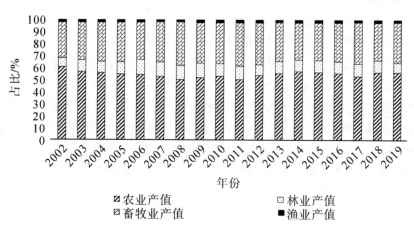

图7-7 2002—2019年云南一产各产业结构变化趋势

表 7-3　2002—2019 年云南一产各产业结构占百分比　　单位:%

年份	农业	林业	畜牧业	渔业
2002	60.38	7.26	30.30	2.06
2003	54.28	9.15	30.34	2.07
2004	53.55	8.95	31.64	1.98
2005	52.34	9.88	31.79	2.15
2006	52.09	11.79	30.00	2.17
2007	51.35	11.73	32.92	1.91
2008	48.97	11.51	35.75	1.76
2009	49.86	11.50	32.69	2.46
2010	51.12	10.18	32.52	2.65
2011	48.76	10.65	35.04	2.42
2012	52.17	8.43	34.06	2.35
2013	53.64	9.60	31.50	2.30
2014	55.35	9.29	29.90	2.39
2015	54.43	9.37	30.48	2.41
2016	53.50	9.09	31.43	2.59
2017	51.19	9.85	33.29	2.26
2018	54.39	9.66	30.11	2.39
2019	54.30	8.01	32.43	2.14

数据来源:中经网统计数据库,整理计算得出。

　　农村产业效益明显。农业、林业、畜牧业、渔业产业均实现了快速增长。统计年鉴数显示,2002 年云南农业总产值仅 445.35 亿元到 2019 年上升到 2 680.16 亿元,增长了 6.02 倍。全省林业总产值 2002 年仅 53.33 亿元,到 2019 年上升到 395.54 亿元,增长了 7.39 倍。全省畜牧业 2002 年产值 223.49 亿元,到 2019 年增长到 1 600.73 亿元,增长了 7.16 倍。全省渔业在 2002 年仅 15.19 亿元,到 2019 年上升到 105.38 亿元,增长了 6.94 倍。云南农村产业在全面建设小康社会期间迎来了快速发展,细分产业结构的稳定为产业效益提升提供了前提。2002 年农业、林业、畜牧业、渔业产值结构约为 6∶0.75∶3∶0.25,到 2010 年基本形成 5∶1∶3∶1 的结构,到 2019 年产值基本结构保持在 5∶1∶3∶1。在基本稳定的细分产业结构下总产值的快速提升,反映出总体农村产业效益提升较快。

农业产出稳步提升。统计年鉴数据显示，自 2002 年以来农特产品产量、人均产量均实现快速增长。2002 年云南粮食产量为 1 424.74 万吨，到 2019 年增长到 1 870.03 万吨，增长了 1.31 倍。谷物产量从 2002 年的 1 177.23 万吨，上升到 2019 年的 1 579.40 万吨，增长了 1.34 倍。玉米产量增长明显，从 2002 年的 461.50 万吨增长到 2019 年的 920.00 万吨。油菜籽保持平衡增长的态势，从 2002 年的 20.52 万吨增加到 2019 年的 54.10 万吨。

农业科技进步贡献突出。科技部门数据显示，2013 年云南省大力改善农业科技创新条件，先后认定云南省花卉工程技术研究中心、云南省杂交粳稻工程技术研究中心等 15 家农业类省级工程技术研究中心，省级重点实验室 13 个，创新型试点企业 57 家，高新技术企业 48 家。优势特色领域科技创新能力在全国有一定影响，农业科技进步贡献率达到 50%。统计年鉴数据显示，云南人均粮食产量从 2002 年的 330.58 千克/人增长到 2019 年的 386.07 千克/人；人均猪牛羊肉产量从 2002 年的 50.75 千克/人增长到 2019 年的 71.5 千克/人；人均牛奶产量从 2002 年的 4.08 千克/人增长到 2019 年的 12.40 千克/人。人均产量的迅速提高间接地反映出农业科技进步对产出效率的贡献，详见图 7-8 至图 7-12。

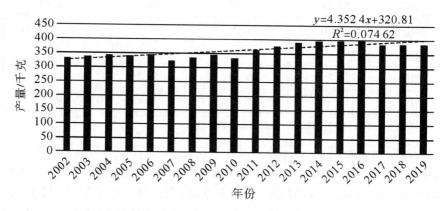

图 7-8　2002—2019 年云南人均粮食产量趋势

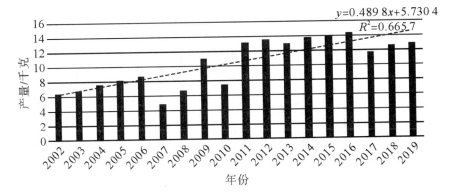

$$y=0.489\ 8x+5.730\ 4$$
$$R^2=0.665\ 7$$

图 7-9　2002—2019 年云南人均油料产量趋势

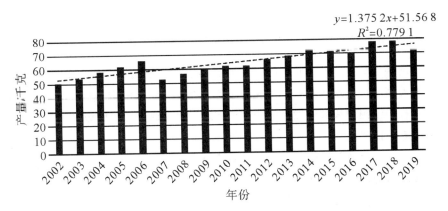

$$y=1.375\ 2x+51.56\ 8$$
$$R^2=0.779\ 1$$

图 7-10　2002—2019 年云南人均猪牛羊肉产量趋势

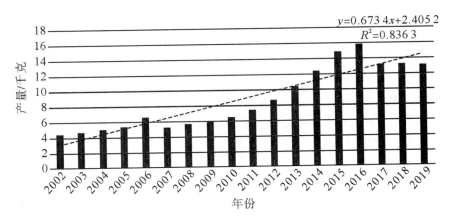

$$y=0.673\ 4x+2.405\ 2$$
$$R^2=0.836\ 3$$

图 7-11　2002—2019 年云南人均水产品产量趋势

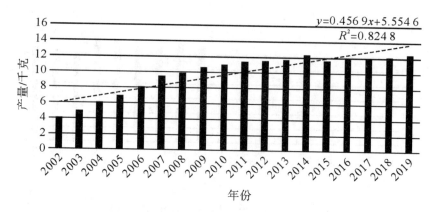

$y=0.456\,9x+5.554\,6$
$R^2=0.824\,8$

图 7-12 2002—2019 年云南人均牛奶产量趋势

（四）农村特色产业优势突出，形成农村产业发展路径

云南早在"十五"期间就开始探索特色农业发展道路，到 2012 年才明确提出发展高原特色现代农业，形成与东北大农业、浙江集约农业、京津沪都市农业并称的中国现代农业发展的四种模式之一，全面建设小康以来云南高原特色现代农业优势凸显。

生态环境自然气候优势突出。云南地处我国四大高原之一的云贵高原，具有发展高原特色现代农业得天独厚的自然条件和生态环境。气候优越，全省具有北热带、南亚热带、中亚热带、北亚热带、南温带、中温带和北温带共 7 个气候类型，兼具低纬气候、季风气候、山原气候的特点；由于山地、丘陵、盆地、河谷都有分布，山多坝少，坝区面积占全省陆地面积的 6.45%，所以立体气候、小气候明显，适宜多种农作物生长。环境优越，共有 18 个土类，占全国的 1/4，涵盖了 288 个土种；拥有天然草山、草原面积 2.29 亿亩；是国家生态保护重点区域，森林覆盖率达 55.7%，居全国前列，污染少、空气优、水质佳，发展优势特色农业产业的生态环境得天独厚。

高原特色现代农业质量效益并举。2020 年 8 月 21 日《高原特色现代农业专题发布会》数据显示，云南粮食产量在全国 13 个主产区之外稳居领头位置。云南鲜切花、天然橡胶、咖啡、烤烟、核桃、中药材种植面积和产量连年保持全国第 1 位，蔗糖、茶叶面积和产量居全国第 2 位，生猪、肉牛存出栏居全国前 10 名以内，还有其他多个农产品生产在全国处于优势地位。特色产业效益、质量稳步提升，同时受到国内外消费市场的高度评价。截至 2019 年，全省农产品出口额 331 亿元，农产品出口额多年位居全国第 6 位、西部省区第 1 位；2020 年上半年，在全国农产品出口同比下降 3.8% 的情况下，云南农产品出口 19.1 亿美元，同比逆势增长 15.1%。2017 年以来，云南围绕打造全国绿色农产品生产基地和特色产业创新发展辐射中心，出台了《云南省高原特色现代农业产业发展规划（2016—2020 年）》，明确提出加快推进生猪、牛羊、蔬菜、中药材、茶叶、花卉、核桃、水果、咖啡、食用菌十大重点产业发展，农村常住居民人均可支配收入直接来自 10 大重点产业的收入将达到 5 000 元左右的奋斗目标。

"绿色"已经成为高原特色现代农业的"底色"。自 2018 年云南启动打造世界一流"绿色食品牌"以来，全省茶叶发展始终坚持稳面积、抓质量，有机和绿色食品认证茶园大幅度增长，产量产值跃上新台阶，区域品牌影响力持续增长。《云南省"绿色食品牌"茶叶产业 2019 年度发展报告》显示，2019 年，全省茶叶面积达到 676 万亩，同比增长 46 万亩；综合产值达 936 亿元，较 2018 年增加 93 亿元。云茶产业由增产导向转为提质导向。2019 年年底，全省获有机产品证书 1 023 张，全国排名第 6；获证组织 687 个，全国排名第 5；获绿色食品认证企业 501 家，产品 1 746 个，全国排第 8 位。

经过多年的耕耘，特别是在全面建设小康社会以来，云南农村特色产业优势已愈发明显，目前云南正以加快构建现代产业体系为契机，牢牢抓住特色产业优势，围绕建设中国最美丽省份，趁势而上推动高原特色现代农业迈向更高质量发展。

（五）农民收入明显提高，提前完成收入目标

全面建设小康社会以来，云南农村居民人均可支配收入稳步提高。统计年鉴数据显示，云南农村居民家庭人均纯收入从 2002 年仅 1 608.60 元上升到 2012 年 5 416.50 元，由于统计口径的变更，从 2013 年开始只统计农村居民人均可支配收入，同年农村居民人均可支配收入为 6 723.64 元，到 2019 年增长为 11 902.37 元。与全国及四川、贵州相比，云南仅快于贵州，详见图 7-13、表 7-7。调查数据显示，2019 年云南居民收入增速持续快于全国平均。扣除物价因素，同期云南城镇居民人均可支配收入年均实际增长 6.40%，高于全国平均实际增速 0.2 个百分点。其中农村居民城镇居民人均可支配收入年均增长 8.50%，比全国平均增速快 0.6 个百分点。扣除物价因素，同期云南农村居民人均可支配收入年均实际增长 8.10%，高于全国平均实际增速 0.7 个百分点，详见表 7-4。

表 7-4　2013—2019 年云南城乡居民人均可支配收入及实际增速

年份	城镇居民人均可支配收入		农村居民人均可支配收入	
	绝对额/元	实际增速/%	绝对额/元	实际增速/%
2013	22 460.00	6.60	6 724.00	10.40
2014	24 299.00	5.40	7 456.00	8.80
2015	26 373.00	6.20	8 242.00	9.10
2016	28 611.00	7.00	9 020.00	7.60
2017	30 996.00	7.50	9 862.00	7.90
2018	33 488.00	6.30	10 768.00	7.70
2019	36 238.00	5.70	11 902.00	7.60

数据来源:《云南调查年鉴》。

从收入结构来看,2013 年以来云南农村居民人均可支配收入结构逐渐优化。统计年鉴数据显示,2013 年农村居民人均可支配收入中工资性收入、经营净收入、财产净收入、转移净收入占比分别为 24.84%、59.01%、1.81%、14.34%,到 2019 年进一步优化为 30.25%、52.21%、1.58%、15.96%。工资性收入上升 5.41%,经营性收入下降 6.80%,财产净收入下降 0.23%,转移净收入上升 1.62%,结构趋于合理,只是转移净收入和财产净收入占比变化较小。与全国相比,在扣除物价、通货膨胀等因素的影响后,云南农村居民年人均可支配收入与全国差距正进一步拉大,且云南农村居民人均可支配收入结构与全国有很大的不同,收入结构与全国形成"倒挂三角"结构。从云南周边省和全国水平的差距数看,云南与全国水平的差距进一步拉大,而四川却在缩小。云南农村居民人均可支配收入的经营性收入占比过半,而全国则是农村居民人均可支配收入的工资性收入为占比超过 40%,详见表 7-5、表 7-6 和图 7-13 至图 7-15。站在新的历史起点,如何更好地发展农村产业,促进农民增收的关键还在于破解收入结构变换的原因。

云南农村居民可支配收入已达到全面小康水平,全面建设小康社会取得重要决定性进展。调查数据显示,2019 年云南居民人均可支配收入为 22 082 元,云南居民人均可支配收入已于 2018 年提前实现翻番目标。具体来说,云南省已提前两年圆满实现党的十八大提出的到 2020 年实现城乡居民人均可支配收入比 2010 年翻一番的发展目标。

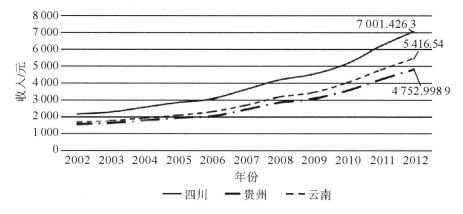

图 7-13　四川、贵州、云南农村居民家庭人均纯收入趋势（2002—2012 年）

（数据来源：《云南调查年鉴 2013—2020》）

表 7-5　四川、云南、贵州农村居民可支配收入对比（2013—2019 年）

年份	全国	四川		贵州		云南	
	收入/元·人	元/人	差距/元·人	元/人	差距/元·人	元/人	差距/元·人
2013	9 429.59	8 380.69	1 048.9	5 897.77	3 531.82	6 723.64	2 705.95
2014	10 488.88	9 347.74	1 141.14	6 671.22	3 817.66	7 456.13	3 032.75
2015	11 421.71	10 247.35	1 174.36	7 386.87	4 034.84	8 242.08	3 179.63
2016	12 363.41	11 203.13	1 160.28	8 090.28	4 273.13	9 019.81	3 343.6
2017	13 432.43	12 226.92	1 205.51	8 869.1	4 563.33	9 862.17	3 570.26
2018	14 617.03	13 331.38	1 285.65	9 716.1	4 900.93	10 767.91	3 849.12
2019	16 020.67	14 670.09	1 350.58	10 756.3	5 264.37	11 902.37	4 118.3

数据来源：中经网统计数据库。

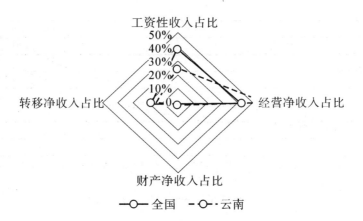

图 7-14 2013 年云南与全国农村居民人均可支配收入结构

（数据来源：中经网统计数据库）

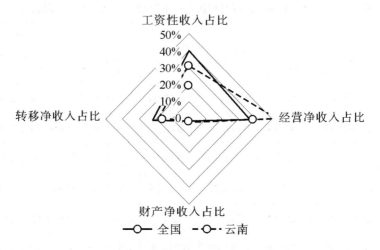

图 7-15 2019 年云南与全国农村居民人均可支配收入结构

（数据来源：中经网统计数据库）

表 7-6 2013—2019 年云南与全国农村居民
人均可支配收入结构   单位：%

指标	工资性收入占比		经营净收入占比		财产净收入占比		转移净收入占比	
年份	全国	云南	全国	云南	全国	云南	全国	云南
2013	38.73	24.84	41.73	59.01	2.06	1.81	17.47	14.34
2014	39.59	26.50	40.40	56.90	2.12	1.81	17.90	14.80

表7-6（续）

指标	工资性收入占比		经营净收入占比		财产净收入占比		转移净收入占比	
2015	40.28	28.09	39.43	55.82	2.20	1.79	18.09	14.29
2016	40.62	28.31	38.35	55.92	2.20	1.69	18.83	14.08
2017	40.93	28.34	37.43	54.88	2.26	1.79	19.38	14.99
2018	41.02	30.27	36.66	52.00	2.34	1.74	19.98	15.99
2019	41.09	30.25	35.97	52.21	2.35	1.58	20.58	15.96

数据来源：中经网统计数据库，经过整理计算得出。

三、云南农村产业发展存在问题

由于云南农业资源的特殊性，农业供给侧结构性改革的重点除了去除部分产能，降低生产成本，提高产品和产业的质量效益和竞争力外，重点还在于努力解决发展不充分和不平衡的问题。经过短期努力，一些问题已经有所缓解，但另一些问题尚很严重。

（一）绿色发展成效不显著

绿色生产是农业提质增效的重要途径，其方向是要生产出营养合理、卫生安全、数量充足且高品质的绿色食物。当前，云南农业通过绿色生产推动绿色发展措施不力，成效还不显著。以"绿色环境""绿色技术""绿色产品"为主体，促使过分依赖化肥、农药的化学农业向主要依靠生物内在机制的生态农业转变还有很长一段路要走。表 7-7 显示了 2011—2019 年东部部分省、西部部分省及全国每公顷农药使用量。据统计年鉴数据[①]计算发现，2019 年云南每公顷农药使用量为 24.68 千克，高于全国 4.42 千克，高于上海 10.16 千克，高于四川 9.00 千克，高于贵州 16.7 千克，仅低于浙江、广东。2019 年云南每公顷农用化肥使用量为 1.06 吨，高于全国水平 0.27 吨，高于上海 0.67 吨，高于浙江 0.54 吨，高于贵州 0.34 吨，高于四川 0.31 吨，低于广东 0.21 吨，低于海南 0.53 吨。1992 年，云南农用化肥使用量为 74.72 万吨，2000 年上升至 112.09 万吨，2016 年增加至 235.58 万吨，年均增长 6.70 万吨，年均增速

---

① 据《中国统计年鉴》和 EPS 数据库数据整理计算（按折纯法计算）。

为 4.90%，其中 2000 年、2011 年增长保持在 15 万吨以上。这说明，随着云南农业的发展，农用化肥使用量也在上升。化肥控制指数从 1992 年的 0.12/吨·公顷上升到 2016 年的 0.38/吨·公顷。这进一步说明了农业生产开始过分依赖化肥农药。图 7-16、图 7-17 分别对比了东部部分省、西部省部分及全国的每公顷化肥使用量。表 7-8 显示了 2012—2015 年，云南农用塑料薄膜的使用量从 10.13 万吨上升到 11.31 万吨，地膜使用量从 2012 年的 8.19 万吨，上升到 2015 年的 9.09 万吨；农药使用量从 2012 年的 5.53 万吨上升到 2015 年的 5.86 万吨。通过云南农业化肥、农药、薄膜使用量可发现，随着农业生产效益的提升，对农药、化肥、薄膜的依赖程度也在逐渐加大。这一方面将影响农产品的质量，另一方面将降低特色农产品的竞争力。未来应着力依靠农业绿色生产来提升农业生产效率，鼓励降低农药、农用塑料薄膜以及农用化肥的依赖程度，进而提升农业发展质量效益和竞争力。在农业生产过程中合理地使用化学物质，着力实现清洁生产，将废弃物进行有机化处理，实现资源循环利用，以改善农村生产、生活和生态环境，为建设党的十九大提出的"生态宜居"的美好乡村闯出一条新路。

表 7-7　2011—2019 年东部部分省、西部部分省及全国每公顷农药使用量①

单位：千克

年份		2012	2013	2014	2015	2016	2017	2018	2019
全国		28.90	28.39	28.00	27.07	25.92	24.41	22.02	20.26
东部部分省	上海	29.23	27.26	25.34	23.46	20.62	18.46	16.65	14.52
	浙江	45.23	44.13	41.22	39.42	34.21	32.05	30.35	27.45
	广东	64.33	62.17	63.62	64.24	64.15	63.65	52.77	49.33
	海南	125.24	166.65	153.52	150.76	117.34	115.48	80.03	73.50
西部部分省	四川	22.89	22.91	22.27	21.54	20.63	19.40	17.49	15.67
	贵州	15.98	14.54	13.67	12.88	12.57	12.03	9.82	7.98
	云南	34.27	33.00	33.48	33.37	32.39	31.15	27.71	24.68

注：数据来源于《中国统计年鉴 2020》②，由 EPS 数据库整理计算得到。

---

①　每公顷农药使用量=农药使用量/有效灌溉面积。

②　《中国统计年鉴 2020》发布的数据为 2019 年的数据。

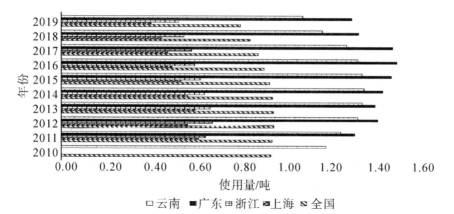

图 7-16 2010—2019 年东部部分省、西部部分省及全国每公顷化肥使用量对比

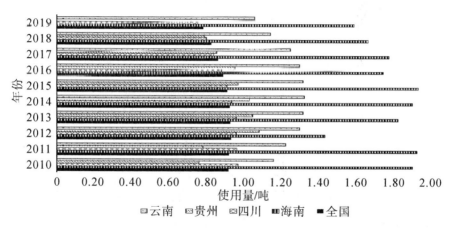

图 7-17 2010—2019 年东部部分省、西部部分省及全国每公顷化肥使用量对比

表 7-8 2012—2016 年云南农用塑料薄膜、地膜以及农药使用情

单位：万吨

年份	农用塑料薄膜使用量	地膜使用量	农药使用量
2016	11.55	9.23	5.86
2015	11.31	9.09	5.86
2014	11.10	8.95	5.72
2013	10.66	8.58	5.48
2012	10.13	8.19	5.53

数据来源：历年《云南统计年鉴》。

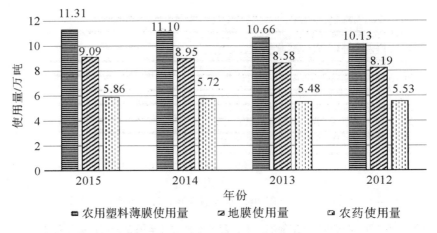

图 7-18　2012—2015 年云南农用薄膜、地膜、农药的使用情况

（二）农产品品牌建设成效不明显

品牌是任何产品和产业的重要特征，是检验产品和产业质量的重要标准，评价其竞争力的重要标尺。由于品牌意识、政府政策支持不足、生产者重视不够等原因，云南农业品牌建设一直较为落后，虽然借助农业供给侧结构性改革做了一些工作，但成效不甚明显。

1. 农业企业品牌建设意识落后

云南农业企业仍受传统经营思维方式的束缚，创建品牌的意识不很强烈。部分企业对品牌重要性的认识不到位，缺乏品牌战略导向思想。有的企业缺乏创建知名品牌的意识，他们只看到眼前利益，而忽视农产品品牌的创建与保护。有的企业认为品牌建设是"多此一举"，申请产品质量认证是"烧闲钱"。有的企业发现自己的产品被效仿生产后，才去注册商标，但为时已晚，商标早被注册了，到头来自己却是假冒，这样的例子在云南省并不鲜见。由于缺乏农业发展战略眼光和品牌经营意识，农业企业等创建主体大多缺乏争创名牌的开拓创新精神，只顾眼前利益，质量意识淡薄，创建品牌的积极性不高，品牌建设力度不大，长期过分强调以数量为重点的农业发展方式，对以品牌为核心的农业发展模式重视不够。在营销方式上满足于传统的营销模式和已有的销售渠道，"酒香不怕巷子深"的传统观念一定程度存在。一些特色农产品仍然停留在作坊式生产或家族企业经营阶段，生产出来的农产品甚至没有标志。由于品牌农产品缺乏，很多优质农产品在市场上缺乏竞争实力。

2. "高原特色农业"品牌建设的政策没有形成体系

从政府角度看，以为品牌建设是企业自己的事，对农业品牌建设的政策支持的针对性不强，没有系统建设高原特色农业区域公共品牌，增强农业品牌合力，引领和带动云南农业品牌大发展。从企业角度看，不少企业认为农业品牌效益优势不明显，创建工作难，忽视产品分级、系列开发、包装等品牌形象塑造基础性工作；已有品牌宣传推介的深度、广度不够，部分生产经营业主缺乏战略眼光和长远谋划，注重眼前利益，抱有投机心理；对提高品牌形象和打造知名品牌缺乏主动性，没有成为自觉行动。当前，云南现有农业品牌绝大部分仅只是作为一种产品符号使用，没有注重其识别和促销功能，缺少把品牌作为一种无形资产来经营的意识，而树立做大做强品牌的企业更是凤毛麟角。

3. 农业品牌建设主体能力不足

从理论上讲，品牌建设的主体应该是企业。然而，由于云南涉农企业整体实力较弱，且品牌建设仍然主要集中于一产，造成云南涉农企业品牌建设能力不足，实力不强，深度开发品牌的能力欠缺，集中表现为小而弱。"小"主要表现为：种植基地规模小且分散、生产加工规模小、龙头企业小、品牌影响力小。多数农产品均以乡村为经营范围，产业规模小，标准化程度低，农产品质量不稳定，品牌的个性化和优势难以显现。全省农产品加工企业虽然数量众多，但大企业较少，投入不足、管理水平低、设施落后、规模效应差、生产分散、生产力水平低、加工能力弱、加工成本高。所打造的绝大部分品牌认知度不高，销售范围较窄，没有统一的品牌标识，形不成集聚效应。"弱"主要表现在：品牌企业整体实力弱、科技创新能力较弱、品牌市场竞争力弱、品牌影响力弱等方面。企业自主创新能力不强，初级产品多，精深加工产品少，产业链条短，附加值不高，带动能力不强。品牌建设滞后，档次较低，优势不突出，效益不明显，市场占有率低，在市场中没有定价权和话语权，难以取得品牌和规模经济效益。真正在市场上的"驰名品牌"不多，大部分品牌在国内外缺乏知名度。面对越来越激烈的市场竞争，品牌产品带动能力弱，有时只能面对"丰产"的农产品兴叹，"丰产不丰收"现象频频发生。

（三）农业农村三产深度融合发展程度低

农村一二三产业融合发展，已经成为国家推动农业提质增效和加快城乡融合发展的重要抓手。但云南由于农业整体产业层次低、农产品加工基础设施条件差等因素，深度融合程度低，效益不明显。

1. 整体产业发展层次低，制约了农村三产融合发展

农村三产融合发展层次受制于三次产业结构。2019年三次产业结构比为13.1∶34.3∶52.6。全省人均生产总值47 944元，比上年增长7.4%。2020年第一产业增加值3 598.91亿元，增长5.7%；第二产业增加值8 287.54亿元，增长3.6%，第三产业增加值12 635.45亿元，增长3.8%。三次产业结构为14.7∶33.8∶51.5[①]。表7-9显示了1999—2016年云南三次产业比重变化趋势：第一产业占比从1999年的22.21%，下降到2016年的14.76%，呈现出缓慢下降的趋势；第二产业占比从1999年的44.46%，波动下降到2016年的39.00%；第三产业占比从1999年的33.33%，持续上升到2016年的46.24%。这说明，云南一产持续降低，二产在波动中下降，三产持续上升，详见图7-9。肖兴志等（2012）测算显示，我国最优产业结构2009年应该保持在12.41%、50.89%、36.70%[②]，而表7-9中2009年云南省的产业结构为17.30%、41.90%、40.80%，与最优值差距分别为-4.89、-8.99和4.1个百分点。这说明云南产业结构与最优产业结构存在一定偏差。

表7-9　1999—2016年云南三次产业比重变化趋势　　　单位:%

年份	第一产业增加值占地区生产总值的比重	第二产业增加值占地区生产总值的比重	第三产业增加值占地区生产总值的比重
1999	22.21	44.46	33.33
2000	22.31	43.13	34.56
2001	21.70	42.50	35.80
2002	21.08	42.62	36.30
2003	20.40	43.37	36.23
2004	20.42	44.41	35.17
2005	19.30	41.20	39.50
2006	18.70	42.80	38.50
2007	17.70	43.30	39.10
2008	17.90	43.00	39.10

① 数据来源：《云南省2020年国民经济和社会发展统计公报》。
② 肖兴志，彭宜钟，李少林. 中国最优产业结构：理论模型与定量测算 [J]. 经济学（季刊），2012（1）：135-162.

表7-9(续)

年份	第一产业增加值占地区生产总值的比重	第二产业增加值占地区生产总值的比重	第三产业增加值占地区生产总值的比重
2009	17.30	41.90	40.80
2010	15.30	44.60	40.00
2011	15.90	42.50	41.60
2012	16.05	42.87	41.09
2013	16.20	42.00	41.80
2014	15.53	41.22	43.25
2015	15.09	39.77	45.14
2016	14.76	39.00	46.24

数据来源：历年《云南统计年鉴》。

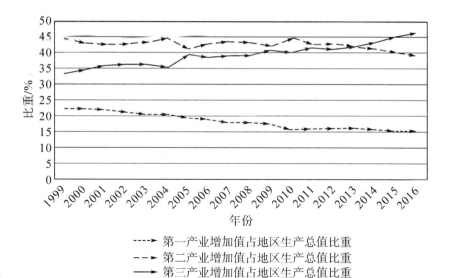

图7-19 1999—2016云南三次产业结构变化趋势

2. 农产品加工业基础条件不完善，制约了农村一二三产融合发展

全省农产品加工基础条件薄弱，规模化、标准化原料基地建设滞后，缺乏大规模的优质原料基地做支撑。由于农业基础设施条件差，限制了农业的规模化经营，反过来影响到农产品的加工水平，也进一步制约了农村一二三产业的融合发展水平。

一是发展层次低。云南农产品加工主要以初级产品直接进入市场和为发达地区提供精深加工初级原料的现状没有得到根本改变，与先进发达地区存在较大差距。加工企业以产品初级加工，劳动密集型产业为主，60%的农业龙头企业集中在基地种养业，产品主要是为省外乃至国外的加工企业提供原材料。产业层次较低，产品结构单一，附加值不高，尽管企业数量多，但产业雷同，受市场压力大，市场竞争力不强。

二是企业规模小而散。农业龙头企业产业集中度不高、规模化程度低，农业生产仍以千家万户的小规模、分散经营为主，小生产与大市场的矛盾十分突出。2019年全省龙头企业有4 240家，比上年增186家，全省各类农业龙头企业实现销售收入3 009亿元，同比增长8.0%。虽然增长较快、销售收入高，但是每年新增企业数相对较小、利润收入仍然不高。2016年全省规模以上农产品加工企业仅有869户，仅占全省6 082户农产品加工企业的14.3%。龙头企业总量不足，带动辐射能力不强，获利能力仍然不足，低水平重复建设的现象较为突出。

三是产加销衔接不紧密。当前，云南农业产业发展上"有原料无加工，有加工无原料"的现状还较为突出，许多加工企业与市场的需求未能有效衔接，农产品产销一体化有待加强。多数加工企业技术水平低，技术进步缓慢，劳动生产率难以提高，资源利用率不高，难以形成持久较高的竞争力。

（四）精准扶贫与"农业供给侧结构性改革"产业政策不衔接

云南农业供给侧结构性改革的关键着力点之一就是产业，而精准扶贫中的产业又是强化"造血式"扶贫的关键一步。如果不能有机结合两个方面的产业政策，那么将可能造成产业政策间的冲突，既不利于产业发展，也会影响到农业供给侧结构性改革和精准扶贫和精准脱贫的成效。

1. 精准脱贫压力较大，产业扶贫地位更加重要

自2011年以来，云南大力统筹整合专项、行业、社会扶贫资源，4年累计投入财政专项扶贫资金183.18亿元，通过整乡推进、雨露计划、产业扶贫、金融扶贫、安居工程"五大品牌"建设，打造产业，加强贫困人口技能培训，实现全方位精准扶贫。2015年，全省减贫103万人，减贫率达17.9%，减贫规模居全国第三。按照2015年农村常住居民人均可支配收入2 855元（2010年不变价2 300元）的全国农村贫困标准，云南省农村贫困人口从2014年的574万人下降至2015年的471万人；全省贫困发生率由15.5%下降到12.7%，下降了2.8个百分点。从2014年起，云南每年要有100万以上贫困人口实现

脱贫，5 年累计减少贫困人口 540 万人。到 2020 年，全省 574 万建档立卡贫困人口全部脱贫、88 个贫困县全部摘帽、476 个贫困乡 4 277 个贫困村全部出列。然而，随着农业供给侧结构性改革的推进，产业扶贫又承担着贫困地区增强"造血"功能的重要作用。在云南脱贫攻坚压力下，势必造成农业供给改革与精准产业脱贫政策之间不衔接的问题。比如，在贫困山区选择那些属于农业供给侧结构性改革退出的产业去发展，势必造成贫困山区进一步贫困，不但没有发挥产业扶贫的作用，而且不利于农业供给侧结构性改革。

自 2016 年以来，云南围绕"村有特色产业、户有增收项目"的脱贫产业发展目标，省委、省人民政府先后出台高原特色产业精准扶贫规划、推进财政支农资金形成资产股权量化改革、旅游扶贫规划、光伏扶贫行动方案等一系列政策。着力推动"企业+基层组织+合作组织+贫困户+金融支持"产业扶贫模式，完善利益联结机制，注重区域性、优势性和特色性相结合，以扶贫政策为导向，优先扶持发展优势产业。云南省已成立农林专业合作社近 5 000 家，其中省级示范社 520 家。选择了 23 个县实施电商扶贫试点，在 7 个县开展了资产收益性扶贫示范，在 129 个贫困村开展了旅游扶贫示范，在 2 个县开展了光伏扶贫示范，扎实推进电商扶贫、旅游扶贫、资产收益性扶贫、光伏扶贫，近30 万户农户直接受益，产业扶贫效果明显。这些产业的发展势必推动和巩固脱贫攻坚。然而，农业供给侧结构性改革亟须调整产业结构，优化产业布局，如果不能有效对接精准扶贫产业，势必造成贫困地区产业扶贫盲目扩展，反而不利于农业供给侧结构性改革。

2. 产业政策亟须对接农业供给侧结构性改革。任何产业的发展都离不开一定的投入，精准扶贫产业更是如此。如果精准扶贫产业政策不能尽快对接农业供给侧结构性改革产业政策，势必造成精准扶贫产业发展资金浪费，甚至还将阻碍精准脱贫。2017 年，中央财政安排补助地方专项扶贫资金 860.95 亿元，比上年增加了 200 亿元，增长 30.3%；有扶贫任务的 28 个省份的省级财政专项扶贫资金规模达到了 540 亿元。在资金总投入上，贵州、云南、广东、河北、内蒙古、四川、广西等省（区）均超过 30 亿元。内蒙古、河北、浙江、广西、江西、甘肃、西藏等省（区）增长幅度超过 50%，云南、黑龙江、安徽、四川等省份超过 34%。图 7-20 和表 7-10 反映了云南省级及中央对精准扶贫的投入增长趋势。而随着精准扶贫总投入的逐年增大，产业扶贫投入也将逐渐增大。如果产业选择只为脱贫摘帽，一方面导致本来很稀缺的精准扶贫资源效率低下，甚至浪费；另一方面给农业供给侧结构性改革带来不可逆转的后果。

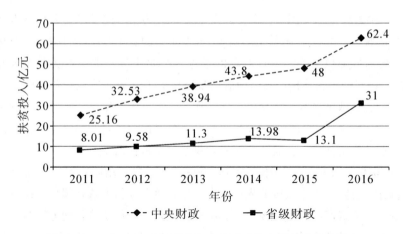

图 7-20　2011—2016 年云南省中央财政与省级财政扶贫投入

表 7-10　2011—2016 年云南省中央财政及省级财政扶贫投入情况

单位：亿元

年份	2011	2012	2013	2014	2015	2016
中央财政	25.16	32.53	38.94	43.80	48.00	62.40
云南省级财政	8.01	9.58	11.30	13.98	13.10	31.00

资料来源：根据云南省扶贫办相关资料整理。

四、农村产业面临的挑战

2019 年 12 月，突如其来的新冠肺炎疫情侵袭而来，对广大人民群众生产生活带来严重破坏。特别是在云南全面建设小康社会、决战决胜脱贫攻坚的紧要关头挑战凸显。为了控制疫情传播，不少城市采取了严控交通、延迟企业开工的做法，限制车辆、人员流动。按照当前形势发展来看，在全球疫情尚未得到明显控制的背景下，农村产业、农民收入将面临严峻挑战，但随着"十四五"的到来，中央提出："农业农村优先发展"的总要求，未来农村经济仍将稳中向好。

（一）挑战

1. 农民收入面临的压力

新冠肺炎疫情对农民收入的影响主要来自产业的传导，最终将转化为增收问题。从 2019 年云南农村居民人均可支配收入的结构来看，工资性收入、经营净收入、财产净收入、转移净收入比大约为 3∶5∶0.5∶1.5。由于疫情的影响，工资性收入将减少，即使快速恢复生产，从全年来看仍将出现下降。经营性收入与农村产业密切相关，由于农村产业将出现此消彼长的波动过程，因此农民经营性收入在产业间也将此消彼长波动。总体来看，云南大部分农村居民户全年收入会受疫情影响增速放缓或减少，工资性收入、经营性收入和非农经营收入均不同程度地受到冲击。从事第三产业的外出务工和就近务工农户的工资性收入受到的影响较大，农民工工资收入存在不稳定性和脆弱性。农业经营性收入与耕作周期、气候品种有很大关系，且新型农业经营主体受影响程度高于小农户，小农户或家庭农场生产影响相对较小。农村非农产业经营活动带来的收入也受到了影响，其中经营餐饮、零售、住宿、乡村旅游等生活性服务业的农村居民户经营收入减收风险较大。

2. 农村产业面临的阻力

从畜禽产业来看，由于疫情防控的需要，畜禽产业的产出将受到严重打击，产业产出数量、质量、规模将削减，市场供给基本面在短期内很难达到饱和状态。畜禽生产一方面将加大防疫管控，另一方面将尽量减少聚集，产出数量、质量难以保障。从种植业来看，在生产环节影响较小，而在流通环节影响较大，将造成滞销难题，比如交易中断、外销受阻、产品积压、储备困难。从农产品加工来看，由于原料数量的削减，加工产品数量也将削减，同时为了减少人员聚集，复工、复产工人数量也不可能完全恢复到疫情之初，产能将进一步压缩。从农村三产来看，农村三产消费将进一步削减，住宿、餐饮、批发零售等将遭受影响，农村三产贡献将持续降低。从农村冷链物流来看，虽然现代物流服务业属新兴产业，但是由于冷藏货物运输可能成为病毒传播途径，冷链物流运输农产品将面临很大防控压力，特别是进出口冷藏货物。

（二）展望

农村是全面建设小康社会的短板。从云南总体发展的基本面来看，农业农村仍然是薄弱环节，农村基础设施仍然薄弱，农业基础仍然不稳固，城乡区域发展和收入分配差距仍然较大，总体发展的不平衡不充分问题仍然在农村反映比较集中。特别是脱贫以后一些民族地区、直过民族地区仍然面临巩固脱贫成果的压力。云南"三农"短板仍然是困扰全面成小康社会的主要薄弱环节，在最后冲刺全面建成小康社会阶段，仍然需要优先推进农业农村发展。同时，仍需看到发展是解决这一系列问题的关键。只有做强农村经济，拓展农民增收空间，才能真正稳固农业发展基础，缩小城乡区域发展和收入分配差距，才能有效推进乡村振兴。未来农村经济总体仍将保持加快增长，质量效益仍将快速提升。

1. 农村一二三产深度融合将向纵深发展

对云南来说，农村产业深度融合将成为转化环境气候、民族文化资源优势的重要手段。这既是云南基本省情的必然要求，又受产业发展客观规律约束。现代农业技术一般都具有创造性，农业技术连同其产生的农业生产要素或工具，渗入到传统农业内部，能够促使传统农业生产方式与产出成果发生根本性变革，促进传统农业向现代化新兴农业转换，这个过程必然伴随一二三产之间的相互融合共生发展。目前不断兴起的生态农业、休闲观光农业、体验农业、工厂化农业等新型业态，都是通过传统农业业态不断跨界拓展，与工业、服务业之间相互融合而形成的，这种融合发展促进了传统农业的细化分工。从实际来看，农村产业发展优势仍然是多样化的农业资源、生态资源、民族文化资源，只有通过农村产业深度融合，云南多样化的农业资源优势、生态优势、民族文化优势才能真正转化为生产力，因此未来云南农村产业仍然将向产业深度融合乡村发展。

2. 农村产业绿色优势更加凸显

本次新冠肺炎疫情将对整个人类历史产生重要影响，特别是从消费来看，绿色、健康、生态、安全的农产品已经成为消费热点。恩格斯曾经指出："我们不要过分陶醉与我们人类对自然界的胜利。对于每一次这样的胜利，自然界都会对我们进行报复。"过度的开发导致生物多样性减少，迫使动物迁徙，增加动物体内病原扩散传播。从非典到禽流感再到新冠肺炎疫情，都无不说明不健康的发展方式、生产方式、生活方式必将受到自然的惩罚。在未来新冠肺炎疫情持续影响和全面建设小康社会冲刺阶段，云南农村产业的绿色优势将更加凸显。特别是在坚定不移贯彻党的十九届五中全会精神后，云南农村经济将瞄准高质量发展，继续发挥绿色产业优势。持续打造"绿色能源牌"，建设一批智能科技小镇，抢占行业制高点。持续打造"绿色食品牌"，高标准建设特色农产品加工产业园，全面提升云南名品的美誉度和影响力，持续开展绿色食品评选表彰。持续打造"健康生活目的地牌"，深入推进旅游革命"三部曲"，创建国家级全域旅游示范区，促进农村产业融合发展，加快建设美丽县城、康养小镇、特色小镇，让云南成为创新创业、休闲度假的聚集地。

（三）小结

在持续有效的政策方略推动下，云南农村经济得到快速发展，为全面建设小康社会提供了重要物质保障。归纳起来，农村经济的快速发展集中反映在农村居民收入、农村生产条件、农村居民生活条件以及农村产业效益几个方面的成就。这一方面为全面建设小康社会补齐发展短板，另一方面为全面建设小康社会提供稳定前提。持续有效政策实施的背后是云南省委、省政府对"三农"工作的高度重视。云南农村经济经过多年的发展已基本形成了以高原特色现代农业为抓手，以建设中国最美丽省份为目标的绿色发展之路，更好地主动融入和服务国家战略。这既补齐了全国发展的短板，又补齐了全省发展的短板，为破解发展的"不平衡不充分"问题提供了可借鉴的经验。特别是在乡村振兴中农村产业发展更应该得到巩固，然而如何更好地发挥云南农村产业的优势，因地制宜、实事求是。通过当前云南农村产业面临的问题可以发现，这些问题的共性仍然是没有充分认识云南农业资源的多样性所引起的。因此在乡村振兴中尤其需要重视分类引导、有序推进的工作思路，否则将严重制约云南农村产业对农村民增收的贡献。

专题八 云南农业供给质量评估与实证分析[①]

《中共中央关于制定国民经济和社会发展第十四个五年规划和二〇三五年远景目标的建议》和《中华人民共和国国民经济和社会发展第十四个五年规划和2035年远景目标纲要》明确提出："必须坚持深化供给侧结构性改革，以创新驱动、高质量供给引领和创造新需求，提升供给体系的韧性和对国内需求的适配性。"2021年《中共中央 国务院关于全面推进乡村振兴加快农业农村现代化的意见》（中央一号文件）在任务目标中提出，农业供给侧结构性改革深入推进，粮食播种面积保持稳定、产量达到1.3万亿斤以上，生猪产业平稳发展，农产品质量和食品安全水平进一步提高，农民收入增长继续快于城镇居民，脱贫攻坚成果持续巩固。为贯彻落实中央一号文件精神，推动农业供给侧结构性改革，云南省相继发布了《关于深入推进农业供给侧结构性改革 加快培育农业农村发展新动能的实施意见》《云南省高原特色农业现代化建设总体规划（2016—2020年）》《云南省人民政府办公厅关于健全生态保护补偿机制的实施意见》《云南省人民政府办公厅关于推进农村一二三产业融合发展的实施意见》等文件。这些政策举措有效地推动了云南农业供给侧结构性改革工作向纵深方向发展。

一、云南农业供给侧现状与着力点

（一）云南农业供给能力现状

近年来，云南农业发展速度明显加快，结构调整效果明显，特色农业竞争

---

① 原文载于：《云南农村发展报告（2017—2018）》中由谭政撰写的一个专题章节，2018年由云南人民出版社出版。

优势逐渐形成，农业供给能力趋于稳定，但农业供给质量有待进一步提升。

1. 农业发展得到进一步巩固

推进高原特色农业战略以来，云南农业发展速度明显加快。2020年全省农林牧渔业总产值5 920.52亿元，比上年增长5.7%。其中，农业产值2 902.24亿元，增长7.3%；林业产值429.50亿元，增长6.8%；牧业产值2 315.41亿元，增长3.6%；渔业产值103.98亿元，增长3.4%；农林牧渔服务业产值169.40亿元，增长6.1%。

2017年1—9月，农林牧渔业总产值达到1 298.69亿元，比去年同期增长5.6%，其中，农业产值为796.63亿元，可比增长5.6%；牧业产值达到259.88亿元，可比增长3.4%；林业产值达到170.07亿元，可比增长8.8%；渔业产值达到31.03亿元，可比增长8.4%；农林牧渔服务业产值41.08亿元，可比增长5.5%。2016年，全省农林牧渔业总产值3 633.12亿元，比2010年增长了100.67%，年均增长12.86%；一产增加值2 195.04亿元，比2010年增长了98.04%，年均增长12.06%。其中农业产值1 943.65亿元，比2010年增98.9%，年均增长12.1%，农业增加值1 230.7亿元，比2010年增长了102.0%，年均增长12.4%；林业产值330.37亿元比2010年增长了75.2%，畜牧业产值1 141.82亿元比2010年增长了9.8%，其中畜牧业增加值560亿元，比2010年增长了76.6%，年均增长9.9%；渔业产值94.24亿元比2010年增长了69.8%，年均增长9.2%，其中渔业增加值48.9亿元，比2010年增长了69.2%，年均增长9.2%。

2. 结构性调整取得新突破

在确保粮食稳定增产的情况下，随着高原特色农业的积极推进，农业产业结构得到了进一步调整，种植业结构由主攻粮食生产向"粮经"并重发展。全省农业生产呈现出粮食生产稳定发展，经济作物全面发展的良好势头。2020年全年粮食总产量1 895.86万吨，比上年增长1.4%。油料产量63.09万吨，增长0.9%；烤烟产量85.46万吨，增长5.5%；蔬菜产量2 507.89万吨，增长8.8%；园林水果产量880.42万吨，增长9.7%；茶叶产量46.32万吨，增长5.9%；鲜切花产量145.76亿枝，增长4.9%。2017年，全省夏粮播种面积1 755万亩，同比3.6万亩；粮食总产量达到292.2万吨，同比增加3.96万吨。2016年，全省农作物总播面积10 722.3万亩，比2010年增长了12.2%，年均增长1.9%，其中粮食作物播种面积6 721.8万亩，比2010年增长了5.0%，年均增长0.8%，经济作物（含油料作物、麻类、甘蔗、中药材、蔬菜）面积4 104万亩，比2010年增长了26.4%，年均增长4.0%。粮经作物种植面积结构比由 2010 年的 66∶34 调整到 2016 年的 59.66∶37.31。

3. 山地牧业强劲增长

云南省各地充分利用云贵高原常绿草地面积广、淡水面积大、畜禽存栏数量多、地方畜禽鱼类品种资源丰富的优势，按照"增加总量、提高质量、突出特色、择优发展"的要求，进一步优化品种结构，尤其是在巩固生猪饲养规模的同时，做强草饲和特种养殖业，大力发展规模养殖和畜产品加工，加快构建现代养殖业产业体系步伐，有力地促进了全省养殖业的健康发展。2017年 1—9 月，云南省畜牧业生产总体稳定。畜牧业增加值 259.88 亿元，比上年同期增长 3.4%。畜禽存、出栏均实现增长，其中生猪存栏 2 554.9 万头，增长 4.8%，生猪出栏 2 212 万头，增长 1.9%；猪牛羊禽肉类产量 245.7 万吨，增长 2.8%；禽蛋、牛奶产量分别比上年同期增长 6.6% 和 7.3%。

4. 优势特色产业发展初具竞争优势

云南已初步形成以滇中、滇东北为主的烟草、畜牧、花卉、中药材、马铃薯产业区；以滇南、滇西南为主的优质籼软稻米、甘蔗、茶叶、橡胶、咖啡产业区；以滇西、滇西北为主的畜牧、药材产业区；以滇南、滇东南为主的热带水果、药材产业区。一批特色优势农产品初步形成规模，一批有较强竞争力并有一定生产规模的优势农产品在全国占有重要位置，烤烟、茶叶、花卉、核桃、咖啡、膏桐种植面积位居全国第一，烟叶、鲜切花、核桃、咖啡产量居全国第一，现代医药、花卉园艺、生物能源、木本油料等新兴特色产业逐步兴起。2019 年年底全省粮食产量在全国 13 个主产区之外稳居领头位置，鲜切花、天然橡胶、咖啡、烤烟、核桃、中药材播种面积和产量连年保持全国第 1位。2019 年年底，全省获有机产品证书 1 023 个，全国排名第 6；获证组织687 个，全国排名第 5；获绿色食品认证企业 501 家、产品 1 746 个，全国排第8 位，农业发展质量显著提高①。2017 年 1—9 月，全省 1 052 户规模以上非烟食品工业完成增加值 237.41 亿元，同比增长 13.1%；其中，农副食品加工业完成增加值 114.39 亿元，同比增长 11.2%；食品制造业完成增加值 43.49 亿元，同比增长 14.8%；酒、饮料和精制茶制造业完成增加值 79.54 亿元，同比增长 15.0%。

（二）云南农业供给——需求变化

改革开放以来经济的持续发展，直接带来了人民群众可支配收入和储蓄的

---

① 云南网. 2019 年云南农产品出口额达 331 亿元位居西部省区第 1 位 [EB/OL]. (2020-08-21) [2020-12-14]. https://baijiahao.baidu.com/s? id=1675613630379347145&wfr=spider&for=pc.

持续增长，由此也带来了居民需求层次、消费结构等方面的较大变化。

1. 居民消费能力和观念发生变化

全国居民消费能力持续增强。2020 年全年云南省全体居民人均可支配收入 23 295 元，比上年增长 5.5%。按常住地分，城镇常住居民人均可支配收入 37 500 元，比上年增长 3.5%；农村常住居民人均可支配收入 12 842 元，比上年增长 7.9%。城镇常住居民人均消费性支出 24 569 元，比上年增长 4.8%。农村常住居民人均生活消费性支出 11 069 元，增长 7.9%[①]。根据 CELnet Statistics database 的统计数据，2013 年我国居民人均可支配收入为 18 210.76 元，到 2016 年上涨为 23 821.00 元，同比增长 30.81%。2013 年我国居民家庭人均消费性支出为 13 220.42 元，2016 年上升为 17 110.70 元，同比增长 29.43%。表明随着我国居民人均可支配收入的增加，居民消费性支出也持续上升。与此同时，居民人均可支配收入与居民家庭人均消费性支出的差值则反映出消费潜力的变化情况。从差值看，2013 年为 5 090.34 元，到 2016 年上升为 6 710.30 元，说明消费潜力正持续增强，详见表 8-1 和图 8-1。随着互联网、物流的快速发展，云南的特色农副产品已经不再面对云南本省的消费群体。全国居民的消费能力和消费潜力的上升，直接对云南特色农副产品的生产提出了新的需求。值得注意的是，虽然我国居民消费能力持续增强，但是城乡居民消费能力却呈现出拉大差距的趋势，详见表 8-2 和图 8-2，究其原因是农村居民增收缓慢，而隐含的却是农村产业发展水平低，农业效益差，农民获益少的现实。

表 8-1　我国居民 2013—2016 年收支状况　　　　单位：元

年份	2013	2014	2015	2016
居民人均可支配收入	18 310.76	20 167.12	21 966.19	23 821.00
居民家庭人均消费性支出	13 220.42	14 491.40	15 712.41	17 110.70
差值	5 090.34	5 675.72	6 253.78	6 710.30

数据来源：CELnet Statistics database。

---

① 　数据来源：《云南省 2020 年国民经济和社会发展统计公报》。

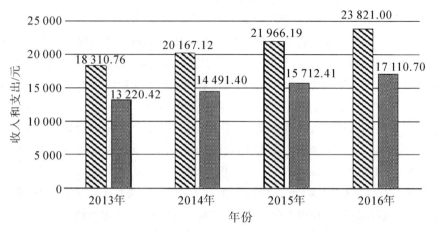

图 8-1　中国居民 2013—2016 年收支状况

表 8-2　2000—2016 年中国城乡居民可支配收入情况　单位：元

年份	城镇居民人均可支配收入	农村居民人均纯收入	城乡差距趋势
2000	6 279. 98	2 253. 42	4 026. 56
2001	6 859. 58	2 366. 40	4 493. 18
2002	7 702. 80	2 475. 63	5 227. 17
2003	8 472. 20	2 622. 24	5 849. 96
2004	9 421. 61	2 936. 40	6 485. 21
2005	10 493. 03	3 254. 93	7 238. 10
2006	11 759. 45	3 587. 04	8 172. 41
2007	13 785. 79	4 140. 36	9 645. 43
2008	15 780. 76	4 760. 62	11 020. 14
2009	17 174. 65	5 153. 17	12 021. 48
2010	19 109. 44	5 919. 01	13 190. 43
2011	21 809. 78	6 977. 29	14 832. 49
2012	24 564. 72	7 916. 58	16 648. 14
2013	26 467. 00	8 895. 91	17 571. 09
2014	28 843. 85	9 892. 00	18 951. 85
2015	31 194. 83	10 772. 00	20 422. 83

表8-2(续)

年份	城镇居民人均可支配收入	农村居民人均纯收入	城乡差距趋势
2016	33 616.00	12 363.00	21 253.00

数据来源：2010—2015年的数据来自CELnet Statistics database；2016年的数据来自国家统计局《中国2016年国民经济和社会发展统计公报》，2016年的农民收入为农村常住居民人均可支配收入。

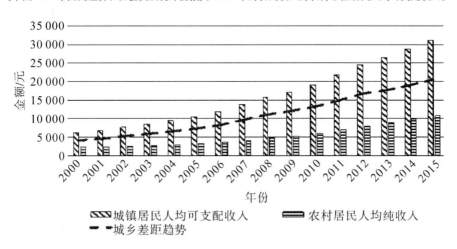

图8-2　2000—2015年城乡居民收入对比

云南城乡居民消费能力相应增强。2020年云南省全年全体居民人均可支配收入23 295元，比上年增长5.5%。按常住地分，城镇常住居民人均可支配收入37 500元，比上年增长3.5%；农村常住居民人均可支配收入12 842元，比上年增长7.9%。城镇常住居民人均消费性支出24 569元，比上年增长4.8%。农村常住居民人均生活消费支出11 069元，比上年增长7.9%。表8-3显示了2013—2016年云南居民的收入消费情况。2013年，云南居民人均可支配收入为12 577.87元，居民家庭人均消费性支出为8 823.81元，消费潜力为3 754.06元。到2016年，人均可支配收入增长为16 719.90元，家庭人均消费性支出为11 768.80元，消费潜力上升为4 951.10元。表8-4和图8-3进一步揭示了2013—2016年云南城乡居民收入消费支出变化情况。其中一个特点是，随着城乡居民消费能力的持续增强，城乡居民的消费潜力差距在拉大，2013年，云南城乡居民的收入差距为15 736.38元，2016年扩大为19 690.80元。由此表明，尽管云南城乡居民消费潜力和消费能力逐年增强，但由于城乡居民收入差距拉大导致其消费潜力和消费能力也逐渐拉大，进而引发城乡居民差异化的消费需求，并对农业生产、农产品产生了新的差异化需求，而原有的农业生产已经不能满足这些新的变化了的需求。

表 8-3 2013—2016 年云南居民收入消费情况　　　　单位：元

年份	2013	2014	2015	2016
云南居民人均可支配收入	12 577.87	13 772.21	15 222.57	16 719.90
云南居民家庭人均消费性支出	8 823.81	9 869.54	11 005.41	11 768.80
差值（消费潜力）	3 754.06	3 902.67	4 217.16	4 951.10

数据来源：《云南统计年鉴》。

表 8-4 2013—2016 年云南城乡居民收入消费情况　　　　单位：元

年份	2013	2014	2015	2016
城镇居民人均可支配收入	22 460.02	24 299.01	26 373.23	28 610.60
城镇居民人均消费性支出	14 862.33	16 268.33	17 674.99	18 622.40
农村居民人均可支配收入	6 723.64	7 456.13	8 242.08	9 019.80
农村居民人均消费性支出	5 246.56	6 030.26	6 830.14	7 330.50
差值1（城镇消费潜力）	7 597.69	8 030.68	8 698.24	9 988.20
差值2（农村消费潜力）	1 477.08	1 425.87	1 411.94	1 689.30
差值3（城乡收入差距）	15 736.38	16 842.88	18 131.15	19 590.80

数据来源：《云南统计年鉴》。

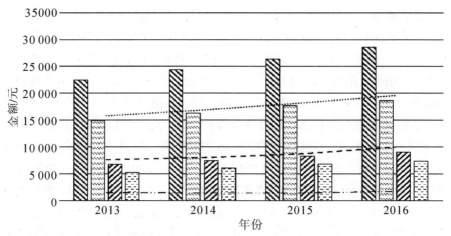

图 8-3 2013—2016 年云南城乡居民收入消费情况

消费观念的改变对农业生产提出了新的要求。1972 年，联合国人类环境会议首次提出"生态农业"的概念，正式拉开了农业革命的序幕。20 世纪 80 年代，世界各国纷纷提出发展农业的新模式，如替代农业、低投入农业、生态农业、有机农业、自然农业等，相应地出现了生态食品、有机食品、自然食品等名称。世界各国的称谓虽有所不同，但其基本内涵都是一致的，即避免或最大程度地限制化肥、农药、植物生长调节剂、动物饲料添加剂等化学合成物的使用，而尽量以高新生物技术和传统农业技术的精华生产加工无污染、无公害食品，以促进人类的身体健康。发达国家的市场调查表明，美国 54% 的消费者愿意购买无污染的果蔬，即使付出更高的价格；英国有 66% 的消费者表示愿意高价购买无污染的果蔬食品。由于市场需求强劲，生态农业和绿色食品极大地影响了政府行为和消费者的消费观念。随着我国城乡居民消费能力的逐步增强，消费观念也正潜移默化地发生变化，这直接对当前农业农村发展提出了新的要求。然而，当前的农业生产却并不能满足这样的新需求。

2. 农业供给质量结构不断优化

云南高原特色现代农业供给数量保障能力得到强化。农业的发展与农产品产量的增加有直接关系，农业发展数量供给是质量提升的前提。只有确保一定量的农业供给保障能力，才能为质的提升创造条件和空间。2020 年云南省全年粮食总产量 1 895.86 万吨，比上年增长 1.4%。油料产量 63.09 万吨，增长 0.9%；烤烟产量 85.46 万吨，增长 5.5%；蔬菜产量 2 507.89 万吨，增长 8.8%；园林水果产量 880.42 万吨，增长 9.7%；茶叶产量 46.32 万吨，增长 5.9%；鲜切花产量 145.76 亿枝，增长 4.9%。自 1990 年粮食总产量突破 1 000 万吨以来，云南粮食产量持续增加，粮食安全保障能力得到进一步巩固，到 2016 年，云南粮食产量实现 1 902.9 万吨，详见图 8-4。其中玉米产量从 1990 年的 280.56 万吨，上升到 2016 年的 902.14 万吨。值得注意的是，1990—2016 年，云南的稻谷产量出现波动性上涨，2005 年最高达 646.34 万吨，1993 年最低只有 479.31 万吨。近年来，随着产业结构的调整，稻谷自 2009 年以来呈现逐年减少的趋势，详见表 8-5。虽然稻谷出现"波动式"调整，但并没有影响云南粮食总产量的稳步提升，粮食安全保障能力基本得到巩固。此外，2000—2016 年，云南的肉、禽、水产品产量总体也呈现出稳步提升的态势，2000 年猪牛羊肉总产量为 191.51 万吨，到 2015 年上升到 627.03 万吨，禽、水产品产量也保持了持续增长的态势，详见表 8-6。在农业供给保障能力持续得到巩固的背景下，云南还形成了一批如水果、茶叶、油料等的特色产业。自 1990 年起，水果产量从 31.97 万吨，增长到 2015 年的 726.54 万吨，茶叶、油量总体呈现线性增长趋势。总之，经过多年的发展，云南初步形成高原特色现代农业发展态势，为农业由量的增长向质的提升打下了坚实基础。

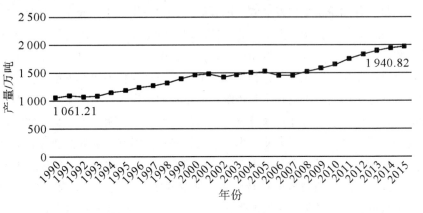

图 8-4 1990—2015 年云南粮食产量情况

表 8-5 1990—2015 年云南稻谷与玉米产量情况 单位：万吨

年份	稻谷	小麦	玉米
1990	509.44	106.79	280.56
1991	516.87	115.11	300.15
1992	503.39	127.57	272.20
1993	479.31	135.58	289.12
1994	510.23	124.07	332.36
1995	515.77	138.50	341.83
1996	535.15	145.39	365.03
1997	533.77	166.14	365.63
1998	540.86	152.22	420.72
1999	534.34	153.47	463.44
2000	536.29	151.19	473.30
2001	595.87	137.88	477.30
2002	543.20	134.11	461.50
2003	635.89	124.35	399.93
2004	639.40	121.67	425.66
2005	646.34	106.86	449.31

表8-5(续)

年份	稻谷	小麦	玉米
2006	612.90	93.00	478.00
2007	589.70	91.20	498.60
2008	621.01	83.05	529.55
2009	636.23	92.30	542.67
2010	492.75	40.52	741.29
2011	509.20	85.81	704.80
2012	483.82	79.99	787.78
2013	495.00	77.28	836.42
2014	488.59	81.06	873.63
2015	479.95	81.20	902.14
2016	476.13	81.70	919.64

数据来源：CELnet Statistics Database。

表8-6　2000—2016年云南肉禽水产品产量情况　　单位：万吨

年份	猪牛羊肉	禽蛋	水产品
2000	191.51	10.63	16.62
2001	203.84	11.80	18.02
2002	218.74	13.16	19.26
2003	234.53	14.39	20.43
2004	257.10	16.49	22.05
2005	277.32	20.35	23.85
2006	296.13	20.54	29.24
2007	238.60	18.00	33.39
2008	257.18	19.41	39.37
2009	270.88	20.75	43.06
2010	474.82	37.78	48.17
2011	517.44	40.98	54.88
2012	578.18	47.40	68.01

表8-6(续)

年份	猪牛羊肉	禽蛋	水产品
2013	597.48	56.51	78.16
2014	627.46	60.59	87.01
2015	627.03	72.23	93.74
2016	622.66	71.22	100.5

数据来源：CELnet Statistics Database。

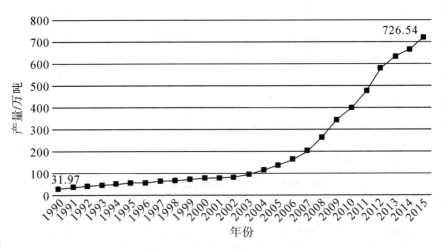

图8-5　1990—2016年云南水果产量情况

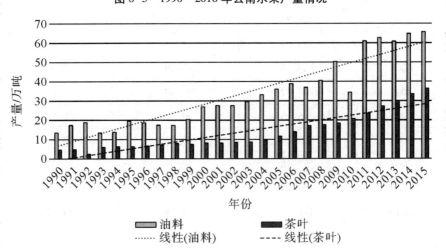

图8-6　1990—2016年油料、茶叶产量情况

高原特色现代农业供给质量巩中提升。近几年，云南省农林牧渔业总产值、第一产业增加值年均增速位于全国前列，鲜花、天然橡胶、咖啡、烤烟、核桃、中药材播种面积和产量连年保持全国第 1 位。2019 年年底，全省获有机产品证书 1 023 个，全国排名第 6；获证组织 687 个，全国排名第 5；获绿色食品认证企业 501 家、产品 1 746 个，全国排第 8 位，农业发展质量显著提高。2014—2016 年，在农业部组织的例行监测中，云南省蔬菜平均合格率为96.5%、水果合格率为 95.6%、茶叶 100%、畜产品 100%、水产品 93.2%。近3 年，省级组织的例行监测，共抽取蔬菜、水果、畜产品、水产品样品 12 279批次，蔬菜平均合格率为 98.00%、水果 99.20%、畜产品 99.90%、水产品99.50%。2014—2016 年，省级组织监督抽查农产品 14 338 批次，蔬菜、水果、畜产品、水产品合格率都稳定在 98% 以上。另外，近 3 年云南对蔬菜、水果、畜产品、水产品、茶叶、稻米等农产品开展的风险监测结果也表明，全省农产品总体处于较安全水平。由于质量安全状况良好，云南农产品产销旺盛，多年未发生农产品质量安全事故，也未发生外销及出口农产品的重大质量安全投诉事件。但是，全省农产品质量安全仍存在不少问题，安全形势依然严峻。农兽药残留、重金属超标、违禁添加等问题依然长期存在。种植业产品中农药涕灭威、克百威、氧化乐果、氟虫腈等，畜产品、水产品中抗生素、霉菌毒素、黄曲霉毒素等风险隐患仍然较大，局部地区特别是矿区存在一定的铅、镉等重金属污染隐患。产生质量安全问题的根源主要在于高原特色农业标准体系不健全，农业企业小、散、弱导致治理和监管成本较高，以及标准化水平和产业化程度低等。

（三）云南农业改革的着力点

推进农业供给侧结构性改革，关键是"农业供给侧+结构性+改革"，内涵就在农业的供给侧，通过改革的办法推进结构调整，提高供给质量使之达到与需求侧匹配的新水平。从总体来讲，改革的前提是确保国家粮食安全，主要目标是增加农民收入、保障有效供给，最终要促进农业农村发展由过度依赖资源消耗、主要满足"量"的需求，向追求绿色生态可持续、更加注重满足"质"的需求转变。为推动农业供给侧结构性改革，着力促进云南高原特色现代农业质量明显提升，必须紧扣高原特色农业"产品""产业""主体"三大着力点，引领云南农业"跨越式"发展。

1. 产品要降成本增效益、适应消费需求

云南农业生产环境独特，气候区域差异和垂直变化十分明显，全省各地除金沙江河谷和元江河谷外，年平均温度为 5~24 ℃，大致由北向南递增，南北气温相差达 19 ℃左右，全省大部分地区年降水量约为 1 100 毫米，但由于冬夏两季受不同大气环流的控制和影响，降水量在季节上和地域上的分配极不均匀。降水量最多是 6—8 月，约占全年降水量的 60%，非常适宜特色农产品生产，有利于实现错峰上市。降低农产品生产成本是推动农产品提质增效的一个重要方面，生产成本的降低使生产者更加注重农产品的质量。通过优化土地、劳动力、资本、技术四大要素的组合方式，促进制度创新，降低生产成本，提高农业全要素生产率，提升农业发展的质量和效益，增加从业人员收入，提高劳动生产率；实现中高端农产品有效供给，增强农业综合竞争力。

2. 产业要实现绿色发展和可持续发展

随着我国居民可支配收入的持续增加，居民消费能力和消费观念已经开始发生变化，对农产品的消费已经从足量需求转向品质、特色、生态等方向，这就要求农业供给、农业生产走向绿色发展和可持续生产。转变农业发展方式有利于提高农业资源的利用率，实现农产品的提质增效。云南由于独特的资源环境条件，实现农业绿色可持续发展条件优越，通过有序开发山水林田湖，集约利用自然资源和农业废弃物，合理使用农业投入品，从外延式、粗放式增长转变为内涵式、集约式发展，实现资源节约、环境友好，促进农业可持续发展。

3. 主体要培育各类新型农业经营主体、提升人力资本

培育新型农业经营主体的关键在于促进形成农村发展新动能，而人力资本是形成新型农业经营主体的关键。所谓人力资本（human capital）是指"劳动者受到教育、培训、实践经验、迁移、保健等方面的投资而获得的知识和技能的积累，亦称'非物力资本'。由于这种知识与技能可以为其所有者带来工资等收益，因而形成了一种特定的资本——人力资本"。当前，云南农村居民家庭人均受教育程度对家庭收入的影响并不突出，高层次教育对农村家庭收入的贡献程度较低[①]。因此，推动农业供给侧结构性改革必须通过加大科技推广、公共服务体系建设和政策支持力度，增强农业从业主体的经济实力和发展活力，为推进农业供给侧结构性改革提供强劲的内生动力。

---

① 卢启程，李怡佳，邹平. 云南省区域农民收入与其受教育程度的关系调查 [J] 教育与经济. 2007（4）：7-10.

二、提升农业供给质量的意义

在全国推动农业供给侧结构性改革的背景下，云南作为高原特色农业模式的代表，其农业供给质量、分布特点等深刻影响着农业供给侧结构性改革的效果。然而，目前的相关研究却较少关注农业供给质量，特别是针对我国高原特色农业模式的研究就更是少之又少。李国祥（2017）指出："农业供给质量不高是我国农业发展的突出问题，农业供给是一个投入产出系统。农业供给质量问题，不仅表现在农产品质量安全不能很好地满足消费者生活质量提高和健康生活的需要，更在于农业投入不合理、农业资源消耗过度及环境恶化等方面。"① 农业供给侧结构性改革的本质要求是提升我国农业供给质量和效益，提升农业的国际竞争力。对云南农业供给质量现状、分布特点进行分析，有利于深刻把握农业供给质量规律，进而有效推动农业供给侧结构性改革。

当前我国农业发展正面临结构性问题突出的矛盾。虽然改革开放以来我国实行的"保增长"为核心的农业政策，为解决农产品供给总量不足做出了重要贡献，但并没有从根本上破解我国农业国际竞争力不强、生产效益不高、农民增收难、农业产品质量和安全问题突出等难题。云南作为西部欠发达省份，农业面临的发展困难还不仅仅是农业发展的结构性问题，许多农业发展的历史"欠账"还没有得到完全补齐，发展不充分和不平衡的问题都很突出。云南正处于既要扩大经济规模又要提升发展质量的阶段。同时，云南也不能再延续过去传统粗放的发展模式，需要进入以质取胜、高效率、低成本、可持续的中高速发展阶段。因此，要牢牢把握质量发展的方向，立足质量效益，明确思路目标，建设质量强省，强化质量管理体制机制，加强质量技术基础设施建设，主动服务和支撑全省经济社会跨越发展。

提升农业供给质量是农业供给侧结构性改革的根本目的。农业供给质量是对农业生产效率、生产效益、生产质量的客观评价，农业供给是一个投入产出系统。农业供给质量问题，不仅表现在农产品质量安全不能很好地满足消费者生活质量提高和健康生活的需要，而且更在于农业投入不合理和农业资源消耗过度及环境恶化等方面。从云南省的实际出发，尽管与过去相比农业以及取得

---

① 李国祥. 农业供给侧结构性改革主攻农业供给质量 [J]. 中国经济合作，2017（1）：16–18.

了较大发展，基本形成高原特色现代农业模式，但仍然受制于农业发展质量水平不高的现实。集中体现在农产品生产过度追求"数量效益"忽视"质量效益"。随着资源约束的收紧和农业化学投入物的滥用，特别是对农产品数量的过分追求导致忽视农业发展质量，忽视农产品质量，过分追求短期效应，已经使农业走入不可持续的危险道路。魏后凯（2017）指出："过去长期困扰国民经济发展的农产品总量不足矛盾已经得到缓解，农产品供求由长期短缺转变为总量大体平衡，但是，受小农经济生产方式与传统体制机制的影响和束缚，农业发展中的各种深层次结构性矛盾日益凸现。这些结构性矛盾不仅表现在农业发展高度依赖资源消耗、基础设施和技术装备落后、生产经营组织化程度低、部分农产品供求结构性失衡等方面，而且体现在农业发展方式粗放、农产品质量和安全问题凸显、农业国际竞争力不强上。"[①] 云南农业供给侧结构性改革的根本目的就是要提升云南农业供给质量。云南要以农业供给侧结构性改革为契机，通过深化改革和完善政策，尊重市场经济规律并最大限度地发挥市场机制的决定性作用，进而达到优化农业结构、转变农业发展方式、升级农业产业的效果。

还需要强调的是，本次农业供给侧结构性改革，既不能等同于体制、机制的改革，又不能等同于仅仅是农产品生产数量增减的结构性调整，而应该是将深化改革与结构调整两者有机结合并赋予新的意义：既有体制改革，又有机制创新；既有生产结构调整带动的农产品数量结构的增减变化，又有经营组织结构优化和产业结构升级。农业结构调整与优化是农业发展的必然过程和结果，也是深化农村改革，为农业结构调整培育出新动能的关键。由此看来，机制创新和经营组织结构的优化和产业结构的升级，远比农产品数量结构的调整变化要重要得多，也要困难得多。

三、农业供给质量实证分析

提升云南农业供给质量的前提是必须了解农业供给质量的高低、大小等基本信息。为了更好地推动云南农业供给侧结构性改革，本书针对云南农业模式得基本特点，应用层次分析法测算出云南农业的供给质量，通过评估云南农业

---

① 魏后凯. 中国农业发展的结构性矛盾及其政策转型 [J]. 中国农村经济, 2017 (5)：4-17.

供给质量，提出推动农业供给侧结构性改革的相应对策建议。

（一）指标与方法

农业供给质量需要通过综合性指标来评价，既包含农业生产效率又包含农业供给能力。本书从农业供给能力、农业基础设施水平、农业生产效率、农业生态环境四个维度综合评价农业供给质量。农业供给能力指的是农业生产的数量供给保障能力。农业基础设施水平指的是农业生产水利、农业机械化、电力等对农业生产起基础性作用的设施保障能力。农业生产效率指的是农业生产过程中得农业投入产出和过程后实现的农业效益水平。而农业生态环境主要通过化肥、农药、地膜的使用水平来评价。

1. 指标

本书根据农业生产效率、农业基础设施水平、农业供给能力、农业生态环境四个一级指标来构建农业供给质量指数，在一级指标卜设置 $x1 \sim x17$（17个）二级指标。这些指标的选择与初步计算主要参考了《中国区域农业现代化综合评价报告》[①] 一书中的一些指标和方法，同时乂结合农业供给质量这一主题进行增补，原始数据均来源于云南历年统计年鉴。在二级指标中有些是正向的，有些是负向的，分别用"+""-"号表示，数据标准化和指标计算方法详见表8-7。

表8-7　农业供给质量指标构成

一级	二级	方法	指标方向	变量
农业生产效率	GDP 基数存量	ln (x_i) /ln [max (x_i)]	+	$x1$
	农业劳动生产率/元·人	一产增加值（亿元）×10 000/乡村就业人员（万人），[x_i-min (x_i)] / [max (x_i) -min (x_i)]	+	$x2$
	农业增值率/%	一产增加值（亿元）/农业总产值（亿元），[x_i-min (x_i)] / [max (x_i) -min (x_i)]	+	$x3$
	农村-城镇居民收入比/比率	农村常住居民人均可支配收入（元）/城镇常住居民人均可支配收入（元）（如果≥1说明是+指标，如果≤1说明是-指标）ln (x_i1-x_i2)，随后代入公式 [x_i-min (x_i)] / [max (x_i) -min (x_i)]	-	$x4$

① 尤飞，王秀芬.中国区域农业现代化综合评价报告 [M]. 北京：中国农业科学技术出版社，2013.

表8-7(续)

一级	二级	方法	指标方向	变量
农业基础设施水平	农业水资源效率/立方米·元	农业用水（亿立方米）/农业总产值（亿元）[x_i-min (x_i)] / [max (x_i) - min (x_i)]	+	$x5$
	每亩农业机械动力/千瓦时·公顷	平均各州（市）农业机械总动力（万千瓦）/各州（市）总播种面积（万公顷）=每亩农用地机械总动力（千瓦时/公顷），使用 [x_i-min (x_i)] / [max (x_i) - min (x_i)] 处理	+	$x6$
	人均用电量/千瓦时·人	农村用电量（亿千瓦时）/乡村人口总数（万人），[x_i-min (x_i)] / [max (x_i) -min (x_i)]	+	$x7$
	有效灌溉面积指数/比率	耕地灌溉面积（万公顷）/总播种面积（万公顷）=每公顷有效灌溉面积，[x_i-min (x_i)] / [max (x_i) -min (x_i)]	+	$x8$
农业供给能力	农业各产业产量指数	对粮食总产量（万吨）、油料总产量（万吨）、蔬菜总产量（万吨）、猪牛羊肉总产量（万吨）、水果总产量（万吨）、烤烟总产量（万吨）、甘蔗总产量（万吨）分别求对数再求和，之后采取 [x_i-min (x_i)] / [max (x_i) -min (x_i)] 方法	+	$x9$
	农业产值指数	Ln (x_i) 之后采取 [x_i-min (x_i)] / [max (x_i) -min (x_i)] 方法	+	$x10$
	林业产值指数	ln (x_i) 之后采取 [x_i-min (x_i)] / [max (x_i) -min (x_i)] 方法	+	$x11$
	牧业产值指数	ln (x_i) 之后采取 [x_i-min (x_i)] / [max (x_i) -min (x_i)] 方法	+	$x12$
	渔业产值指数	ln (x_i) 之后采取 [x_i-min (x_i)] / [max (x_i) -min (x_i)] 方法	+	$x13$
	农、林、牧、渔服务业产值指数	2012、2015，ln (x_i) 之后采取 [x_i-min (x_i)] / [max (x_i) -min (x_i)] 方法	+	$x14$
农业生态环境	农用塑料薄膜使用指数/吨·公顷	2012、2015，农用塑料薄膜使用量（万吨）/总播种面积（万公顷）之后采取 [x_i-min (x_i)] / [max (x_i) -min (x_i)] 方法	-	$x15$
	化肥控制指数/吨·公顷	2012、2015，化肥施用量万吨/总播种面积（万公顷），之后采取 [x_i-min (x_i)] / [max (x_i) -min (x_i)] 方法	-	$x16$
	农药控制指数/吨·公顷	2012、2015，农药使用量万吨/总播种面积（万公顷），之后采取 [x_i-min (x_i)] / [max (x_i) -min (x_i)] 方法	-	$x17$

数据来源：历年《云南统计年鉴》。

2. 方法

在进行社会的、经济的以及科学管理领域的问题分析过程中，面临的常常是一个由相互关联、相互制约的众多因素构成的复杂而往往缺少定量数据支撑的系统。农业供给质量也是由一个相互关联、相互制约的多因素系统决定的。层次分析法（analytic hierarchy process，AHP）正是针对这些负载的、模糊的问题做出决策的一种新的、简洁而实用的建模方法，它特别适用于那些难于完全定量分析的问题。该方法是美国运筹学家 T. L. Saaty 教授于 20 世纪 70 年代初提出的一种简便、灵活而又实用的多准则决策方法。Saaty 教授于 1971 年在为美国国防部研究"应急计划"时运用了 AHP，随后于 1977 年在国际数学建模会议上发表了《无结构决策问题的建模——层次分析法》一文。此后，AHP在决策问题的许多领域得到应用，同时，AHP 的理论也得到不断深入和发展。

AHP 属于系统性的分析方法，能够考虑多重共线性问题。该方法把研究对象作为一个系统，按照分解、比较判断、综合的思维方式来进行决策，成为继机理分析、统计分析之后发展起来的系统分析的重要工具。系统的思想在于不割断各个因素对结果的影响，而层次分析法中每一层的权重设置最后都会直接或间接影响到结果，而且在每个层次中的每个因素对结果的影响程度都是可量化的，结果也因此非常清晰、明确。这种方法尤其可用于对无结构特性的系统以及多目标、多准则、多时期等系统进行评价。

AHP 方法在应用方面简洁实用。这种方法既不单纯追求高深数学，又不片面地注重行为、逻辑、推理，而是把定性方法与定量方法有机地结合起来，使复杂的系统得以分解，能将人们的思维过程数学化、系统化，便于人们接受，且能把多目标、多准则又难以全部量化处理的决策问题化为多层次单目标问题，通过两两比较确定同一层次元素相对上一层次元素的数量关系后，最后进行数学运算。

正是由于 AHP 方法具有其他方法不可替代的优势和以上鲜明特点，我们才选择使用该方法来对云南的农业供给质量进行定量分析。

（二）模型与分析

本书根据研究对象设定四个二级指标：农业生产效率、农业基础设施水平、农业供给能力、农业生态环境。这四个二级指标间是一个相互影响相互制约的关系，据此根据计算机模型建立以下逻辑判断：

A：农业生产效率与农业基础设施水平相比，前者比后者稍微重要且有优势。

B：农业生产效率与农业供给能力相比，前者比后者稍微重要且有优势。

C：农业生产效率与农业生态环境相比，前者比后者稍微重要且有优势。

D：农业基础设施与农业供给能力相比，前者比后者稍微重要且有优势。

E：农业生态环境与农业基础设施相比，两者具有相同的重要性。

F：农业供给能力与农业生态环境相比，两者有相同的重要性。

基于这六个逻辑判断，本书设定一级指标判别矩阵，鉴于篇幅的原因，具体数学矩阵从略。由此形成如图 8-7 所示的结构模型。

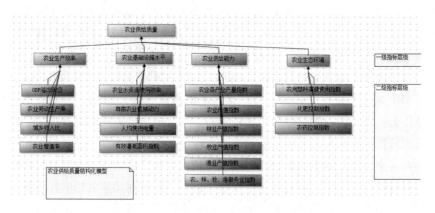

图 8-7 云南农业供给质量结构化模型

根据此结构模型，本书分别引入表 8-6 标准化后的 $x1 \sim x17$ 变量，展开模型实证与计量分析，为简化内容，矩阵计算过程略。根据模型计算机所计算的结果见表 8-8 和表 8-9。表 8-8、表 8-9 中农业供给质量指数是根据模型测算出的指数，该指数为标准化后的相对量，因此没有单位。为了测算出具体的农业供给质量，文表参考《中国区域农业现代化》一书对云南农业供给质量的评估值，并据此假定 2012 年云南农业供给质量为 31.45%，进而根据模型计算出 2012—2016 年云南各市（州）的农业供给质量，其中 2017—2019 年为推算的估计值详见表 8-10、表 8-11。

表 8-8 2012 年云南农业供给质量

市（州）	农业供给质量指数	农业供给质量/%	排名
曲靖	1.165 1	37.43	1
昆明	1.134 9	36.45	2
玉溪	1.105 8	35.52	3
红河	1.076 7	34.58	4

表8-8(续)

市（州）	农业供给质量指数	农业供给质量/%	排名
楚雄	1.064 0	34.18	5
大理	1.060 3	34.06	6
普洱	1.021 1	32.80	7
文山	1.009 2	32.42	8
昭通	0.988 7	31.76	9
保山	0.981 1	31.51	10
临沧	0.969 6	31.14	11
德宏	0.919 5	29.53	12
西双版纳	0.895 4	28.76	13
丽江	0.813 2	26.12	14
迪庆	0.749 4	24.07	15
怒江	0.711 7	22.86	16
全省平均	0.979 1	31.45	—

注：根据模型计算输出。

表 8-9　2015 年云南农业供给质量

市（州）	农业供给质量指数	农业供给质量/%	排名
曲靖	1.176 2	54.92	1
昆明	1.116 1	52.11	2
玉溪	1.112 7	51.95	3
大理	1.096 8	51.21	4
红河	1.073 8	50.14	5
楚雄	1.069 2	49.92	6
普洱	1.060 5	49.52	7
文山	1.053 8	49.21	8
临沧	1.021 5	47.69	9
昭通	1.018 2	47.54	10
保山	1.009 2	47.12	11

表8-9(续)

市（州）	农业供给质量指数	农业供给质量/%	排名
德宏	0.982 3	45.87	12
西双版纳	0.930 4	43.44	13
丽江	0.846 3	39.52	14
迪庆	0.786 7	36.73	15
怒江	0.751 9	35.11	16
全省平均	1.006 6	47.00	——

注：根据模型计算输出。

表 8-10　2012—2017 云南农业供给质量　　　　　单位：%

市（州）	2012 年	2013 年	2014 年	2015 年
曲靖	37.43	41.80	46.17	54.92
昆明	36.45	40.37	44.28	52.11
玉溪	35.52	39.63	43.74	51.95
大理	34.58	38.74	42.90	51.21
红河	34.18	38.17	42.16	50.14
楚雄	34.06	38.03	41.99	49.92
普洱	32.80	36.98	41.16	49.52
文山	32.42	36.61	40.81	49.21
临沧	31.76	35.74	39.73	47.69
昭通	31.51	35.52	39.53	47.54
保山	31.14	35.14	39.13	47.12
德宏	29.53	33.62	37.70	45.87
西双版纳	28.76	32.43	36.10	43.44
丽江	26.12	29.47	32.82	39.52
迪庆	24.07	27.24	30.40	36.73
怒江	22.86	25.92	28.98	35.11
全省平均	31.45	35.34	39.22	47.00

注：根据模型计算输出。

表 8-11　2016—2019 云南农业供给质量　　　　单位：%

市（州）	2016 年	2017 年	2018 年	2019 年
昆明	54.93	58.80	62.66	66.52
玉溪	56.01	59.97	63.92	67.88
曲靖	55.78	59.82	63.85	67.88
红河	51.27	55.21	59.14	63.08
大理	50.81	54.71	58.61	62.51
楚雄	49.74	53.34	56.95	60.56
保山	48.44	52.34	56.24	60.14
西双版纳	47.82	51.44	55.06	58.68
普洱	47.15	50.93	54.71	58.49
德宏	47.15	51.03	54.91	58.78
文山	46.24	49.65	53.06	56.47
临沧	46.04	49.78	53.52	57.27
丽江	45.08	48.74	52.40	56.05
昭通	43.30	46.52	49.74	52.96
迪庆	41.63	44.68	47.73	50.77
怒江	37.24	40.13	43.02	45.92
全省平均	47.60	51.10	54.60	58.10

注：根据模型计算输出。

四、农业供给质量面临的问题

以上定量分析表明，2012—2019 年云南农业供给质量总体呈现上升趋势，农业供给质量与过去相比有了一定程度的提高。然而，由于各市（州）农业供给质量分布不平衡、农业生产效率不高、农业基础设施建设不充分、农业生态环境改善缓慢等原因，制约着云南农业供给质量的快速提升。由于问题部分重点聚焦供给质量方面的问题，所以 2017 年以后的数据仅作为参考趋势分析，不再重点分析。

(一) 空间发展不平衡制约农业供给质量提升

云南农业供给质量总体呈现上升趋势，但各市（州）分布不均衡制约着全省农业供给质量的全面提升。图8-8为2012—2017年云南农业供给质量的总体增长趋势。图中显示，2012年云南农业平均农业供给质量提升到了31.45%，2017年预计提升到54.78%。虽然2017年为平均预测数，但并不影响总体趋势和基本结论。尽管云南农业供给质量从2014年的39.22%迅速提升到2015年的47.00%，但却掩盖不了总体相对平缓的增长态势，且从长期看，该趋势可能存在缓降风险。图8-9和图8-10分别显示2012年和2015年云南省各市（州）的农业供给质量分布。观察图8-9和图8-10可以发现，云南农业供给质量由高到低分布，依次以滇中城市群为内依次向外分散开，排在前列的市（州）有曲靖、昆明、玉溪、大理等。从图8-9可以发现，云南农业供给质量虽然与过去相比有了很大提升，但仍然没有改变这种空间分布模式，发展不平衡、不充分特征凸显。综合图8-9和图8-10可以发现，云南各市（州）农业供给质量虽然从2012到2015年各自都有了较大改善，但是存在"好的"更好"差的"更差的马太效应，且各市（州）分布不平衡特征明显。总体上来说，云南农业供给质量发展不充分和不平衡问题没有得到根本解决。这种农业供给质量的分布不平衡，导致云南总体农业供给质量提升趋势缓慢、增长乏力，甚至可能导致一定的增长风险。换句话说，各市（州）农业供给质量发展的不平衡、不协调性凸显，制约着全省农业供给质量的快速提升。

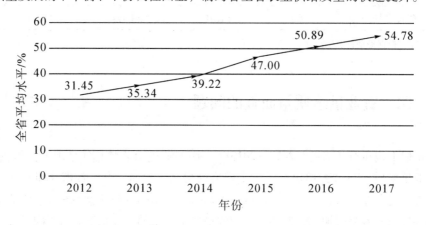

图8-8　2012—2017年云南农业供给质量增长趋势

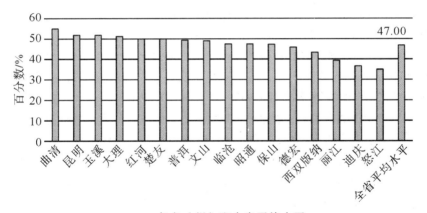

各市（州）和全省平均水平

图 8-9　2015 年云南省各市（州）农业供给质量分布趋势

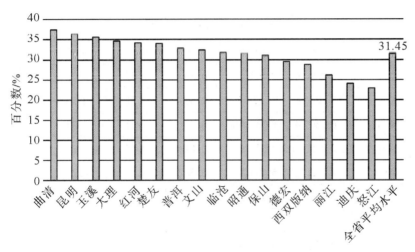

各市（州）和全省平均水平

图 8-10　2012 年云南省各市（州）农业供给质量

（二）农业生产效率制约农业供给质量提升

农业供给侧结构性改革的方向是提升农业供给质量，农业生产效率的高低直接影响着农业供给质量的提升。农业生产效率主要通过农业劳动生产率（元/人）、农业增值率（％）、农村—城镇居民收入比等指标评价，本文相继对这些指标展开了测算。2012 年，全省农业劳动生产率为 5 851.64 元/人，到 2015 年增长为 7 650.27 元/人。总体呈现增长趋势，年均增长 449.66 元/人。

农村—城镇居民收入比也呈现出差距持续缩小的趋势。2012 年全省农村—城镇居民的收入比为 0.25，到 2015 年上升为 0.32。尽管总体呈现上升态势，但却掩盖不了增长缓慢的现实。农村—城镇居民收入比指标如果小于 1，说明农村—城镇居民收入差距明显，越小差距越明显。农业增值率指标 2012 年为 0.62，到 2015 年略微下降到 0.60。表 8-12 为 2012 年、2015 年云南各市（州）农业生产效率指标，观察该表可发现，云南各市（州）农业劳动生产率（元/人）、农业增值率（%）、农村—城镇居民收入比指标明显存在发展不平衡、不充分特征，尽管与 2012 年相比，2015 年基本上均有所提升，但各市（州）间差距明显、提升缓慢。虽然与 2012 年相比，2019 年农业供给质量呈现提升趋势，但各州市间的分布不均仍然突出，详见表 8-11。

表 8-12   2012 年、2015 年云南各市（州）农业生产效率

市（州）	农业劳动生产率 /元·人		农业增值率 /%		农村—城镇居民 收入比/比率	
	2012 年	2015 年	2012 年	2015 年	2012 年	2015 年
昆明	7 396.38	9 405.00	0.59	0.57	0.32	0.34
曲靖	7 409.60	9 464.34	0.59	0.58	0.28	0.35
玉溪	7 320.81	10 128.00	0.57	0.58	0.36	0.37
保山	6 160.39	8 089.46	0.61	0.61	0.28	0.33
昭通	2 855.16	3 658.00	0.64	0.63	0.24	0.33
丽江	4 232.37	5 408.98	0.56	0.55	0.27	0.31
普洱	6 715.05	8 984.93	0.59	0.59	0.29	0.35
临沧	6 496.08	9 175.51	0.60	0.62	0.31	0.38
楚雄	7 727.80	9 386.98	0.61	0.56	0.27	0.31
红河	5 565.70	7 616.52	0.60	0.59	0.28	0.33
文山	4 827.18	6 462.93	0.60	0.59	0.25	0.32
西双版纳	9 674.79	12 980.27	0.59	0.56	0.34	0.43
大理	6 738.57	9 442.87	0.51	0.53	0.28	0.32
德宏	7 507.81	9 841.82	0.63	0.62	0.27	0.34
怒江	2 803.92	4 830.33	0.66	0.62	0.19	0.25
迪庆	3 070.95	3 818.51	0.62	0.56	0.22	0.24

注：根据《云南统计年鉴》计算得出。

（三）农业基础设施制约农业供给质量提升

农业生产基础设施是农业生产的基础条件。基础设施的充分与否直接影响着农业供给质量。充分的农业基础设施一方面能够提升农业生产效率，另一方面有利于强化农业的供给保障能力以应对自然气候灾害风险的发生。本书主要选择农业水资源利用效率（立方米/元）、人均用电量（千瓦时/人）、有效灌溉面积指数（比率）等指标来反映农业基础设施情况。农业水资源效率为农业用水（亿立方米）与农业总产值（亿元）的比率，比值越小说明农业水资源使用成本越低，越大则说明水资源使用成本越高。2012 年，全省农业水资源效率（立方米/元）为 0.038 7 立方米/元，到 2015 年减低到 0.030 9 立方米/元，平均每年下降 0.001 9 立方米/元，下降趋势缓慢。2012 年，全省平均农业水资源效率为 0.048 7 立方米/元，到 2015 年下降到 0.033 8 立方米/元。这说明全省农业水资源使用效率总体上得到明显提升，农业水资源使用成本进一步减低，但对比 4 年间的数据发现，从 0.048 7 立方米/元下降到 0.030 9 立方米/元，下降幅度太小，下降趋势缓慢，说明相关基础设施条件改善较慢，未来调整空间较大。观察表 8-13 也可以发现，2012 年和 2015 年云南各州（市）农业水资源效率分布不均衡。有的地区像曲靖、玉溪等市的农业水资源成本较低，而相反，怒江、迪庆等州的农业水资源使用成本却相对较高。另外，2012 年云南省平均有效灌溉面积指数为 0.268 5，到 2015 年缓慢上升到 0.271 6（该指标越高，表示有效灌溉能力越强），这充分说明，当前云南农业有效灌溉能力提升缓慢。这一系列数据都说明，当前云南农业基础设施短板依然明显，制约甚至阻碍着农业供给质量的提升，特别是各市（州）间农业基础设施发展水平不平衡的问题尤为突出，而全省层面发展不充分问题则比较明显。

表 8-13　2012 年、2015 年云南各市（州）农业基础设施水平相关指标

市（州）	农业水资源效率/立方米·元		人均用电量/千瓦时·人		有效灌溉面积指数/比率	
	2012 年	2015 年	2012 年	2015 年	2012 年	2015 年
昆明	0.024 8	0.024 6	0.042 0	0.054 2	0.294 3	0.273 4
曲靖	0.011 7	0.016 2	0.026 9	0.034 7	0.167 6	0.165 5
玉溪	0.027 7	0.024 5	0.109 7	0.130 1	0.296 2	0.256 8
保山	0.046 7	0.035 5	0.020 2	0.028 1	0.287 7	0.356 0
昭通	0.030 1	0.026 5	0.013 1	0.016 7	0.192 7	0.149 2

表8-13(续)

市（州）	农业水资源效率 /立方米·元		人均用电量 /千瓦时·人		有效灌溉面积 指数/比率	
	2012 年	2015 年	2012 年	2015 年	2012 年	2015 年
丽江	0.071 2	0.056 7	0.014 6	0.020 8	0.385 2	0.345 1
普洱	0.053 0	0.037 8	0.012 7	0.020 4	0.248 9	0.260 4
临沧	0.045 0	0.032 8	0.009 8	0.014 3	0.197 6	0.239 1
楚雄	0.029 9	0.027 2	0.022 3	0.027 1	0.315 5	0.221 6
红河	0.050 1	0.030 0	0.028 4	0.040 4	0.282 2	0.278 8
文山	0.028 3	0.027 1	0.019 0	0.025 6	0.147 3	0.188 4
西双版纳	0.054 5	0.030 6	0.016 3	0.024 2	0.381 4	0.414 4
大理	0.033 3	0.024 4	0.033 2	0.044 8	0.352 0	0.383 2
德宏	0.066 6	0.051 1	0.010 5	0.013 1	0.252 0	0.428 6
怒江	0.134 1	0.042 5	0.012 0	0.015 5	0.148 5	0.153 3
迪庆	0.072 5	0.053 7	0.024 7	0.030 1	0.346 8	0.231 0

注：根据《云南统计年鉴》计算得出。

（四）农业生态环境制约农业供给质量的提升

农业生态环境是指直接或者间接影响农业发展的土地资源、水资源、气候资源和生物资源等各种要素的总称，是农业发展的前提，是人类社会生产发展最重要的物质基础。农业生态环境的好坏直接影响着农业供给质量的高低。在农业生产中农用塑料薄膜使用量、农用化肥使用量、农药使用量等过高，都将给农业生态环境造成不可逆转的后果。农业生态环境既是云南农业的优势，又是云南农业的劣势。生态资源富集区域往往同时也是生态脆弱区域，这就必须处理好开发与保护的关系。随着高原特色现代农业的加快推进，如果不引起高度重视，农业生产将不可避免地加大对生态环境的破坏。2012年，云南省农用塑料薄膜指数为0.014 5吨/公顷，到2015年上升为0.015 8吨/公顷。2012年，全省化肥控制指数为0.300 9吨/公顷，到2015年上升为0.323 6吨/公顷。2012年，全省农药控制指数为0.007 9吨/公顷，到2015年上升为0.008 2吨/公顷。2012年，全省平均农用塑料薄膜指数为0.013 8吨/公顷，到2015年为0.014 8吨/公顷。2012年，全省平均化肥控制指数为0.303 4吨/公顷，到2015年为0.332 9吨/公顷。2012年，全省平均农药控制指数为0.009 5吨/

公顷，到 2015 年为 0.009 5 吨/公顷。这一系列数据表明，当前云南农业生态环境风险正在上升。同时，观察表 8-13、表 8-14 的数据对比可以发现，云南省各市（州）农用塑料薄膜使用指数、化肥控制指数、农药控制指数分布不平衡特征也很明显。比较 2012—2015 年，各市（州）的农用塑料薄膜使用指数、化肥控制指数、农药控制指数均不同程度地增加。这说明当前云南农业生态环境面临恶化的可能性增加，农业供给质量也因此受到影响。

表 8-14　2012 年、2015 年云南农业生态环境相关指标

市（州）	农用塑料薄膜使用指数/吨·公顷		化肥控制指数/吨·公顷		农药控制指数/吨·公顷	
	2012 年	2015 年	2012 年	2015 年	2012 年	2015 年
昆明	0.030 7	0.030 4	0.397 6	0.437 8	0.012 0	0.010 7
曲靖	0.019 7	0.021 3	0.316 2	0.332 2	0.005 3	0.005 7
玉溪	0.034 9	0.028 1	0.333 0	0.336 5	0.017 1	0.018 7
保山	0.013 8	0.015 6	0.300 5	0.325 6	0.011 6	0.012 4
昭通	0.009 1	0.009 3	0.189 7	0.200 3	0.001 7	0.002 0
丽江	0.015 1	0.019 1	0.455 1	0.483 8	0.007 0	0.008 3
普洱	0.008 5	0.008 7	0.156 2	0.183 1	0.009 1	0.008 8
临沧	0.006 9	0.007 6	0.392 7	0.412 0	0.004 7	0.005 3
楚雄	0.018 0	0.018 3	0.352 6	0.367 2	0.007 9	0.008 0
红河	0.018 5	0.026 0	0.359 7	0.411 1	0.013 6	0.015 8
文山	0.005 9	0.007 7	0.196 6	0.217 0	0.003 4	0.004 1
西双版纳	0.003 9	0.005 5	0.408 7	0.573 7	0.035 9	0.022 5
大理	0.014 4	0.014 7	0.429 5	0.424 0	0.010 2	0.010 5
德宏	0.007 0	0.008 9	0.292 6	0.283 6	0.005 5	0.007 2
怒江	0.003 8	0.005 2	0.083 3	0.105 2	0.001 0	0.001 4
迪庆	0.010 9	0.010 4	0.189 7	0.233 2	0.006 2	0.003 6

注：根据《云南统计年鉴》计算得出。

五、提升农业供给质量的对策建议

虽然云南农业供给质量有了显著提升，但同时也面临诸多困难，发展不充分和不平衡的问题尤其突出，为了进一步加快高原特色现代农业健康发展，需要采取有效措施，尽快提升云南农业的供给质量。

（一）着力缓解空间分布不平衡的问题

着力优化农业供给质量空间布局，加快提升各市（州）的农业供给质量。根据前文的模型分析，农业发展程度较高的市（州）的农业供给质量相对较高，而农业发展程度低、基础设施条件较差的市（州）的农业供给质量却相对较低。因此，应着力优化各市（州）间的农业供给质量。此外，云南农业供给质量提升空间巨大。从全省农业供给质量的总体趋势看，基本特点呈现缓慢上升的态势，随着高原特色现代农业的进一步发展，未来云南农业供给质量仍有很大提升空间，并将形成高原特色农业的竞争优势。强化对农业供给质量较低市（州）的农业发展投入倾斜力度势在必行。在资金投入方面，重点强化这些市（州）的农业生产效率提升，加大农业基础设施建设力度，改善农业生态环境，依靠农业绿色生产驱动发展。在政策方面，重点给予农业供给质量较低市（州）一定的优惠、特殊政策，支持这些市（州）根据自身优势、特点寻找适合自己的发展路径，逐步培养提升农业竞争优势，鼓励这些市（州）探索寻找农业发展新业态、新模式，提升其农业发展内生动力。在人力资源方面，引导和鼓励农业相关技能人才向这些区域集聚，依靠龙头企业的发展提升这些区域广大农民的生产技能，进一步巩固和加强农业社会化服务，鼓励农业相关大专院校发挥人才智力优势，参与到这些区域的农业发展中去。

（二）强化农业生产效率保障农业供给能力

农业供给质量建立在一定的农业供给能力基础之上。农业发展的最初目标是要满足量的增长，也只有在满足农业生产需要基础上的农业供给质量才有现实意义。因此，农业供给效率既需要满足第一层次"吃饱"的需要，又要满足第二层次"吃好"的需要。农业劳动生产率、农业增值率、农村—城镇居民收入比、农业科技贡献率等都是影响农业生产效率的关键因素，而农业产业化则有利于提升这些影响因素的综合水平。农业产业化是以主导产业、产品为重点，优化组合各种生产要素，实行区域化布局、专业化生产、规模化建设、系列化加工、社会化服务、企业化管理，形成种养加、产供销、贸工农、农工商、农科教一体化经营体系，使农业走上良性发展轨道的现代化经营方式和产业组织形式。它的实质上是指对传统农业进行技术改造，推动农业科技进步。这种经营模式从整体上推进传统农业向现代农业的转变，是加速农业现代化的有效途径。因此，必须以农业产业化为抓手，以农业科技创新为主动力，强化和提升农业劳动生产率。云南应充分发挥农业产业化的作用，提升农业劳动生产率。此外，云南还必须依靠农业科技创新，促进农业劳动生产率提升。尽管我国农业发展已经进入依靠科技进步时期，但仍然存在区域、地区的发展不平衡的问题。特别是对于地处边疆的云南，以其独特的地理、气候特征形成独特的农业发展模式，农业科技进步贡献率仍然存在不充分、不平衡的问题，不仅没有真正形成农业高原特色现代农业科技进步驱动发展的态势，而且各州（市）间农业科技贡献作用差距依然明显。未来应积极鼓励省内农业相关院校、研究机构积极参与农业科技研发，强化农业科技推广，创新公益性农技推广服务方式，引入项目管理机制，推行政府购买服务，支持各类社会力量广泛参与农业科技推广。鼓励地方建立农科教、产学研一体化农业技术推广联盟，支持农技推广人员与家庭农场、农民专业合作社、农业龙头企业开展技术合作。建设农业科技成果转化中心、科技人员创业平台、高新技术产业孵化基地，尽快提升科技对提升农业供给质量的支撑作用。

（三）继续巩固农业生产基础设施

强化农业基础设施建设，是推动农村经济发展、促进农业农村现代化的重要举措。改革开放40多年来，我国农业基础设施建设取得了长足进步，农业生产条件得到不断改善。然而，由于区域发展不平衡，绝大部分西部地区农业基础设施仍然落后，特别是地处云贵高原的云南。随着云南高原特色现代农业的加快发展，虽然农业生产基础设施与过去相比有了很大改善，但与发达地区相比仍有较大差距。应继续加大农业基础设施建设力度，拓宽农业生产基础设施资金投入来源。一方面加大政府，尤其是中央和省级政府的财政投入，另一方面需要广泛动员社会资本。单靠某一方面的投入，必然造成建设资金来源单一，并且将进一步拉长基础设施建设周期。因此，拓宽农业农村基础设施投融资渠道，支持社会资本以特许经营、参股控股等方式参与农林水利、农垦等项目建设运营。鼓励地方政府和社会资本设立各类农业农村发展投资基金。加大地方政府债券支持农村基础设施建设力度。在符合有关法律和政策规定的前提下，探索以市场化方式筹集资金用于农业农村基础设施建设。应进一步优化财政向农业生产基础设施投入的结构，扩大财政投入向农业发展落后区域的倾斜力度，弥补财政投入不平衡的历史欠账。

（四）依靠绿色生产方式改善农业生态环境

农业生态环境的恶化主要来源于农业生产端。落后的农业生产方式，加大了对自然资源、环境的剥削与掠夺，导致农业生态环境进一步恶化，甚至严重威胁农产品质量安全。因此，转变落后的农业生产方式，依靠推行绿色生产从根本上遏制农业生态环境恶化的趋势已经迫在眉睫。当前云南正处于推动高原特色现代农业发展的"黄金期"，农业生产的发展不可避免地要加大对农业生态环境的影响程度。在这种背景下，推动农业绿色生产就显得格外重要。要推进农业清洁生产，深入推进化肥农药"零增长"行动，开展有机肥替代化肥试点，促进农业节本增效。建立健全化肥农药行业生产监管及产品追溯系统，严格行业准入管理。大力推行高效生态循环的种养模式，加快畜禽粪便集中处理，推动规模化大型沼气健康发展。以县为单位推进农业废弃物资源化利用试点，探索建立可持续运营管理机制。鼓励各地加大农作物秸秆综合利用，健全秸秆多元化利用补贴机制。进一步推进耕地轮作休耕制度，支持地方开展农业土壤改良，增加土壤有机质。推进大规模国土绿化行动，强化农业生态环境的修复与补偿，继续实施林业重点生态工程建设，推动森林质量精准提升工程建设。通过以上政策举措，切实推动形成农业绿色生产方式，形成农业可持续发展的坚实基础。

六、小结与趋势

随着高原特色现代农业的加快发展，未来云南农业供给质量将继续保持增长趋势。根据预测，在2017年的基础上，2018年云南农业总体供给质量将提升3.89%~4.89%，达到58.66%以上。各市（州）在2017年的基础上，2019年总体上保持增长态势，但各州（市）间的"马太效应"短期内不会消失，加强和改善全省农业供给质量应着力"充分性"和"平衡性"。这不仅是云南农业发展的需要，更是贯彻落实党的十九大精神的需要。一是需要尽快提高落后地区的农业基础设施的支撑能力，二是需要提高农业供给体系对市场需求的"应变"反应能力，三是需要通过农业适度规模经营提高农业劳动生产率，四是需要通过绿色生产方式强化农业生态环境建设。

（一）小结

分类引导有序推进的必要。农业供给质量的不均衡源于云南农业资源的多样性，以及多元化的乡村结构。根据前文的模型分析，农业发展程度较高的市（州）的农业供给质量相对较高，而农业发展程度低、基础设施条件较差的市（州）的农业供给质量却相对较低。因此，应着力优化各市（州）间的农业供给质量。然而，模型分析却没有给出云南农业供给质量分布不均的原因。此外市场是供需双方平衡的晴雨表和调节器，要做好农情信息预警，引导农业生产结构调整以适应市场需求，避免由于与市场脱节，盲目种养导致的农产品价格波动。一方面政府相关部门有必要关注粮食、蔬菜、禽蛋、禽肉、生猪等大宗农产品的价格波动，对生产与销售中出现的问题及时采取应对措施。另一方面，过去较长时期农业发展过于追求产量的增长，忽视了生产与消费、产品与市场的衔接，对于品种、品质和品牌建设重视不够，致使"想卖的卖不掉，想买的买不到"。要抓住农业供给侧结构性改革的机遇，加快推动农业产业化转型升级。尽管上文已经分析了农业供给侧与需侧结构不平衡的表现，但是并没有分析产生供需不平衡的结构性原因。

按照保罗·克鲁格曼新经济地理的理论，这种分布不均主要源于资源禀赋的异质性，资源禀赋的异质性导致各地在经济发展过程中自然选择比较优势和相对成本较低的产业。供需结构不平衡本质也是由资源禀赋的异质性。云南农业资源的多样性使各地农村产业在发展过程中自然选择比较优势突出和相对成本较低的产业，进而导致农业生产的质量空间分布不均衡。国际上成功经验中日本较为典型，由于日本资源匮乏是典型的资源效果，日本早在20世纪中叶就制定了资源分类开发的策略以高效集约利用资源。现有推进农村产业发展政策虽然在一定程度上对农村产业有引导作用，但是较少的引导策略上注重分类引导，有序推进。因此在未来的乡村振兴中农村产业发展仍需重点强化分类引导、有序推进的工作思路。

（二）趋势

1. 强化精准扶贫惠农政策

围绕"村有特色产业、户有增收项目"的脱贫产业发展目标，结合高原特色现代农业发展，着力推动"企业+基层组织+合作组织+贫困户+金融支持"产业扶贫模式，完善利益联结机制，注重区域性、优势性和特色性相结合，以扶贫政策为导向，依托整村推进、信贷扶贫、易地开发、财政产业扶贫等项目，充分发挥区域资源优势，找准群众增收与区域优势的结合点，确定项目重点区域和重点建设领域，优先扶持发展优势产业，发挥各个区域的产业发展优势，实现错位发展、差异竞争、优势互补。

2. 大力发展冷链物流基础设施

完备的物流基础设施是冷链物流发展的前提，因此要加强交通运输、货运仓储等物流基础设施建设，加快乡村公路、高速铁路网络的布局，改变目前蔬菜、水果等产地交通闭塞、运输条件落后的局面；同时，要大规模改造、更新及扩大现有的低温运输及仓储设施，引进国外先进冷藏设备，蔬果产地应积极建设冷库和气调库，使生鲜蔬果及时入库，减少浪费，确保生鲜产品达到最优质量；提高政府对农资、农村和农业消费品配送中心建设的财政倾向，加大对农副产品交易市场体系构建的投入，加强服务于生鲜蔬果的冷链物流环节。

专题九　云南农业绿色生产方式与发展趋势[①]

从 1989 年联合国环境规划署（UNEP）提出清洁生产以来，绿色生产方式就成为世界各国政府和学术界关注的热点之一。绿色生产方式是注重在物质资料生产过程中转变经济增长方式，实现经济增长与资源能源节约和环境保护并举的一种可持续的新型生产方式。农业绿色生产方式是绿色发展理念在农业生产领域的具体实践，是农业生产资源利用节约化、生产过程清洁化、废物处理资源化和无害化、产业链接循环化、农业效益综合化的可持续生产方式，是科技含量高、环境污染少、资源利用率高的新型生产方式，具有低污染、低能耗、低消耗、高利用、高品质、高效益的特点。

随着我国经济发展进入新常态和农业农村发展进入新阶段，2017 年中央一号文件明确提出："推行绿色生产方式，增强农业可持续发展能力……提高土地产出率、资源利用率、劳动生产率，促进农业农村发展由过度依赖资源消耗、主要满足量的需求向追求绿色生态可持续、更加注重满足质的需求转变。"《中共中央办公厅 国务院办公厅关于创新体制机制推进农业绿色发展的意见》进一步将农业绿色发展置于"守住绿水青山、建设美丽中国的时代担当"的历史新高度，提出了"推动形成绿色生产方式和生活方式，实现农业强、农民富、农村美"的新要求。绿色是农业的本色，绿色发展是农业供给侧结构性改革的必然要求，绿色生产是农业供给侧结构性改革成功与否的关键。推行绿色生产方式，不仅为推进农业供给侧结构性改革提供了有效支撑，而且为转变农业发展方式、促进现代农业转型升级指明了方向和路径。

[①]　原文载于《云南农村发展报告（2017—2018）》中颜晓飞撰写的一个专题章节，2018 年由云南人民出版社出版。

一、农业绿色生产对云南的意义与作用

作为生态脆弱、农业现代化程度低的西部欠发达地区和农业大省，云南构建农业绿色生产方式具有较好的基础和较强的适应性、紧迫性。换句话说，绿色生产方式，是彰显云南农业特点和优势的前提和基础，是破解云南农业资源和生产要素劣势的根本出路，是促进云南农业节本增效的有效途径，是推进云南农业供给侧结构性改革的重要抓手，是云南建成全国生态文明建设排头兵的关键举措，对云南转变农业发展方式、提升农业综合生产能力、挖掘农业增效农民增收潜力、加快推进农业现代化，提升农业发展质量效益和竞争力有重要意义与积极作用。

（一）彰显农业特点和优势的前提和基础

受地形地貌和区位、自然资源等影响，云南农业产品普遍形成了品种多、规模小的特点以及环境优、品质好的优势。这样的特点与优势，为云南开发名、特、优、绿农产品提供了有利条件。自 2011 年省委、省人民政府提出发展高原特色农业以来，云南农业"丰富多样、生态环保、安全优质、四季飘香"的名片越来越靓丽，高原特色农业也因此成为全国现代农业发展的四种模式之一。而按照产出高效、产品安全、资源节约、环境友好的现代农业发展道路的基本要求，云南高原特色现代农业仍需转变发展方式，通过构建绿色生产方式，实现源头把控、重点突破，从而达到经济效益、生态效益和社会效益的有机统一，在不断放大自身特点和优势的同时，持续提高农业质量效益和竞争力。

（二）克服农业资源和生产要素劣势的根本出路

云南农业具有资源丰富、类型多样的显著优势，但生产环节的劣势也较为突出，主要表现为耕地严重不足、破碎化和细碎化现象突出以及可利用农业水资源紧缺。

"山地多、坝区少"的地理特征决定了云南耕地资源，尤其是优质耕地资源严重不足。2016 年，云南耕地面积（6 208 500 公顷）占全省国土总面积（39 410 000 公顷）的 15.75%，而常用耕地面积（4 230 100 公顷）仅占全省土地总面积的 10.73%。随着工业化和城镇化的快速推进，云南耕地面积，尤其是坝区的优质耕地面积逐年减少，2001—2008 年的 8 年间，云南耕地面积从 6 421 600 公顷减少到 6 077 800 公顷，减少了 343 800 公顷，相当于全省 2016 年油料作物的种植面积。尽管云南在全国第二次国土资源调查中耕地面积大幅增加，但耕地减少的态势依然维持。

云南耕地破碎化和细碎化现象十分突出。整体来看，全省 70% 以上耕地田块小，分布零星，且耕地后备资源少。全省 85% 以上的县（市、区）的山区面积在 95% 以上，有 18 个县的山区面积甚至超过了 99%。拥有优质耕地资源的坝区仅占全省面积的 6.1%，其拥有的耕地仅占全省耕地总面积的 30%，且分布于 1 442 个大小坝子，其中，40% 的坝区耕地分布于 1 378 个小坝子，云南坝区耕地破碎化现象之严重显而易见。而云南山区和半山区的耕地少且质量差，破碎化现象比坝区更严重。加之家庭联产承包制以来，在"平均主义"的影响下，云南许多农村按照耕地质量进行分户承包，导致每家每户好、中、差等各个层级的地块都有，由此产生了"人为的细碎化"。即使一些地区开展了土地流转，全省耕地整体上细碎化的情况没有得到根本改变。

云南水资源总量虽然较为丰富，但由于大多数水资源分布于大江大河，开发利用成本高，水资源利用率较低，能用于生产生活的有效水资源更是十分缺乏。2015 年，全省人均用水量仅为 317.5 立方米/人，仅为全国平均水平（445.1 立方米/人）的 71.33%。随着工业化、城镇化的持续推进，云南农业用水量及农业用水占全省用水总量的比重呈现"双降"趋势，农业用水紧缺的情况一直持续。由于农业生产方式粗放和农村水利设施老化失修严重，造成农业用水综合利用效率较低，农业用水浪费严重等问题。2015 年，全省水分生产率[1]仅有 1.79 千克/立方米，远远低于周边的重庆、四川、贵州等省（市）。此外，化肥、农药施用强度高、流失量大，也使农业用水质量受到严重威胁。

绿色生产方式不仅强调低污染、低能耗、低消耗等生产投入，而且强化高科技、高利用、高品质、高效益等可持续发展实践，更注重"精耕细作"。云南构建绿色生产方式既可以克服地少水缺的资源环境约束，又可以突破农业"规模化"经营带来的低质数量增长，进而充分发挥立体型地理和气候优势，使资源劣势转化为资源优势。

（三）促进农业节本增效的有效途径

作为农业大省，家庭经营收入始终是云南农村常住居民收入的主体。2016

---

[1]　水分生产率指在一定的作物品种和耕作栽培条件下，单位水资源量所获得的产量或产值。

年，全省家庭经营净收入占农村常住居民人均可支配收入的 55.92%。然而，农业生产成本的持续增加挤压了全省农民增收的空间，也加大了其生产成本的压力。以籼稻生产为例，2008—2015 年的 8 年间，云南籼稻平均每亩成本从 763.94 元快速提高至 1 559.05 元，翻了一番多。同时，亩均产量增幅仅有 0.26%，亩均产值仅从 1 115.97 元增加至 1 560.33 元，仅增长了 39.82%。亩均生产成本的增长幅度远远高于产量和产值的增幅，从而导致亩均净利润的迅速减少，从 352.03 元减少至 1.28 元。从各项费用对总成本上涨的贡献来看，人工成本、物质和服务费是导致农业生产成本迅速提高的主要因素，对总成本上涨的贡献率分别达到 80.83% 和 19.16%。在人工成本中，家庭用工折价是绝对主体，随着用工价格的快速提升（亩均家庭劳动日工价从 21.6 元提高至 78 元），家庭用工折价费用快速提高，2015 年家庭用工达 810.58 元，占人工成本的 88.88%，是 2008 年家庭用工折价的 2.89 倍。这反映出云南农业劳动力的潜在价值。在物质与服务费用中，机械作业、化肥、种子、畜力、农药等费用占据的比重较大，2015 年分别达到 114.99 元、106.35 元、79.33 元、42.94 元和 33.33 元，分别占生产成本的 8.55%、7.91%、5.90%、3.19% 和 2.92%。从物质与服务费用增长的贡献来看，排灌费用增幅较大，贡献度高达 7.66%，详见表 9-1。这也印证了全省在用水、机械化等方面存在着明显的“短板”。另外，云南籼稻成本的构成及变动与全国三种粮食作物亩均成本的变动趋势差异较大。化肥、机械作业、种子、农药等费用比重持续增加，人工成本、机械作业、化肥是导致农业生产成本迅速提高的主要因素。

表 9-1　2008—2015 年云南籼稻亩均成本变动

序号	指标	2008 年	2009 年	2010 年	2011 年	2012 年	2013 年	2014 年	2015 年
一	产量/千克	514.60	479.61	453.61	484.15	488.62	509.60	524.32	515.93
二	产值/元	1 115.97	1 057.42	1 143.66	1 411.89	1 460.43	1 439.79	1 603.45	1 560.33
三	总成本/元	763.94	812.45	863.65	1 061.13	1 297.72	1 477.44	1 547.94	1 559.05
（一）	生产成本/元	645.45	698.88	726.47	907.66	1 130.78	1 292.85	1 342.54	1 345.11
1	物质与服务费用/元	299.03	319.89	294.13	365.99	397.47	425.48	456.74	433.11
（1）	种子费/元	25.70	38.71	52.66	58.42	70.09	73.74	78.83	79.33
（2）	化肥费/元	125.80	107.51	87.52	110.71	116.13	123.62	116.04	106.35
（3）	农家肥费/元	14.25	18.89	13.74	21.73	16.17	19.61	32.99	19.59
（4）	农药费/元	29.10	32.67	30.67	31.39	33.79	35.64	37.06	39.33

表9-1(续)

序号	指标	2008年	2009年	2010年	2011年	2012年	2013年	2014年	2015年
(5)	农膜费/元	5.60	5.86	4.57	5.01	5.12	5.58	6.05	5.83
(6)	租赁作业费/元	90.81	105.67	96.31	127.38	143.24	157.15	176.36	172.41
(7)	机械作业费/元	36.31	46.67	48.47	71.52	81.25	79.44	114.67	114.99
(8)	排灌费/元	4.21	10.20	12.31	17.67	14.61	23.39	15.67	14.48
(9)	畜力费/元	50.29	48.80	35.53	38.19	47.38	54.32	46.02	42.94
2	人工成本/元	346.42	378.99	432.34	541.67	733.31	867.37	885.80	912.00
(1)	家庭用工折价/元	279.72	308.78	375.57	467.28	661.58	795.74	817.51	810.58
(2)	雇工费用/元	66.70	70.21	56.77	74.39	71.73	71.63	68.29	101.42
(二)	土地成本/元	118.49	113.57	137.18	153.47	166.94	184.59	205.40	213.94
1	流转地租金/元	1.60	1.69	2.54	3.09	3.93	1.57	1.94	1.81
2	自营地折租/元	116.89	111.88	134.64	150.38	163.01	183.02	203.46	212.13

资料来源:《全国农产品成本收益资料汇编2009—2016》。

面对大众农产品价格偏低和农业生产成本上涨的现实,特色优质、节本增效才是农业的根本出路。随着居民食物结构逐步从温饱数量型向小康质量型转变,安全、绿色、营养、健康成为食品消费的主流导向。云南构建绿色生产方式,以发展无公害农产品、绿色产品、有机产品来实现优质优价;以分拣和加工延伸产业链实现提质提价;以立体种养、资源循环、集约利用、精细管理等方式实现成本节约,从而推动高原特色农业的特色化、绿色化、优质化和品牌化,全面提高农业效益竞争力和农民收入水平。

(四)推进农业供给侧结构性改革的重要抓手

伴随收入水平的提高,人们对农产品的需求已由普通农产品逐渐升级为无公害、绿色、有机农产品,尤其是对具有地方特色、原生态、高品质农产品的需求日益增加。而我国农产品供给的现实情况是大路货多、优质品牌少,这与城乡居民消费结构快速升级的要求不相适应。推进农业供给侧结构性改革,需要把增加绿色优质农产品供给放在突出位置。而优越的生态环境以及优秀的农耕文化和农业文明,为云南提供高品质农产品创造了其他地区难以复制的原产地优势。然而，很长一段时期，云南农业与全国多数省份一样，过分强调粮食生产、农业的规模化与机械化等，从而导致农业发展与其比较优势偏离，效率和效益明显低于全国平均水平和周边省区。当前，云南农产品结构性矛盾显著，已由"卖方市场"向"买方市场"转变，农业发展已由"农产品短缺—追求产量增长效益阶段"步入"供需基本平衡—追求价值和价格增长收益阶段""高度竞争和全球化—追求稳定市场份额和定价权增长收益阶段"，传统的数量增长型的农业发展模式难以为继。正因如此，《中共云南省委 云南省人民政府关于深入推进农业供给侧结构性改革 加快培育农业农村发展新动能的实施意见》明确强调："推行绿色生产方式，实施农业节水工程，加强农业环境保护和治理，加强重大生态环保工程建设"，进而保护和传承优秀的农耕文化和农业文明，进一步优化农产品产地环境，有效提升产品品质，从源头上确保优质、安全、绿色农产品供给。

（五）建成全国生态文明建设排头兵的关键举措

作为全国西南生态安全屏障和主体功能区的限制开发区，云南高原特色农业除了承担着保障主要农产品供给的重任外，还肩负着建设全国生态文明排头兵的责任，更需要注重生态保护和可持续发展能力。从功能来看，农业不仅只有生产的经济功能，而且还有生态功能和社会功能。绿色发展既是现代农业发展的内在要求，又是生态文明建设的重要组成部分。因此，正确选择、合理安排农业生产方式，可以兼顾实现农业的生产功能与生态功能和社会功能。构建绿色生产方式，将绿色发展和可持续发展理念以及生态文明建设任务融入农业发展过程中，是云南应对资源环境约束趋紧形势、顺应国际发展潮流、满足人民日益提高的生态需求、推进生态文明建设进程的必然选择与关键举措。

二、农业绿色生产方式发展现状

云南深入推进高原特色现代农业发展以来，遵循市场需求变化和发挥自身优势，以高效生态农业为导向开展了转变绿色生产方式的多种实践，在农业生产保护投入、绿色生产方式推广、农业资源综合利用示范、农产品品质与农业品牌提升等方面取得了初步成效。然而，在"大肥、大水、多药、多产"的传统生产方式与生产理念影响下，农业绿色生产方式的推广在实践中也存在着一些亟须解决的突出问题与障碍。

（一）初步成效

长期以来，云南广大少数民族地区遵循着农业生产发展与森林、生态保护相统一的传统农耕文化，涌现出哈尼梯田、"包山拾菌"等先进典型与生动实践。党的十八大以来，云南在深入推进高原特色现代农业发展中，更加注重生态农业、绿色农业、绿色农产品的发展，以减量化、资源化、再循环为原则（3R原则）的绿色生产的影响逐步扩大，农业可持续发展取得了积极进展。

1. 农业生态保护力度持续加大

在国家政策的有力支持下，云南持续实施了水土保持、退耕还林还草、退牧还草、石漠化治理等一批重大生态工程，涌现了"六子登科"的"西畴经验"。在全面落实主体功能区战略基础上，全省各级政府持续加强农田、森林、草原的保护与建设，划定基本农田保护红线与生态红线。2016年，全省森林覆盖率达59.3%，比2015年提高3.6个百分点；森林蓄积量达到了18.95亿立方米，同比增长了7.18%。深入实施农药化肥零增长行动，积极推进畜禽规模化养殖，全省农业面源污染初步得到遏制。2016年，全省化肥施用量（折纯）达235.58万吨，比2015年增长1.60%，增速同比下降0.50个百分点，化肥施用量快速增长势头初步得到遏制；畜禽规模养殖比重达40%。可喜的是，全省籼稻亩均化肥用量出现明显下降，2015年仅19.06千克/亩，比2014年减少1.24千克/亩，同比下降5.99%。

2. 绿色生产理念的影响日渐深入

随着农业供给侧结构性改革的深入推进，云南省各州（市）发展绿色农业、生产绿色农产品的积极性大大提高，纷纷开展农业产业的生态化、绿色化、有机化改造，探索出了"果—草—畜""稻—鱼""稻—鱼—鸭""畜—沼—菜（果、茶）"等生态农业、循环农业发展模式。其中，元阳县哈尼梯田稻鱼鸭高产高效生态种养模式获得国家肯定。绿色生产方式也被广大新型农业经营主体所应用与推广，出现了有机茶园、生态茶园、生态果园、生态菜园、生态猪场、生态鸡场等。对一些新型农业经营主体的调查发现，生态化、绿色种养殖的农产品的单价比同样普通农产品至少高出30%，且供不应求。新型农业经营主体的实践与示范也进一步辐射带动了全省农业绿色生产方式的推广与发展。

3. 农业资源利用水平稳步提高

在严格控制耕地、水等资源开发的基础上，云南省大力推广实施了资源节约与高效综合利用示范，推进农业用水综合水价改革，水土资源利用效率不断提高。2015年，全省节水灌溉类机械数量达27 700套，比2014年增长132.77%；节水灌溉耕地面积达724 500公顷，同比增长6.37%；节水灌溉耕地面积占耕地灌溉面积的比重达41.22%，同比增加0.37个百分点；农业灌溉用水有效利用系数达52.0%，比2010年提高了4个百分点。

4. 品牌效应及质量安全水平明显提高

云南省将品质作为高原特色农业的生命线和核心竞争力，将"三品一标"作为绿色生产方式的助推器，持续开展以"三品一标"为核心的农产品质量提升工作。截至2015年，全省累计制修订农业地方标准1 250项，生产技术规程和技术要求5 000个；累计有效认证"无公害、绿色、有机农产品"850个，地理标志登记保护农产品70个，"云南名牌农产品"达80个；全省农产品质量安全综合抽检合格率达97%，位居全国前列。2016年，全省新增"三品一标"产品336个，其中无公害农产品、绿色食品、有机农产品332个。同时，全省的凤庆县、元谋县、砚山县（第一批）和麒麟区、马龙县、师宗县、广南县、宾川县、嵩明县、瑞丽市（第二批）10个县（市、区）被农业部认定为国家农产品质量安全县（市）创建试点单位，凤庆县、元谋县、砚山县被农业部命名为第一批国家农产品质量安全县。此外，全省高度重视品牌建设，启动了云南名牌农产品评选认定活动，打造了云南"六大名猪、六大名牛、六大名羊、六大名鸡、六大名鱼、六大名米"优势品种资源品牌，培育出云南普洱茶、宣威火腿、文山三七、斗南花卉、昭通天麻、丘北辣椒等一批特色明显的区域品牌。这些农产品品牌的培育和宣传营销，彰显了"绿色云南、生态产品"的整体品牌优势，树立了云南农产品安全、优质、生态的良好形象，进一步提升了云南高原特色现代农业的知名度和影响力。

（二）主要问题

在高原特色现代农业和农村经济发展取得巨大成就的同时，全省农业资源过度开发利用，农业用水用地需求持续增加，农药、化肥、地膜等农业投入品过量使用，农业面源污染等问题日益凸显，加之畜禽粪便、农作物秸秆、农膜资源化利用率不高，农业绿色发展仍然面临巨大的压力和挑战。

1. 农业资源与环境硬约束加剧

从耕地来看，全省普遍存在着人均耕地少、耕地质量不高、耕地后备资源不足的问题。云南省第二次全国土地普查公报显示，全省人均耕地仅有2.05亩，虽略高于全国1.52亩的平均水平，但25度以下耕地面积占耕地总面积的85.46%，低于全国平均水平10.15个百分点，尤其是15度以下耕地面积仅占耕地总面积的 55.08%，远远低于全国平均水平 32.99 个百分点，且全省有相当数量的耕地位于石漠化地区。更为严重的是，全省耕地普遍缺乏有机质，缺氮缺磷的比重较大。而与此同时，为了实现主要农产品的丰产和增产，全省绝大多数耕地处于连续生产的超负荷运转状态，已经出现了有机质减少、肥力下降、土壤沙化等耕地质量退化的问题。从农业用水来看，全省农业用水量和用水比例不仅存在"双降"趋势，而且农田灌溉水有效利用系数依然偏低。2015 年全省农田灌溉水有效利用系数比全国 53.2% 的平均水平低了 1.2 个百分点。此外，长期高强度、粗放式的传统农业生产方式导致全省农业生态服务功能弱化，农业湿地被破坏、被开发现象仍然存在，生物多样性、生态系统质量及稳定性受到严重威胁。而随着农产品需求的刚性增长和国家生态文明建设的要求提高，全省农业资源与环境约束日趋强化，农业生态环境保护压力增大。

2. 农业投入品过量使用仍然突出

随着农药、化肥、地膜等生产技术的深入推广，全省大部分农民已经产生了"路径依赖"，以至于其施（使）用量快速增长。全省化肥、农用塑料薄膜、地膜、农药的使（施）用量分别从 1993 年的 79.00 万吨、3.35 万吨、2.66 万吨、1.00 万吨增加至 2015 年的 231.9 万吨、11.31 万吨、9.09 万吨、5.86 万吨，年均分别增长 5.02%、5.68%、5.74% 和 8.37%，远远高于同期全省粮食、甘蔗等大宗农产品产量的增速（粮食产量的年均增速为 2.75%，甘蔗产量的年均增速为 3.53%）。2015 年，全省化肥施用强度为 373.52 千克/公顷，远超国际安全使用水平（225 千克/公顷）。全省化肥的边际生产率（单位农用化肥施用量的粮食产量）出现明显下降，从 1993 年的 13.7 千克/公顷下降至 2015 年的 8.1 千克/公顷。然而，在农药、化肥、地膜使（施）用量快速增加的背后，并没有意识到农药、化肥、地膜的使用不当会对环境造成危害，"白色污染"、面源污染、水体污染、土壤污染等破坏日益临近。

据此本书计算了部分东、中、西部省（市）及全国的农药、化肥使用量情况（详见表 9-2）：

一是全省农药使用量仍然偏高。据统计年鉴计算，2019 年云南每公顷农药使用量为 24.68 千克（每公顷农药使用量=农药使用量/有效灌溉面积），高于全国 4.42 千克（全国 20.26 千克），高于上海 10.16 千克（上海 14.52 千克），高于四川 9.00 千克（四川 15.68 千克），高于贵州 16.70 千克（贵州 7.98 千克），仅低于浙江 2.77 千克（浙江 27.45 千克）、广东 24.65 千克（广东 49.33 千克）。

二是全省农用化肥使用量偏高。据统计年鉴计算，2019 年云南每公顷农用化肥使用量为 1.06 吨（每公顷农用化肥使用量＝农用化肥施用量/有效灌溉面积），高于全国水平 0.27 吨（全国水平 0.79 吨），高于上海 0.67 吨（上海 0.39 吨），高于浙江 0.54 吨（浙江 0.52 吨），高于贵州 0.34 吨（贵州 0.72 吨），高于四川 0.31 吨（四川 0.75 吨），低于广东 0.21 吨（广东 1.27 吨），低于海南 0.53 吨（海南 1.59 吨）。对比海南发现云南优势明显，而对比贵州发现云南优势并不突出。

表 9-2　2016—2019 年部分省（市）及全国每公顷农药使用量

单位：千克

年份		2016	2017	2018	2019
全国		25.92	24.41	22.02	20.26
东部省	上海	20.62	18.46	16.65	14.52
	浙江	34.21	32.05	30.35	27.45
	广东	64.15	63.65	52.77	49.33
	海南	117.34	115.48	80.03	73.50
西部省	四川	20.63	19.40	17.49	15.67
	贵州	12.57	12.03	9.82	7.98
	云南	32.39	31.15	27.71	24.68

数据来源：《中国统计年鉴 2020》，由 EPS 数据库整理计算得出。

3. 农业面源污染日益严重

随着农业生产的快速发展，大水、大药、大肥、地膜覆盖等粗放式的农业生产方式，带来了严重的农业面源污染。全省许多少数民族聚集地区仍然沿用畜禽家庭养殖、无序放养的方式，养殖废弃物污染问题突出，并对农村的生产生活环境造成了很大困扰。2016 年，全省农业源化学需氧量排放量 6.78 万吨、氨氮排放量 1.09 万吨，分别比 2015 年减少 0.04 万吨和 0.01 万吨，分别占全省化学需氧量排放总量的 13.77% 和 20.45%，但比 2015 年分别提高了 0.41 个百分点和 0.41 个百分点。加之，全省农村垃圾、污水处理设施设备严重不足，农业农村环境污染加重的态势仍然严峻，且直接影响农产品的质量安全和农村的生态环境质量。

4. 农业资源综合利用效率低

全国和云南省在持续增加农业资源投入的同时，并没有关注到农业资源的利用效率。农业生产成本日益抬升、农业生产边际效率逐渐下降、农业生产生态环境持续恶化等问题，严重制约着农业资源的综合利用效率。近些年，随着人民群众对生态环境和农产品质量安全的高度关注与重视，农业发展也开始将资源利用率作为可持续发展的重要指标，逐步实施了测土配方施肥、节水灌溉、农膜回收等一系列举措。但整体来看，全省农业资源综合利用效率仍然偏低。2015 年，全省主要农作物化肥和农药利用率均达 40%，比全国平均水平分别高出 4.8 个百分点和 3.4 个百分点；全省农膜回收率达 50%，比全国平均水平低了 10 个百分点；全省养殖废弃物综合利用率达 45%，比全国平均水平低了 15 个百分点。

5. 农业绿色生产体制机制尚未建立

尽管我国已经建立了最严格的耕地保护制度，划定了国家和省级主体功能区，实施永久基本农田红线、生态保护红线、资源消耗上线、环境质量底线等政策举措，但对省、州（市）、县的红线和底线的数量并没有明确，促进农业绿色发展、引导农业绿色生产方式的体制机制尚未建立。农业资源，尤其是水、土地等资源的市场化配置机制尚未建立，尽管全省已经实施了农村水价综合改革试点工作，但全面反映水资源稀缺程度的价格机制尚未完全建立。发展绿色农业、循环农业、节水农业的激励机制不完善，全省农业经营主体发展绿色农业、循环农业、节水农业的主动性不强、积极性不高。农业污染责任主体、监管主体、执法主体等不明晰，监管机制和奖惩机制不健全，农业污染成本过低、监管成本过高、惩处执行难等问题并存。

三、加快构建农业绿色生产方式

在生态环境、农业发展模式的影响下，云南构建农业绿色生产方式、发展绿色农业具有显著的"后发优势"。按照绿色发展及高原特色现代农业发展的要求，遵循"3R 原则"，促进农业从依靠拼资源消耗、农资投入、生态环境的粗放经营转到注重提高质量、效益和竞争力的集约经营上来，以绿色生产方式的构建带动农业发展方式的转变，进一步提高农业的可持续性，加快推进云南环境友好型、资源节约型农业发展。

（一）大力治理农业面源污染

按照国家统一部署，积极开展农业面源污染综合治理试点。以农业生产废弃物综合防治和治理为重点，全面强化养殖污染治理；继续实施农药化肥"零增长"行动计划，加快推动"白色污染"治理，着力把农业资源过高的利用强度降下来、面源污染加重的趋势缓下来。

1. 强化养殖污染防治

继续推广养殖规模化、小区化、集约化示范工程；鼓励和支持规模化畜禽养殖场（小区）开展标准化建设和改造，配备雨污分流、粪污收集与处理设施设备，从源头上控制畜禽养殖污染的排放；开展已安装生物质能和大中型沼气工程的规模化畜禽养殖场（小区）运行情况监测，及时发现持续运行存在的困难与问题、总结成功案例的做法与经验，引导和支持规模化畜禽养殖场（小区）建设生物质能和大中型沼气工程；尝试建立规模养殖场（小区）配套一定农作物面积的政策，如生猪存栏500头的养殖场（小区）必须有300亩的农作物种植面积；鼓励农户使用健康种养殖技术，尽量减少化学品的使用，尽量减少和杜绝养殖污染物对土壤、水体的二次污染。

2. 强化化肥农药综合治理

深入推进化肥农药零增长行动，巩固全省化肥农药施用量增速放缓的不易成绩，并尽快实现"零增长"，促进农业节本增效；继续普及和深化测土配方施肥的范围，鼓励和支持新型农业经营主体和农户施用农家肥、有机肥和生物质肥料，有条件的地区可以开展化肥替代补贴试点；以特色水果、设施蔬菜、茶叶及"三品一标"农产品为重点，开展有机肥替代化肥行动，建设一批化肥减量增效示范县；积极改进施肥方式，集成推广水肥一体化、机械深施等施肥模式，推广缓释肥、水溶肥等新型肥料；大力推进高毒农药定点经营实名购买制，推广生物农药、高效低毒低残留农药，逐步建立农药产品追溯系统；以委托、订单、政府购买服务等方式，多措并举培育市场化、社会化、专业化的肥药"统供统施"服务主体；鼓励和支持服务主体改善装备，集成应用全程化肥农药减量增效技术，推广绿色防控模式。

3. 强化"白色污染"综合治理

深入开展农膜回收行动，以烟草、马铃薯为重点作物，在昆明—曲靖绿色经济示范带、红河州百万亩现代农业示范区率先推动实施；引导种植大户、农民专业合作社、龙头企业等新型经营主体开展地膜回收，探索建立地膜回收与地膜使用成本联动机制；积极推广应用加厚地膜，加快研发可降解地膜，逐步示范推广地膜回收机具，探索将地膜回收作为生产全程机械化的必需环节；着力建立以旧换新、经营主体上交、专业化组织回收、加工企业回收等多种方式的回收利用机制，推动组建地膜回收作业专业组织，适时开展烟草企业地膜回收责任制试点；逐步建立农田残留地膜污染监测网络，探索将地面回收率和残留状况纳入农业面源污染综合考核的有效办法。

（二）着力推广高效节水农业

水是云南绿色农业发展的关键因素，必须以工程性和技术性节水为重点，着力推广高效节水农业，持续提高农业水资源利用效率和水平。

1. 实施农业节水工程

深入实施区域规模化高效节水灌溉行动，以柴石滩灌区、昭鲁灌区等为重点，推进全省大中型灌区续建配套与节水改造工程，强化小型农田水利工程与大中型灌区连通配套，同步完善田间节水设施，打造全省高效节水灌溉样板与示范；全面推进农业水价综合改革，及时总结改革试点成功经验，继续扩大综合改革试点范围，加快建立合理水价形成机制和节水激励机制，逐步建立农业灌溉用水量控制和定额管理制度。

2. 大力发展节水农业

大力推进节水农业建设，建设配套田间节水设施设备，因地制宜推广应用渠道防渗、低压管道输水、喷灌、滴灌、微灌、水肥一体化、循环水利用等节水灌溉技术，解决大水漫灌痼疾，提升精准灌溉水平；建设和推出一批旱作节水农业示范点、示范县，在山区、半山区及石漠化地区建设和合理配置"五小水利"设施，推广地膜覆盖、集水蓄水节灌、生物篱固土节水等节水技术模式；优化农作物种植结构，积极引进和推广抗旱节水品种，扩大优质耐旱高产优质品种种植面积，严格限制高耗水农作物种植面积。

（三）积极发展生态循环农业

习近平总书记强调，加快推进畜禽养殖废弃物处理和资源化，关系到6亿多农村居民生产生活环境，是一件利国利民利长远的大好事。全面推进农业废弃物资源化利用，积极总结推广循环农业发展模式，为全省农业持续截污减排、节本增效提供有效支撑。

1. 全面推进农业废弃物资源化利用

深入开展农业废弃物资源化利用，支持畜牧大县和规模化养殖场（区）率先开展畜禽粪污集中处理、大中型沼气、生物有机肥生产等综合利用方式，鼓励全省优势农产品产区因地制宜开展秸秆、尾菜、林业"三剩物"等综合化、高值化利用，引领带动提升全省农业废弃物资源化利用水平。

2. 积极总结推广循环农业发展模式

积极发掘畜牧大县、农产品优势产区发展生态循环农业的生动实践，总结推广泸西、蒙自、元阳、禄丰、凤庆等县（市）的"果—草—畜""畜—沼—肥""稻鱼共生""稻鳅共生""畜—沼—果""畜—沼—菜""畜—沼—茶"等生态循环农业成功模式，在环境可承载的范围内，优化种养结构，大力推进"过腹还田"，促进种养循环、农牧结合、农林结合，完善政策引导，鼓励规模养殖场（小区）配套发展种植业，积极开展种养结合循环农业试点示范。

（四）持续加强耕地保护和农产品质量安全工作

强化红线和底线思维，以耕地资源保护为重点，加强农业各种资源的全面保护与合理利用，持续提升农产品质量安全水平。

1. 持续加强耕地资源保护

坚持最严格的耕地保护制度，全面划定和落实永久基本农田。严守耕地红线，严控新增建设用地占用耕地，坚持耕地占补平衡数量与质量并重，推进耕地数量、质量、生态"三位一体"保护，确保耕地数量不减少、质量不降低。实施耕地质量保护与提升行动，因地制宜采取保护性耕作、秸秆还田、增施有机肥、种植绿肥、保水保肥等土壤改良方式，增加土壤有机质，提高土壤肥力。稳步推进砚山和石林耕地轮作休耕的试点工作，及时总结试点成效与经验。继续推进开展农用地土壤污染治理与修复。

2. 持续提升农产品质量安全水平

深入推进质量兴农和农业标准化战略，大力开展"三品一标"认证登记保护工作，不断提升滇牌、云系农产品"安全、优质、生态"的整体形象和公信力。健全省、市（州）、县（市、区）、乡（镇）四级农产品质量安全监管联动体系，深入开展农产品质量安全县创建，以茶叶、猪肉、生鲜乳等农产品为重点，加快建立和完善省内农产品质量安全追溯平台和体系。加强产地环境和农业投入品监督，开展农产品产地环境监测与风险评估，持续开展农兽药、非法添加、残留超标等突出问题的专项整治，建立健全监测结果通报制度和质量诚信体系。

四、小结与展望

随着我国农业步入加快转型升级、实现绿色发展的新阶段及云南推动全国生态文明建设排头兵、农业供给侧结构性改革等举措，云南农业绿色发展的理念将得到更加深入的贯彻与落实，农业绿色生产方式的推广与示范工作将进一步加强，农业投入品过量使用问题将进一步缓解，农业资源保护将取得新进展，农业废弃物资源化利用水平将持续提升，农产品质量安全水平将继续巩固提升，农业绿色发展的体制机制将进一步完善，云南农业资源利用高效、生态系统稳定、产地环境良好、产品质量安全的可持续发展新格局将加快形成。

1. 农业投入品过量使用问题将进一步缓解

随着化肥农药"零增长"行动和果菜茶有机肥替代化肥行动的深入推进，全省新型农业经营主体使用农家肥、有机肥和生物质肥料的主动性和积极性将明显提高；测土配方施肥的范围将继续扩大，全省农产品主产区的主要农作物将基本实现全覆盖；农作物病虫害专业化统防统治和绿色防控技术应用覆盖率不断提升，农业面源污染突出问题将得到进一步控制。预计到2025年，全省化肥农药施用量将实现"零增长"，化肥施用强度将有所降低；成功申报国家果菜茶有机肥替代化肥示范县2~3个，全省特色水果、设施蔬菜、茶叶等特色农产品优势产区及省内各级农业示范园区、基地的化肥使用量率先实现明显下降。加厚地膜、可降解地膜逐步推广，农膜回收机制在重点地区初步建立，"白色污染"蔓延问题初步得到遏制，全省农膜回收率将超过65%。

2. 农业资源保护将取得新进展

随着全国永久基本农田划定工作的深入推进，全省16个市（州）、129个县（市、区）永久基本农田和耕地红线的数量将进一步明确。而根据国家坚持最严格耕地保护制度的要求，耕地占补平衡数量与质量并重将全面贯彻落实，全省耕地数量不减少、质量不降低将成为"底线"要求。随着高标准农田建设及耕地质量保护与提升行动的实施，全省土壤有机质含量和土壤肥力将稳步提高。随着水资源保护利用及节水农业技术和设施的深入推广，全省高效节水工程将加快推进，喷灌、微喷、滴灌、水肥一体等高效节水灌溉技术将进一步扩大应用覆盖面，预计到2025年，全省农业灌溉用水总量增幅将继续下降，耕地有效灌溉率将达到50%。

3. 农业废弃物资源化利用水平将持续提升

随着畜禽粪污资源化利用行动及农业循环经济的深入推进，全省畜牧大县及规模化养殖场（小区）畜禽养殖粪污处理与利用设施设备配置水平将持续提升，秸秆、农膜等回收利用将进一步被广大农民认可与应用，种养结合、农牧循环的生态循环农业的成功模式将继续扩大复制推广范围，并带动全省农业废弃物资源化利用水平的不断提高。预计到2025年，全省主要农作物化肥、农药利用率均超过 50%，农作物秸秆综合利用率接近 70%，规模畜禽养殖场（小区）废弃物综合利用率超过 60%，畜禽粪便、农作物秸秆、农膜资源化利用率不断提高；全省 23 个畜牧大县、国家现代农业示范区将率先建立科学规范、权责清晰、约束有力的畜禽养殖废弃物资源化利用制度和种养循环发展机制，综合利用率达到 75% 以上，规模养殖场粪污处理设施装备配套率达到 95% 以上。

4. 农产品质量安全水平将继续巩固提升

随着农业供给侧结构性改革的深入推进及绿色生产方式的建立，全省农产品品质将持续明显提高，农产品质量安全水平将稳步提升。预计到 2025 年，全省"三品一标"认证农产品数量将进一步增加，农产品质量安全监测总体合格率将继续保持在 97% 以上。

5. 农业绿色生产体制机制将初步构建

随着主体功能区战略及农业绿色生产方式的深入推进，全省永久基本农田红线、生态保护红线、资源消耗上线、环境质量底线的数量将进一步明确，促进农业绿色发展、引导农业绿色生产方式的体制机制将初步构建。农村水价综合改革试点将进一步扩大，农村用水市场化交易机制将逐步建立。推进绿色农业、循环农业、节水农业发展的激励机制和相关扶持政策将陆续出台，全省新型农业经营主体转型升级、绿色发展的主动性和积极性将不断提高。全省对农业污染源的监管机制和污染主体的惩治机制也将逐步完善。

专题十 云南农村产业融合的逻辑与问题[①]

从思想解放到改革实践，从农村到城市，从封闭半封闭到全方位改革开放，实践证明，改革开放是当代中国发展进步的必由之路，是实现中国梦的必由之路。伴随着我国改革开放政策举措的深入推进，云南农村改革稳步推进，农村产业发展成绩突出，为国民经济稳步发展做出了重要贡献。随着高原特色现代农业、农业供给侧结构性改革以及乡村振兴战略的深入推进，农村一二三产融合发展，已经或将成为未来一个时期农村产业发展的重要方向。

一、推动云南农村产业融合的深层原因

改革开放以来，云南农业农村经济得到了长足发展，不仅带动了地区农业农村经济的快速健康发展，而且为整个国民经济的健康发展做出了应有的贡献，也为全国建成全面小康社会提供了重要支撑。然而云南农村三次产业融合发展水平低，不仅制约了一产的健康发展，而且影响到广大农村居民收入水平的持续提高和整体发展能力的增强，成为制约"三农"工作乃至全省经济发展的瓶颈。

（一）农村产业融合的现实要求

同全国绝大多数省份一样，农村家庭承包责任制的实施，极大地解放和发展了云南农村生产力，为地区经济社会发展做出了重要贡献，基本形成高原特色现代农业引领发展的新态势。然而，站在新时代的新起点上看，云南却面临着农村产业发展的瓶颈约束，如何突破发展瓶颈推动云南农村产业融合发展，

[①] 原文载于《摆脱小农之困》中谭政撰写的一个专题章节，2019 年由云南人民出版社出版。

直接关系着全省农业农村现代化和乡村振兴战略的实施成效，以及全省经济社会的健康发展水平。

1. 农村产业成本瓶颈约束

改革开放以来云南农村产业发展成就显著，但农村产业发展瓶颈约束也日益显现。农业内部分工和农业产业化强调以土地规模经营保证农业机械应用，以农业机械化替代缩减农业生产中的"零值劳动力"，协调推进农业剩余劳动力转移、土地规模经营和农业机械化。农业经济资源相对禀赋变化的结果是农业劳动力持续减少、土地和农业资本供给相对增加。然而，目前云南的实际情况却是土地资源相对稀缺且耕地质量持续下降，农业劳动力持续转移乏力且总体过剩与青壮年高素质劳动力缺失并存，农业技术（资本）投入成本增加且供给不足并存等结构性矛盾。

一是土地稀缺和规模经营的矛盾。当前土地资源的稀缺性和细碎化决定了土地经营规模扩大受限且成本较高。小农经营是我国的本源性制度，不利于农业规模经营和农村产业的健康发展，而云南小农经营的特征相比全国更为突出，集中地反映在家庭小农经营上，农村产业发展的困难重重。由于其独特的自然地理和社会人文特征，云南也是一个有效耕地相对稀缺的地区，为缓解家庭承包制带来的土地细碎化制约，土地流转和规模化经营已经普遍推开。但是，农户之间基于亲缘、地缘关系形成的自发土地流转成本较低，而农户与新型农业经营主体之间以市场和契约为纽带的土地流转价格普遍较高。特别是长期过量、盲目施用化肥农药，导致一些耕地板结、土壤酸化现象明显，耕地质量退化、生态环境破坏和农产品质量安全问题日趋突出，使农业土地资源供给面的数量和质量都难以得到保障，无形中造成了优质、高效的农业用地相对稀缺，进而抬高了土地成本的相对价格。二是劳动力供给与产业高质量发展需求的不匹配。城乡二元结构拉动形成的农业农村剩余劳动力转移，使农业生产呈现出劳动力总体过剩与高素质中青年人才缺失并存的结构性矛盾。一方面，云南农业人口众多，第一产业就业人员占总就业人员的比重虽有下降，但总量还在增加；另一方面，务工与务农的收入差距导致农村年轻人去农化、恶农化现象突出，农村空心化与农业劳动者老龄化、女性化、低技能化越发突出，尤其是一些民族地区，这种空心化还表现在文化方面。"三农"发展不仅缺失青壮劳动力和掌握一定科学技术知识、生产管理素质的专业人才，还需应对回乡老龄、低技能农民工以及留守老人、妇女的再就业需求。农业规模经营主体既面临人才缺失和劳动力不足的困境，又承受着劳动力成本提高的压力。

三是农业技术投入需求与资本投入供给不匹配。农业现代化是一个逐渐从以资源为基础的农业向以技术为基础的农业的转变过程。技术进步是打破农业自然约束的关键因素。随着现代农业的发展，大型土地深翻犁、自动插秧机、粮食收储机等农业机械的应用，物联网监测、测土配方等改善土地质量的专业技术投入，以及生物制种、冷链晾晒、仓储加工、物流运输等产前产中产后服务都需要大量资金和智力投入。然而，农业投资大、风险高、回报周期长等特点导致农村金融产品、服务和贷款抵押方式较少，农业融资渠道狭窄，贷款规模有限，且成本较高。因此，只有有限的资本愿意投资于农村产业发展，特别是一些少数民族地区，本来劳动力受教育程度就不高，社会发育程度就低，汉语沟通都有困难，更何从谈及现代农业科技和农业技术投入。

农村三产融合正是应对当前农业经济资源相对禀赋变化的实践探索和战略调整。农村三产融合更多地关注生物技术和设施农业，这可以同时提高土地产出率、资源综合利用率和劳动生产率，实现土地和劳动力的双重节约，延长产业链提高产品附加值；农村三产融合以生态农业、有机农业保护改善耕地质量、保障农产品安全，并同步推进土地适度规模经营和服务规模化，兼顾土地的社会效益、生态效益和经济效益；农村三产融合注重发展劳动和资本双密集型产业，既强调围绕农产品加工业构筑完整的纵向农业产业链，更强调基于农业多功能性与文化、教育、休闲旅游等产业形成横向融合，以社会分工促进转移劳动力再就业和农民增收。通过这些方面的举措，转变改革开放以来农业产业发展面临的瓶颈约束。

2. 小农经营制约农村产业发展

改革开放以来，尽管家庭经营对云南农村产业的发展，提升农民收入做出了重要贡献，但随着产业的深入发展，农业产业化和规模经营已经成为农业发展的主流趋势，家庭经营的不足也日益显现。然而，从云南农民的收入结构看，小农户家庭经营的基本面仍然没有改变，通过农村三产融合，优化农民收入结构迫在眉睫。自1978年以来，农村产业发展使农民收入不断提高。云南与全国农村常住居民人均可支配收入都呈现显著的上升趋势，但云南的农民人均可支配收入与全国仍然有相当大的差距，并且差距拉大风险较高。之所以产生这样的差距，与云南农村居民收入结构有直接关系。表10-1为2019年的我国东部、西部部分省（市）及全国农村居民人均可支配收入结构。农村居民收入结构折射出云南农村经营方式仍然滞后。尽管云南农村居民收入连续增长，但是收入结构与发达地区相比仍然不合理。《云南统计年鉴》和《中国统计年鉴》显示，2019年云南农村居民人均可支配收入中工资性收入占比为30.25%，低于全国水平10.84个百分点（全国水平41.09%）；云南省财产净收入占比是 1.58%，低于全国水平 0.77 个百分点（全国水平 2.35%）；云南转移净收入占比是 15.96%，低于全国水平 4.62 个百分点（全国水平 20.58%），而云南经营净收入占比是 52.21%，高于全国水平近 16.24 个百分点（全国水平 35.97%）表明云南农村家庭经营模式仍然是收入主要来源。其中，工资性收入占比云南是 30.25%，低于上海 30.06%（上海 60.31%），低于广东 21.29%（广东 51.54%），低于浙江 31.60%（浙江 61.85%），低于海南 11.55%（海南 41.80%），详见表 10-1。云南省农村小农经营模式的制约仍然客观存在，发展适度规模仍然是云南农业农村现代化的出路。收入结构的差距反映了云南省农村小农经营模式的落后，与农业农村现代化要求的现代经营体系仍然距离。

云南农村居民人均可支配收入结构与全国有很大的不同，收入结构与全国形成"倒挂三角"结构。云南农村居民人均可支配收入的经营性收入占比过半，而全国则是农村居民人均可支配收入的工资性收入占比超过 40%。这充分说明云南农村产业以家庭经营为主，小农经营特征比全国更为突出。如果说小农经营是我国农业的"本源性制度"，那么云南农村经营则是这种制度更为突出的代表之一。这样的收入结构直接反映了云南农村产业规模化、现代化水平低的现实，同时还反映出云南农村产业融合基础薄弱的缺陷。如何解决好云南农村小农经营的本源性约束，关系着云南农业农村现代化的实现时间和水平。

表 10-1 2019 年我国东部、西部部分省（市）及全国
农村居民人均可支配收入情况及占比

		农村居民人均可支配收入（绝对量）/元	工资性收入占比/%	经营净收入占比/%	财产净收入占比/%	转移净收入占比/%
全国		16 020.67	41.09	35.97	2.35	20.58
东部省	上海	33 195.20	60.31	7.10	3.90	28.69
	浙江	29 875.82	61.85	24.42	2.85	10.87
	广东	18 818.42	51.54	23.63	2.88	21.96
	海南	15 113.15	41.80	38.81	1.87	17.52
西部省	四川	14 670.09	31.78	38.45	3.11	26.66
	贵州	10 756.30	44.38	31.86	1.12	22.63
	云南	11 902.37	30.25	52.21	1.58	15.96

数据来源：《中国统计年鉴 2020》整理计算。

3. 农村产业融合的新趋势

随着农业产业升级步伐的加快和农业现代化进程的加速，推进农村一二三产融合发展，已经成为我国转变农业发展方式、推动农业产业全面升级、促进农村经济社会可持续发展的重要途径。

根据中央文件精神，所谓农村产业融合发展，是以农民分享产业链增值收益为核心，以延长产业链、提升价值链、完善利益链为关键，以改革创新为动力，加强农业与加工流通、休闲旅游、文化体育、科技教育、健康养生和电子商务等产业的深度融合，增强"产加销消"的互联互通性，形成多业态打造、多主体参与、多机制联结、多要素发力、多模式推进的农村产业融合发展体系，努力助推乡村产业兴旺，切实增强农业农村经济发展新动能。由此可见，未来农村产业发展的重点，将围绕推动农村产业融合发展展开。这已经成为农业农村现代化的基本趋势。

一是新技术在农村产业中的渗透应用。现代科学技术向农业各领域的不断渗透，是农业现代化水平提升的核心保障。现代农业技术一般都具有创造性，农业技术连同其产生的农业生产要素或工具，渗入传统农业内部，能够促使传统农业生产方式与产出成果发生根本性变革，促进传统农业向现代化新兴农业转换，这个过程必然伴随一二三产业之间的相互融合共生发展。

二是新业态驱动农村产业融合发展。农村地区三次产业之间的融合共生，就是通过不同行业之间的生产技术相互交叉作用和产品、服务功能的相互渗透，从而催生出新型的行业业态。这种新型的行业业态，拥有融合之前的分离产业所不具备的科技基础、资源配置模式与产成品的功能属性。目前不断兴起的生态农业、休闲观光农业、体验农业、工厂化农业等新型业态，都是通过传统农业业态不断跨界拓展，与工业、服务业之间相互融合而形成的，这种融合发展促进了传统农业的细化分工。

三是新生产要素投入促进农村产业融合。从现代农业生产运行所需要投入的要素来看，传统的劳动力和劳动工具等要素已远不能满足需求，需要强化农业产品研发、咨询、管理、信息以及教育、金融等新的生产要素投入，实质上就是推动农业与生产性服务业相融合。依托较为成熟的市场机制，可以促进这些新型生产要素的充分运用、加快流转和优化配置，拓展农业生产经营的空间，提高农业的生产效益。

四是新产业模式优化农村产业发展。农村地区三次产业之间的融合共生，促进了农业运作模式的变革和新模式的产生。通过三次产业的融合发展，根本性的转变就是农民的农业生产方式从单一的"生产型"转向综合的"经营型"，通过与新技术、新业态、新要素的不断结合，拓展为新型的商业发展模式。

五是农村一二三产业融合发展是农村经济转型升级的必然要求。培育和促进云南农村产业融合发展，有利于构建现代农业产业体系、生产体系和经营体系，提升农业质量效益和市场竞争力；有利于拓宽农民就业增收渠道，促进农民收入持续较快增长；有利于培育农村新产业新业态新模式，壮大农业农村发展新动能；有利于促进城乡各种资源要素合理流动，以产业融合促进城乡融合。

（二）服务云南区域发展的需要

从云南农村产业发展的现实看，推动云南农村产业融合发展，能够更好地服务云南打好"三张牌"，促进云南乡村振兴战略的有效实施。

1. 服务云南打好"三张牌"

2018 年云南省人民政府工作报告首次提出，云南将努力打好"绿色能源""绿色食品""健康生活目的地"这"三张牌"。这三张牌均与绿色发展有关，其中"绿色食品"指的是形成一批具有云南特色、高品质、有口碑的"云南名品"。绿色食品的产业基础是农业，重点是二产中的轻工业，竞争力是三产中的品牌影响力。发展绿色食品的关键在于能否推动农村一、二、三产融合发展。其中，二产的轻工业还不包括烟草产业。2020 年《云南省国民经济和社会发展第十四个五年规划和二〇三五年远景目标纲要》更加明确提出："全力打造世界一流'三张牌'，即'绿色能源牌''绿色食品牌''健康生活目的地牌'。"可见，跳出农村产业来看，这"三张牌"立足更高，不仅要求农村三产融合发展，还要求云南整个产业体系实现三产融合，即一二三产融合发展。推动农村三产融合一方面有利于云南农村产业实现转型发展，还能够服务好云南省委、省人民政府提出的"三张牌"战略。由此可见，农村产业融合发展是农业产业化的高级形态和升级版，其业态创新更加活跃，产业边界更加模糊，利益联结程度更加紧密，经营主体更加多元，功能更加多样，内涵更加丰富多彩，云南农村产业融合发展的基础性地位更加突出。

2. 推动云南乡村振兴战略的有效实施

2021 年中央一号文件指出："民族要复兴，乡村必振兴。全面建设社会主义现代化国家，实现中华民族伟大复兴，最艰巨最繁重的任务依然在农村，最广泛最深厚的基础依然在农村。解决好发展不平衡不充分问题，重点难点在'三农'，迫切需要补齐农业农村短板弱项，推动城乡协调发展；构建新发展格局，潜力后劲在'三农'，迫切需要扩大农村需求，畅通城乡经济循环；应对国内外各种风险挑战，基础支撑在'三农'，迫切需要稳住农业基本盘，守好'三农'基础。""农业农村农民问题是关系国计民生的根本性问题。没有农业农村的现代化，就没有国家的现代化"，2018年中央一号文件提出实施乡村振兴战略，明确了"二十字方针"的总要求，就是要推动农业农村优先发展，加快实现农业农村现代化。结合云南实际，云南省委、省人民政府提出了《关于贯彻乡村振兴战略的实施意见》（以下简称《意见》）。《意见》一方面贯彻了中央实施乡村振兴战略的总体要求，另一方面还提出了符合云南实际的乡村振兴方向。在"推进高原特色农业现代化"中明确要求推动农村产业融合发展。大力开发农业多种功能，延长产业链、提升价值链、完善利益链，采取就业带动、保底分红、股份合作、利润返还等多种形式，让农民合理分享全产业链增值收益。实施农产品加工业振兴行动，大幅提升农产品加工水平。实施休闲农业和乡村旅游提质升级行动，建设一批特色旅游示范村镇和精品线路，打造乡村健康生活目的地。可见，推动农村产业融合发展，将成为有效实施乡村振兴战略的重要抓手。农村产业融合发展不仅事关农村产业发展和农民增收，而且会在更深层次上对整个国民经济发展中的要素流动、产业集聚、市场形态乃至城乡格局产生积极影响，为经济社会健康发展注入新活力和新动能。

既然农村产业融合发展对云南农村意义深远，那么应该如何推进云南农村产业融合发展呢？当前云南农村产业融合发展程度如何？对这些问题的解答，一方面能合理解释云南当前面临的农村产业发展瓶颈约束，另一方面能够更好地服务于云南地方经济发展。据此，我们的研究采用时间序列定量分析方法，对云南农村三产的融合程度进行了定量分析。

二、云南农村三产融合程度分析

既然农村产业融合发展将成为未来农村产业发展的重要方向，那么改革开放以来云南农村产业融合情况如何？如何推动当前云南农村产业融合发展？特别是进入新时期以后，面对农村产业生产要素投入边际收益递减的新形势，如何通过农村产业融合发展破解该问题，将直接决定着农村产业提质增效的水平。对这些问题的研究，一方面能够让我们把握云南农村产业融合的基本现状，另一方面能够为推动云南农村产业融合发展提供新的发展思路。

（一）指标与数据来源

农村三产融合与整体产业结构变动有着密切联系。一方面，农村一二三产发展由该地区的一二三产结构的基本状况决定；另一方面，农村三产融合与发展又对地区一二三产结构有着一定的影响。随着城镇化的不断推进，农业劳动生产率不断提高，农村剩余劳动力不断退出一产进入二产、三产，这是经济发展的基本规律。然而，由于我国城乡二元结构的存在、过分集中发展劳动密集型产业、重工业以及出口导向型战略的实施，产生了劳动密集型和重工业的"路径依赖"，进而导致产业间的不融合、不连贯的生产闭环问题。因此，农村产业融合问题不仅仅只是农村产业内部出现的问题，还是外部一二三产业间的问题，更是宏观层次出口导向型产业战略忽视国内消费的结果。在这种情况下，农村产业融合既需要考虑一二三产业间的融合，又需要考虑农村产业的融合，分析指标的选择需要同时考虑到这两个层次。

1. 指标分析

从农村产业外部来看，改革开放以来云南一二三产结构变化与全国一二三产结构变化存在明显差异。图 10-1 至图 10-3 分别为云南与全国一二三产增加值占总产值百分比变化趋势的对比。图 10-1 中的虚线表示云南，实线表示全国，图中显示，1978 年以来云南一产占比均高于全国平均水平。尽管云南自 1978 年的 42.66% 下降到 2017 年的 13.98%，但仍然高于全国 7.92% 的平均水平。

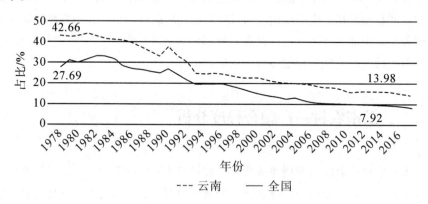

图 10-1　1978 年—2016 年云南与全国一产增加值占生产总值百分比对比

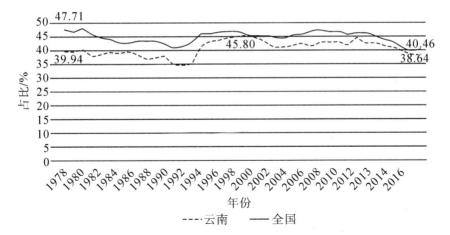

图 10-2　1978 年—2016 年云南与全国二产增加值占生产总值百分比对比

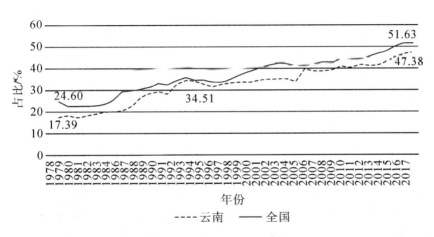

图 10-3　1978 年—2016 年云南与全国三产增加值占生产总值百分比对比

图 10-2 反映的是云南与全国二产结构变化的趋势对比，自 1978 年以来，云南二产占比与全国差距总体小幅缩小，但占比仍低于全国平均水平。其中 1995—2000 年，云南二产占比与全国曾出现一个差距缩小的局面。图 10-3 反映的是云南与全国三产结构变化的趋势对比。自 1978 年以来，云南三产占比与全国始终有一定差距。尽管 1995 年以后有一个小幅波动区间，但差距总体呈现持续缩小趋势。由此可以推知，云南总体一二三产发展层次均低于全国的总体水平，且产业结构成熟度也低于全国的平均水平。

由于农村三次产业的发展与一个地区中观层次的产业发育程度有着一定的关系，且总体产业发展程度决定了农村三次产业融合发展的基础，因此可以得出初步推断，云南农村产业融合基础、融合程度均与全国平均水平有一定差距，但真实情况是否如此，还需进一步统计分析。由于当前国家统计局尚没有农村一二三产融合的具体相关指标，研究按照这个逻辑，选择由外到内的模型分析策略进行实证研究。研究选择一二三产增加值，农、林、牧、渔业总产值，农业总产值，林业总产值，畜牧业总产值，渔业总产值，农村常住居民人均可支配收入，分行业涉农工业企业规模以上总产值等相关指标，以及物价指数指标进入模型，指标数据主要来源于《1978—2017 云南统计年鉴》和《2018 云南领导干部手册》。

2. 计量模型

由于本次分析使用的是 1978—2017 年的时间序列，且旨在分析云南农村产业融合程度，因此，研究选择 STATE SPACE 模型来进行分析。该模型通常被用于观测不可观测的时间变量如理性预期、测量误差、长期收入（趋势和循环要素）等分析。由于重点是观测云南农村产业融合发展程度，且该指标目前无相关具体可度量指标，因此研究假设其为不可观测类型的时间变量。STATE SPACE 模型的统计估计主要采用迭代算法 Kalman filter 来估计参数。

Kalman filtering 是一种利用线性系统状态方程，通过系统输入输出观测数据，对系统状态进行最优估计的方法。由于观测数据中包括系统中的噪声和干扰的影响，所以最优估计过程也可看作是滤波过程。关于这种滤波方法的论文由 Swerling（1958）、Kalman（1960）、Kalman 和 Bucy（1961）等人发表，Stanley Schmidt 首次实现了 Kalman filter 的应用。Kalman filter 的一个典型实例是从一组有限的、包含噪声的、对物体位置的观察序列（可能有偏差）预测出物体的位置的坐标及速度。在很多工程应用（如雷达、计算机视觉）领域中都可以找到它的身影，Kalman filter 也是控制理论以及控制系统工程中的一个重要内容，在经济领域主要应用于不可观测时间序列变量的分析，股票、汇率以及贸易周期等均有 Kalman filter 的身影。定义式（10-1）Y_t 表示包含 $k*1$ 维向量有 k 个变量，W_t 表示影响因素作用因素 $k*m$ 维矩阵，β_t 为变量参数 $m*1$ 维向量，也被称为状态向量，d_t 表示固定的影响因素作用 $k*1$ 维向量，u_t 为扰动向量。式（10-2）表示 β_t 参数矩阵的递归待估方程，c_t 表示该递归方程的定常部分矩阵，R_t 为随机扰动的变参矩阵。

$$Y_t = W_t\beta_t + d_t + u_t \qquad (10\text{-}1)$$

$$\beta_t = T_t\beta_{t-1} + c_t + R_t\varepsilon_t \qquad (10\text{-}2)$$

式（10-1）称为 signal equation，式（10-2）称为 state equation，用一阶 Markov 过程表示。对该方程参数 T、W 等的估计即为 Kalman filtering，其中 t 为

样本的长度。在该方程中，研究假定 β_t 为要观测的不可度量时间序列，即云南农村产业融合程度，与此不同的是，研究将通过两个阶段模型来进行估计。

第一阶段（A），分析云南农业产业与二三产业的融合程度，总体产业发育程度决定农村产业融合程度。

第二阶段（B），分析云南农村产业内部各产业间的融合程度，农村产业融合程度由内部各产业间的融合所决定。

通过两阶段建模策略，研究拟预期观测改革开放以来，云南农村产业的融合发展程度。

（二）计量结果分析

1. 实证模型

根据两个阶段建模分析策略，第一阶段模型假定因变量 yndgp 为云南实际的 GDP，自变量 ynind1、ynind2、ynind3 分别为云南实际的一产增加值、二产增加值、三产增加值，"实际值"扣除了 1978—2017 年的物价水平的影响。物价水平根据云南 1978—2017 年的 CPI 居民消费价格指数以 1977 年为基期进行计算。同时考虑到变量单位的影响，即各变量在进入模型分析之前，先采取自然对数①运算消除单位的影响，分别用 lnyndgp、lnynind1、lnynind2、lnynind3 表示因变量为 yngdp，此为第一阶段模型。第二阶段建模模型假定因变量 ynind1 为云南实际的一产增加值，自变量 ynny、ynly、ynxm、yny 分别为云南实际的农、林、牧、渔业产值，据此研究分别建立两阶段建模方程。

（1）一阶段建模

Stage1 signal equation：

$$lnynind1_t = c_1 \times lnyngdp_t + sv_{1t} \times lnynind2_t + sv_2 \times lnynind3_t + u_t \tag{10-3}$$

Stage1 state equation：

$$sv_{1t} = sv_{1t-1} \tag{10-4}$$

$$sv_{2t} = sv_{2t-1} \tag{10-5}$$

其中式（10-3）分别为一、二阶段信号方程，式（10-4）、式（10-5）分别为一二阶段状态方程。该方程的估计采用 Kalman 滤波过程进行估计，估计方程如下：

$$K_t = T_{t+1} P_{t|t-1} Z_t^{'} F_t^{-1}$$

---

① 自然对数以常数 e 为底数的对数。记作 lnN（N>0）。在物理学、生物学等自然科学中有重要意义。一般表示方法为 lnx。

$$P_{t+1|t} = T_{t+1}(P_{t|t-1} - P_{t|t-1}Z_t'F_t'Z_tP_{t|t-1})T_{t+1}' + R_{t-1}Q_{t+1}R_{t+1}'$$

$$t = 1, 2, 3, \cdots, T$$

其中初始值分别用 α_0P_0 来制定，K_t 矩阵被称为增益 matrix，误差协方差 matrix 为 $P_{t+1|t}$，即著名的"黎卡提方程"。当得到每一个时间序列的观测值时，卡尔曼滤波都提供了状态向量的最优估计。这个估计包含了产生未来状态向量和未来观测值的最优预测所需的所有信息。

（2）二阶段建模

$$\begin{cases} \text{lnynny}_t = c + a_1 \times \text{lnynind1}_t + a_2 \times \text{lnynind2}_t + a_3 \times \text{lnynind3}_t + u_t & (10\text{-}6) \\ \text{lnynny}_t = f + b_1 \times \text{lnynind1}_t + b_2 \times \text{lnynind2}_t + b_3 \times \text{lnynind3}_t + u_t & (10\text{-}7) \\ \text{lnynxm}_t = g + d_1 \times \text{lnynind1}_t + d_2 \times \text{lnynind2}_t + d_3 \times \text{lnynind3}_t + u_t & (10\text{-}8) \\ \text{lnyny}_t = h + e_1 \times \text{lnynind1}_t + e_2 \times \text{lnynind2}_t + e_3 \times \text{lnynind3}_t + u_t & (10\text{-}9) \end{cases}$$

经过多次模型测验，二阶段 STATE SPACE 模型检验不通过，因此不能使用变参估计进而采用多元时间序列分析方法。式（10-6）至式（10-9）为二阶段模型，参数 c、f、g、h 为模型截距项，联立方程组之后表示农、林、牧、渔各产业细分产业分别与一二三产之间的融合性，系数 a、b、d、e 分别表示固定待估参数的融合程度。因为二阶段建模采用的是多元回归分析方法，因此估计方法为普通最小二成估计。

由于数据年度规模和模型数量的缘故，研究采用 EVIEW 软件对该模型进行测算。表 10-2 为进入两阶段分析模型的所有变量的描述性统计分析，obs 表示观测年度数为 40 年，即 1978—2017 年。Mean 表示平均值，Std. Dev. 表示标准误差，Min 和 Max 分别表示最小和最大值。通过该描述性统计分析，可以总体上把握观测数据的分析总量，同时发现异常值和极端值，由于数据初始已经经过自然对数运算，因此有利于克服异常、极值等情况，可以进入 S-SPACE 分析。

表 10-2　模型变量描述性统计分析[①]

Variable	Obs	Mean	Std. Dev.	Min	Max
lnyngdp	40	5.994 9	1.060 2	4.232 8	7.798 8
lnynind1	40	4.597 4	0.695 3	3.381 0	5.831 1
lnynind2	40	5.095 7	1.088 2	3.315 1	6.847 9

① 根据国际惯例，为确保结果的稳健可靠，计算输出表格无论是在英文论文还是在中文论文中，均采用软件输出表格，以防通过翻译篡改结果。

表10-2(续)

Variable	Obs	Mean	Std. Dev.	Min	Max
lnynind3	40	4.828 1	1.348 9	2.483 7	7.051 9
lnynn	40	4.492 1	0.655 2	3.410 8	5.703 6
lnynl	40	2.513 4	0.906 7	0.906 3	4.029 9
lnynx	40	3.692 8	0.929 4	1.959 5	5.136 3
lnyny	40	0.578 2	1.501 8	−2.527 7	2.769 8

表10-3、表10-4为所有变量的偏相关系数矩阵，该矩阵反映的是变量之间的两个相关关系。在多要素所构成的系统中，当研究某一个要素对另一个要素的影响或相关程度时，把其他要素的影响视作常数（保持不变），即暂时不考虑其他要素的影响，单独研究两个要素之间的相互关系的密切程度，所得数值结果为偏相关系数，其理论上的计算公式如下式（10-11）。偏相关系数在0~1，越接近1表示相关关系越强，分析变量间的密切程度越高。通过观察发现，进入两个阶段模型分析的变量均是强相关关系值在0.8以上。

$$r_{12(3)} = \frac{r_{12} - r_{13}r_{23}}{\sqrt{1 - r_{13}^2}\sqrt{1 - r_{23}^2}} \tag{10-11}$$

表10-3 一、二阶段模型分析变量的偏相关矩阵

	year	lnyngdp	lnynind1	lnynind2	lnynind3	lnynpe~p	lnynfp~p
year	1.000 0						
lnyngdp	0.997 3	1.000 0					
lnynind1	0.983 5	0.992 5	1.000 0				
lnynind2	0.997 9	0.998 2	0.984 9	1.000 0			
lnynind3	0.995 2	0.997 1	0.986 4	0.995 2	1.000 0		
lnynpergdp	0.995 4	0.999 6	0.994 3	0.997 1	0.995 3	1.000 0	
lnynfpergdp	0.935 0	0.949 0	0.971 5	0.936 4	0.933 5	0.955 2	1.000 0
lnynn	0.984 4	0.991 8	0.994 4	0.986 7	0.984 8	0.993 9	0.966 1
lnynl	0.979 6	0.987 3	0.989 7	0.981 8	0.982 9	0.987 7	0.949 1
lnynx	0.993 9	0.996 2	0.992 0	0.993 9	0.994 1	0.995 1	0.948 5
lnyny	0.982 2	0.976 3	0.955 8	0.979 8	0.983 9	0.971 5	0.896 9

表 10-4　二阶段变量的偏相关矩阵

	lnynind1	lnynn	lnynl	lnynx	lnyny
lnynind1	1.000 0				
lnynn	0.994 8	1.000 0			
lnynl	0.989 7	0.978 8	1.000 0		
lnynx	0.992 0	0.985 7	0.987 1	1.000 0	
lnyny	0.955 8	0.954 4	0.951 7	0.980 5	1.000 0

2. 统计推断

（1）一阶段方程计量

一阶段模型为状态空间模型，计算程序编制如下：

@ signal lnynind1 = c（1）＊lnynfpergdp + sv1＊lnyind2 + sv2＊lnynind3 + ［var = exp（c（2））］

@ state sv1 = sv1（-1）

@ state sv2 = sv2（-1）

表 10-5 为一阶段模型计量结果，模型方法为 Maximum likelihood（极大似然估计），Coefficient 表示估计出的系数，Std. Error 表示标准误差，z-Statisti 表示 Z 统计量结果，Log likelihood 表示似然对数估计值，Root MS 表示根标准误，Prob. 表示显著性。其中似然对数估计值反映了方程拟合良好，c（1）、c（2）表示固定参数，sv1、sv2 表示变参，Final State 表示变参估计后的最后一个年度的参数值。图 10-4 反映了因变量对数化因变量 "云南一产产值" 变化趋势估计。图 10-5 表示了一产与二三产业融合程度的变化趋势，sv1 表示一产与二产融合程度的变化趋势，sv2 则表示一产与三产融合程度的变化趋势，该系数值越大，说明融合程度越高。由于该系数值为弹性，因此没有单位，也不可以折算成百分比并提供绝对比较。

表 10-5　一阶段模型计量结果

S-space：UNTITLED
Method：Maximum likelihood（Marquardt）
Sample：1978 2017
Included observations：40
Convergence achieved after 1 iteration

	Coefficient	Std. Error	z-Statistic	Prob.
C（1）	0.520 0	0.027 7	18.751 3	0.000 0

表10-5(续)

C（2）	-5. 414 0	0. 206 2	-26. 256 6	0. 000 0
	Final State	Root MSE	z-Statistic	Prob.
SV1	0. 157 6	0. 031 0	5. 087 8	0. 000 0
SV2	0. 151 6	0. 032 2	4. 708 7	0. 000 0
Log likelihood	29. 069 8	Akaike info criterion		-1. 353 5
Parameters	2. 000 0	Schwarz criterion		-1. 269 0
Diffuse priors	2. 000 0	Hannan-Quinn criter.		-1. 323 0

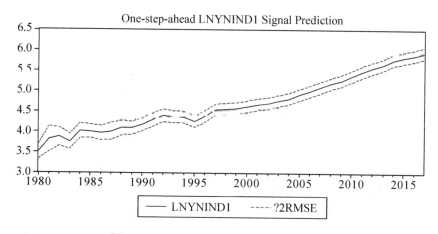

图 10-4　一阶段模型因变量变化趋势拟合

（2）二阶段方程计量

由于二阶段采用的是时间序列回归分析，因此软件分别输出式（10-6）至式（10-9）计量回归结果，表 10-6 为式（10-6）回归结果，式（10-7）、式（10-8）、式（10-9）的结果分别为表 10-7、10-8、10-9。Adjusted R-square 调整 R 方显示的拟合系数为 0.990 9，表明拟合效果很好。Prob（F-statistic）显示 0.000 0 表明整体模型计量显著。Coefficient 表示变量的待估参数值。Durbin-Watson Stat 为杜宾—瓦特森检验，该值反映了模型变量的一阶序列相关情况。表中值为 0.437 5，可以判断该模型存在一阶序列相关，通常情况下需要先采取差分运算才能继续分析，但序列相关主要影响的是模型对未来因变量的预测。由于研究重点不在于预测而在于分析历年数据趋势，并不影响当期及过去年份的参数估计，所以研究不用采取差分运算。但出于科学的严谨性，研究又对各变量进行差分回归。结果显示：一阶差分、二阶差分方程均稳健，考虑篇幅的原因，文章从略差分方程结果。图 10-6 为二阶段模型因变量变化趋势拟合效果，图中红色虚线 RMSE 表示置信区间，观察发现置信区间与实际值蓝色实线偏差小且走势与实线基本吻合，说明拟合效果良好。表 10-7、表 10-8、表 10-9 的分析以此类推，在此不再赘述分析。

表 10-6　二阶段模型计量结果

Dependent Variable：LNYNNY
Method：Least Squares
Sample：1978 2017
Included observations：40

Variable	Coefficient	Std. Error	t-Statistic	Prob.
C	0.230 4	0.207 1	1.112 8	0.273 2
LNYNIND1	0.767 6	0.089 4	8.589 5	0.000 0
LNYNIND2	0.252 1	0.096 2	2.620 8	0.012 8
LNYNIND3	−0.114 4	0.081 8	−1.398 2	0.170 6
R-squared	0.991 6	Mean dependent var		4.492 1
Adjusted R-squared	0.990 9	S. D. dependent var		0.655 2
S. E. of regression	0.062 5	Akaike info criterion		−2.613 7
Sum squared resid	0.140 5	Schwarz criterion		−2.444 8
Log likelihood	56.274 3	Hannan−Quinn criter.		−2.552 7
F-statistic	1 418.135 0	Durbin−Watson stat		0.437 5
Prob （F-statistic）	0.000 0			

表 10-7　二阶段模型计量结果

Dependent Variable：LNYNLY
Method：Least Squares
Sample：1978 2017
Included observations：40

Variable	Coefficient	Std. Error	t-Statistic	Prob.
C	−2.857 8	0.427 7	−6.681 5	0.000 0
LNYNIND1	0.953 4	0.184 6	5.164 7	0.000 0
LNYNIND2	0.113 6	0.198 7	0.571 9	0.571 0
LNYNIND3	0.084 7	0.169 0	0.501 5	0.619 1
R-squared	0.981 3	Mean dependent var		2.513 4

表10-7（续）

Adjusted R-squared	0.979 8	S. D. dependent var	0.906 7
S. E. of regression	0.129 0	Akaike info criterion	-1.163 0
Sum squared resid	0.599 3	Schwarz criterion	-0.994 1
Log likelihood	27.260 4	Hannan-Quinn criter.	-1.102 0
F-statistic	630.034 0	Durbin-Watson stat	0.718 3
Prob （F-statistic)		0.000 0	

表 10-8   二阶段模型计量结果

Dependent Variable：LNYNXM
Method：Least Squares
Sample：1978 2017
Included observations：40

Variable	Coefficient	Std. Error	t-Statistic	Prob.
C	-1.076 1	0.245 6	-4.382 0	0.000 1
LNYNIND1	0.512 1	0.106 0	4.831 3	0.000 0
LNYNIND2	0.299 3	0.114 1	2.622 9	0.012 7
LNYNIND3	0.184 3	0.097 0	1.899 6	0.065 5
R-squared	0.994 1	Mean dependent var		3.692 8
Adjusted R-squared	0.993 6	S. D. dependent var		0.929 4
S. E. of regression	0.074 1	Akaike info criterion		-2.272 6
Sum squared resid	0.197 6	Schwarz criterion		-2.103 8
Log likelihood	49.452 9	Hannan-Quinn criter.		-2.211 6
F-statistic	2 034.152 0	Durbin-Watson stat		0.719 1
Prob （F-statistic)		0.000 0		

表 10-9   二阶段模型计量结果

Dependent Variable：LNYNY
Method：Least Squares
Sample：1978 2017
Included observations：40

Variable	Coefficient	Std. Error	t-Statistic	Prob.
C	-2.475 3	0.791 8	-3.126 4	0.003 5
LNYNIND1	-1.241 5	0.341 7	-3.633 3	0.000 9

表10-9(续)

LNYNIND2	0.348 3	0.367 8	0.946 9	0.350 0
LNYNIND3	1.447 0	0.312 8	4.626 2	0.000 0
R-squared	0.976 7	Mean dependent var		0.578 1
Adjusted R-squared	0.974 7	S. D. dependent var		1.501 8
S. E. of regression	0.238 8	Akaike info criterion		0.068 6
Sum squared resid	2.053 6	Schwarz criterion		0.237 5
Log likelihood	2.628 5	Hannan-Quinn criter.		0.129 6
F-statistic	502.011 8	Durbin-Watson stat		0.688 5
Prob (F-statistic)	0.000 0			

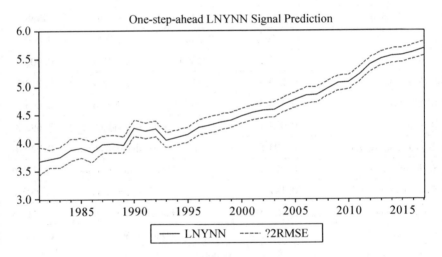

图 10-5 二阶段模型因变量变化趋势拟合

(三)初步结论

通过模型分析发现,改革开放以来云南农村产业发展迅速,但产业融合发展的趋势还没有形成。随着乡村振兴战略的实施,必须稳步推进云南农村产业融合发展。

1. 第一产业与第二、三产业的融合程度

(1)一产与二产融合缓慢

图 10-6 至图 10-9 中 sv1 反映的是云南一产与二产的融合程度。图 10-6

中 sv1 总体呈现早期迅速爬升小幅下降，中后期缓慢提升的趋势。说明改革开放初期，由于农村家庭承包责任制和乡镇企业发展政策的作用，1978—1990年云南一产与二产的融合程度迅速爬升，实现了一产与二产互不相容到相互融合的转变。显示出当时云南农村改革政策和改革行动极大地解放了生产力，促进了一产与二产的融合发展，改变了原有一产与二产互不相容的局面。1991—2000 年云南一产与二产融合程度出现波动上升的趋势，2001—2010 年一产与二产的融合程度出现平稳发展趋势，2011—2017 年一产与二产融合程度再次出现小幅上升趋势。然而，自 1991 年以来这种融合程度长期趋于缓慢发展（甚至"停滞"）态势，上升弹性幅度逐渐减小，这不利于农村产业融合，甚至会导致产业之间的"脱节"，如果长期发展下去，势必形成"路径依赖"理论中的"状态锁定（lock in）"①。这种"状态锁定"就是产业融合长期停滞，任何追加投入以改变产业"脱节"都将被拉回停滞状态，而且还会强化这种趋势。第一产业既是基础性产业，又是国民经济的支柱产业，它为第二产业和第三产业的发展提供了基础性支撑作用，是二三产业发展的物质保障。如果一产与二产脱节，其结果将不利于巩固和高质量发展二三产业，甚至形成各产业间的"产业生态闭环"状态。

（2）一产与三产低水平融合

图 10-6 中的 sv2 反映的是一产与三产的融合程度。图 10-6 中 sv2 总体呈现高位起步，迅速下降，然后平稳发展的态势。2011 年统计口径调整之后，一产中的"副业"被划归到第三产业中。一产与三产的融合发展程度直接体现了农村产业发展的活力与增收带动作用。在 1978—1990 年，一产与三产融合程度出现大幅度下降的趋势，反映出这一时期一产与三产相互脱节的状况，说明这一时期农村产业政策投放失当。虽然云南的第三产业发展较快，但是并非得益于一产与三产的融合。各产业间的"分割"状态开始形成，各自沿着各自独立的发展路径发展。1991—2000 年，一产与三产融合程度出现小幅上升，但是这种上升态势并没有得到巩固，说明这一时期的农村产业政策有利于产业融合。2001—2017 年，一产与三产融合程度整体波动小幅下降并逐渐趋于长期稳定，说明这一时期农村产业政策基本能够稳定一产和三产融合发展的基本态势，但没有产生强劲带动作用。模型结果显示，当前云南一产与三产尚处于低水平融合阶段，融合层次、融合深度都不能形成产业融合竞争力。第三

① 科斯，诺思，威廉姆森，等. 制度、契约与组织：新制度经济学角度的透视 [M]. 刘刚，冯健，杨其静，等译. 北京：经济学科出版社，2002.

产业是服务业的统称，通常指交通运输、仓储和邮政业，信息传输、计算机服务和软件业，批发和零售业，住宿和餐饮业，金融业，房地产业，租赁和商务服务业，科学研究、技术服务和地质勘查业，水利、环境和公共设施管理业，居民服务和其他服务业，教育，卫生、社会保障和社会福利业，文化、体育和娱乐业，公共管理和社会组织，国际组织等行业。一产与三产的高水平融合，有利于增强农业发展的后劲，促进工农业生产的社会化和专业化水平的提高；有利于优化生产结构，促进市场充分发育，缓解就业压力，从而促进整个经济持续、快速健康发展。如果不改变当前云南一产与三产低水平融合的现状，就可能导致云南各产业部门出现"过度专业"，产业经济泡沫、地产泡沫应运而生。

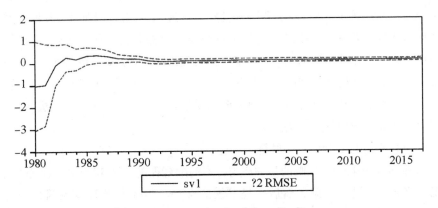

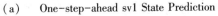

（a） One-step-ahead sv1 State Prediction

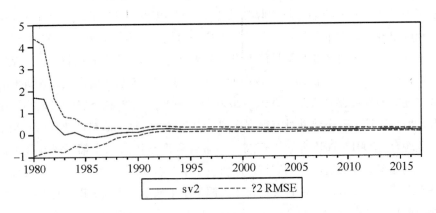

（b） One-step-ahead sv2 State Prediction

图 10-6　一阶段模型变参 sv1 和 sv2 变化趋势估计

总之，分析结果表明，当前云南一产与二、三产业融合总体处于发展缓慢、低水平融合阶段，尚未真正形成农村产业融合竞争力。农村一二三产业融合发展，就是以农业为基本依托，通过产业联动、产业集聚、技术渗透、体制创新等方式，将资本、技术以及资源要素进行跨界集约化配置，使农业生产、农产品加工和销售、餐饮、休闲以及其他服务业有机地整合在一起，使得农村一二三产业之间紧密相连、协同发展，最终实现农业产业链延伸、产业范围扩展和农民收入增加。

2. 一产内部各产业间的融合程度

计量分析结果显示，云南一产内部各产业间融合发展呈现"迟滞效应"，意味着各产业的相对独立性较强。

农业与一二三产业的融合度。需要指出的是，这里的"农业"为统计意义上的"农业总产值"，指的是非林、牧、渔、副的"农业"，而非一产增加值。表10-6为农业与一二三产的融合情况，表中变量只有一产与二产的Prob.值，为0.0000和0.0128，均小于或近似于0.01的显著融合关系。说明改革开放以来，云南农业仅与一产、二产相互有融合发展关系，与三产并无融合发展关系。对比变量的Coefficient系数，0.7676大于0.2521，表明农业与一产融合较多，而与二产即工业融合较少。这反映出云南农村产业以初级产品为主，加工程度低，涉农加工业发展迟滞，同时说明一产内部各产业相对独立特征较为突出。这可能与云南农村小农经营特征突出有很大关系，因为小农经营突出，所以初级产品生产、消费间的相互融合趋势明显。尽管农业与二产间有融合趋势，但没有形成竞争力，这恰好又印证了一阶段模型结论。随着乡村振兴战略的实施，未来云南农业应重点聚焦非烟农产品加工工业。

林业与一二三产业的融合度。表10-7为林业与一二三产业的融合发展情况。表中变量Prob.的值为0.0000，显著小于0.01，说明林业发展仅与一产相容，与二三产业尚没有形成融合发展趋势。反观前文对改革开放以来云南林业发展成就显著与现实计量结果的反差，可推断过去云南林业的发展仅是产业内部的持续发展，林业产业的封闭性较为突出。由于产业封闭性强，因此新技术、新模式、新要素都难以通过产业链传导进去，长此以往不利于产业的提质增效。未来云南林业应着力重点打通与二三产业的融合渠道，发挥好云南森林资源的竞争优势，实践好"绿水青山就是金山银山"的理论，要让云南的绿色生态资源优势转化为区域经济竞争优势。

畜牧业与一二三产业的融合度。表10-8为畜牧业与一二三产业的融合发展情况，表中变量Prob.的值为0.0000和0.0127，说明云南畜牧业仅与一产和二产有融合关系，与三产没有融合关系。表明改革开放以来，云南畜牧业产业链有所延伸，并促进了一产、二产融合发展的态势。从发展现实看，云南畜牧业与林业相比发展较快，得益于加工业的强大支持，已经涌现出了一批类似"雪兰""来思尔""泰华""云岭广大"等优秀畜牧产品加工企业，推动着畜牧业产业的融合发展。然而，当前云南畜牧业并没有与第三产业形成融合发展态势，三产中的优势、活跃生产要素并没有驱动畜牧业的快速发展。未来政策应着力于巩固好现有产业融合发展基础，同时着力强化和打通畜牧业与三产（服务业、乡村旅游等方面）的融合渠道，提升畜牧业产业链的附加值。

渔业与一二三产业的融合度。表10-9为渔业与一二三产的融合情况，表中变量Prob.的值分别为0.000 9与0.000 0，说明渔业仅与一产、三产有微弱融合关系，与二产不存在融合关系。从云南农业产值来看，尽管渔业占农业总产值的比重较小，但从融合发展趋势看，云南渔业与一三产业的融合程度较高。对比Coefficient系数发现，云南渔业与一产呈现反向发展关系，即一产增加值的增量逐渐下降，但渔业绝对产值却呈现出增长趋势，这表明云南渔业与一产的融合呈现"互斥效应"，其原因需要进行更收入的研究。未来渔业政策应一方面着力打通渔业与二产间的融合，另一方面着力提升渔业与三产的融合层次。

综上所述，未来云南农村产业融合政策应根据农村产业的不同类型来分类研究实施，只有精准制定实施产业融合政策，才能打通产业闭环，形成新产业、新技术、新业态，进而提升产业的整体效率和整体持续发展能力。

三、云南农村产业融合发展的思路

由于受制于小农生产本源性制度制约，云南农村产业融合发展缓慢，不仅一产与二三产业的融合程度较低，而且一产内部各产业与二三产业的融合长期滞后，必须加快推进云南农村产业融合发展，打通农林牧渔业与二产、三产的融合通道，构建立体融合网络。基本思路是坚持以特色农业为基础、经营主体为主导、城乡联动为依托，积极拓展现代农业功能，把新机制、新技术、新业态、新模式引入现代农业，着力构建农业与二三产业融合发展的现代产业新体系。为此，需要强化制度顶层设计，壮大新型农业社会化服务体系，以农产品加工业为突破口，培育多元化新型经营主体。

（一）强化体制机制创新，优化融合发展环境

加强顶层设计是推进农村产业融合发展的前提。云南农村产业发展的关键

在于破解农村小农生产的自发性，同时破除当前云南产业融合间的"封闭性"。通过模型分析发现云南农村产业间的"封闭性"和农村小农生产特征都很突出，推测云南农村产业的"封闭性"或融合不充分性可能与小农生产互为因果。正如科斯认为制度的类型以其对经济机会的分布产生的效果所支配①，因此只有通过体制机制创新才能真正破解难题。当前产业融合发展缓慢、产业封闭性强等问题，都只有通过制度顶层设计才能有根本性改变。改革开放以来随着农村产权制度的改革，农村产业得到了较大发展，提高了农民收入，但是随着农业收入弹性的下降，小农户生产已经与农村生产力不再适应。农村一二三产业融合发展是资金、技术、劳动力、土地等产业要素的跨界渗透和交叉融合，跨越城乡界限、工农界限和产业界限，涉及农业农村经济的各产业和各领域。

从云南农村实际出发，建立健全推动农村一二三产融合发展的组织领导机构，破除部门之间的条块分割，创新管理部门之间的沟通协调机制和信息共享机制。完善农村三产融合发展的法规和制度建设，加快构建促进农村一二三产融合发展的政策支撑体系，设立专项资金对农村一二三产融合的新业态、新产业给予相应的奖补，制定产业融合的标准化建设体系，合理规划和落实好农村产业融合发展示范工程和产业融合先导示范区等重大项目。在推进国有企业发展、支持和引导非公有制经济发展以及对行政体制、财税体制、资源性产品价格和环保收费等体制机制的改革中，重视对农村一二三产融合发展的支持，积极推进农村产权制度改革，重点推动土地三权分置和集体资产权能改革，通过制度和政策创新，建立要素和资源规范、有序、合理流动机制与利益补偿相结合的发展新机制，确保农村产业融合发展各项工作落地生根，融有所成、融有所进，增强农村产业融合发展的行动力。

（二）壮大新型农业社会化服务体系，形成融合支撑体系

新型社会化服务体系是农村产业融合发展的重要支撑。针对当前云南一产与二三产业融合滞后的现状，必须持续壮大新型农业社会化服务体系，为小农户与现代农业有机衔接找到可靠平台，只有这样才能破除融合发展障碍。

农村产业融合的要素基础是农业现代化生产要素的优化和重组。当前云南农村产业表现出"封闭性""路径依赖"等特征都不利于现代生产要素的优化

---

① 科斯，诺思，威廉姆森，等. 制度、契约与组织：新制度经济学角度的透视［M］. 刘刚，冯健，杨其静，等译. 北京：经济学科出版社，2002.

和重组。农业社会化服务是传统农业新旧动能转换的优化器，能够整合城乡资源，有力解决农业产前、产中、产后的服务需求问题，有力吸引和集聚土地、资本、科技、人才、信息等现代要素，有力解决"谁种地""谁服务""种好地"等问题。特别是新型农业社会化服务体系能够疏通生产要素优化重组的渠道，提升现代生产要素在农村产业融合中的作用，进而推动农村产业生产要素间的相互融合。从发达国家现代农业发展历程来看，发展现代农业是一个社会化大生产过程，无论是以法、德两国为代表的欧洲中等规模农场经营模式和以美国为代表的大规模农场经营模式，还是以日、韩两国为代表的东亚小农经营模式，都离不开农业社会化服务的强大支撑。欧美发达国家普遍实行农场模式，农场主不进行实际耕种，而由专业的农业服务公司为农场主进行种植管理，其收成则运用期货和保险等金融手段来保障。从国内发展经验来看，由专业化和社会化组织提供专业服务，能够直接服务于农户和农业生产，精准规划种植方案，对接下游市场需求，按照订单进行种植，并加快智慧农业发展，加速农业机械化、自动化、智能化步伐，实行规模经营，让种地变得更有效率，真正实现可持续盈利发展。云南农村产业小农经营特点仍然突出，家庭经营模式带来的困境是农业生产技术传播慢、农业产品销量不畅、农产品加工程度低、农村三产融合长期滞后的关键原因。而随着农村劳动力的逐渐老龄化，甚至可能阻碍农业劳动生产率的提升。如果继续沿着小农经营的道路走下去，不仅农业生产收益将受边际收益递减规律的制约，而且还将破坏农业生态环境，绿色农业、生态农业更无从谈起。

大力发展农业社会化服务体系，既让农民依然保持家庭经营的主体地位，又能发展壮大了社会化服务组织；同时，通过社会化服务还能实现资本、技术和管理等现代要素对传统农业的改造升级。就云南的实际来讲，应重点支持新型农业经营主体创新服务方式和业态，加强与小农户的有效对接，在农产品加工与流通、农资供应、农村服务等重点领域和环节为农民提供便利实惠、安全优质的服务。通过农业社会化服务体系为农户提供诸如土壤修复、全程作物营养解决方案、农作物品质提升、农机具销售租赁、农技培训指导、代种代收、农产品品牌、产销对接、农业金融等全方位的农业服务。

（三）培育多元化新型经营主体，夯实融合发展基础

培育多元化和市场化的经营主体，有利于巩固融合发展基础。根据研究分析，我们认为：改革开放以来云南农村产业发展迅速，但农村产业小农户家庭经营特征仍然十分突出。农村产业融合发展的基础是拥有多元化的新型经营主

体,然而由于云南小农家庭特征的制约,当前云南产业融合缺乏新型经营主体带动。培育多元的新型经营主体,一方面可以促进小农生产向规模经营转变,另一方面可以促进农村产业间的融合,进而打通农村产业融合发展的内部连接线。根据云南农村产业家庭经营的特点,从培育和发展新型经营主体角度入手,激发经营主体的活力。培育新型多元化的经营主体还有利于积极开发农业多种功能,尤其是依托各地独特的自然资源、产业特色、人文景观等,大力发展观光休闲、乡村旅游、农耕体验等,充分挖掘农业的非传统功能,最大限度地提升农业价值和创造力,变农村的绿水青山为农民的"金山银山"。

1. 积极发展家庭农场、农民专业合作社

支持家庭农场通过发展农产品精深加工、乡村旅游、电子商务等,带动小农户参与农村产业融合发展,尤其要鼓励家庭农场开展农产品线上线下直销;鼓励农民专业合作社走管理规范化、生产标准化及经营产业化的道路,引导农民抱团参与农村产业融合发展,特别要引导大中专毕业生、新型职业农民、务工经商返乡人员领办创办农民专业合作社,兴办家庭农场,开展电子商务、乡村旅游等经营活动。

2. 发展壮大农业龙头企业

加快培育农业"小巨人",鼓励加工型、流通型农业"小巨人"采取直接投资、参股经营、签订长期合同等方式,建设标准化和规模化的原料生产基地;采取技术培训、融资担保、品牌培育、产品营销、电子商务等方式,为农民提供社会化服务。支持农垦企业开展垦地合作共建,示范带动农村产业融合发展。支持农业龙头企业建立稳定的原料基地、农产品加工基地、物流配送基地;引导农业龙头企业在品牌嫁接、资本运作及产业延伸等方面进行联合重组,打造产业关联度大、辐射效应强的龙头企业集群。

3. 培育新型职业农民

通过培育新型农民提升农民的文化水平、专业技能和融合发展能力,打造一支有文化、懂技术、会融合的新型农民队伍,为解决"谁来融"的现实问题及"如何融"的深层次问题奠定微观基础。

多元化的新型经营主体有利于稳固企业、农民专业合作社和农民之间的利益关系。通过农民和企业间签订生产、服务、销售合同,建立监督约束机制,形成稳固的农业生产资料供应、农产品收购、农机农技服务关系,强化违约责任,降低违约率,建立风险共担、利益共享的利益共同体。同时,应激活农村产业生产要素活力,使土地承包权和经营权、劳动、资本、技术等要素有机结合。

（四）主抓非烟农产品加工业，强化融合重点

一是主抓非烟农产品加工业，消除农村产业内部的封闭性。根据模型分析，我们认为云南农村产业封闭性特征突出，大力发展农产品加工业可以消除产业间的封闭性，畅通产业融合渠道。农产品加工业的发展可以增强轻工业发展实力，促进科技创新在加工业中的应用，形成产业集聚效应，拓展产业上下游、横纵产业链，增加产品附加值。因此，应该把农产品加工业作为推动农村一二三产业融合发展的重点。从云南农村产业的实际看，虽然改革开放以来有了很大发展，但是烟草及其加工业仍然占据着农产品轻加工的主体。尽管云南烟草轻工业为云南地方经济发展做出了重要贡献，但由于长期依赖烟草工业，使农产品加工业长期发展滞后，甚至过度依赖烟草轻加工业，进而压缩了非烟农产品加工业的成长空间，这将严重阻碍农村产业融合发展。因此，必须以市场需求为导向，促进种养加销一体、农工贸游统筹，提高农业综合效益，让农民共享二三产业带来的增值收益。

二是大力发展农产品产地初加工、精深加工和农村特色加工业。首先，重点围绕加快发展农产品加工业，以高原特色农产品加工为主要方向，以满足消费者需求为中心，促进农产品加工业转型升级，强化农产品加工技术创新，统筹规划农产品初加工、精深加工、综合利用加工，提升农产品加工率与附加值，促进农村一产"接二连三"。其次，发展农业生产性服务业，鼓励开展代耕代种代收、大田托管、统防统治、烘干储藏、冷链物流等市场化和专业化服务。在优势特色产业集中发展地区和生产基地，规划建设和改造提升一批全省性、区域性和农村田间地头等产地市场，推广农超、农企等形式的产销对接，鼓励在城市社区设立鲜活农产品直销网点。最后，加快农村电商发展。引导新型农业经营主体、农产品加工流通企业和电商企业有效衔接，充分发挥电子商务在农业生产资料购买、农产品流通、农业多功能拓展中的作用，持续激发农村电商的创新动力、创造潜力、创业能力和创新效率。

四、小结与趋势

本部分重点阐释了云南农村产业为什么需要融合发展和融合发展面临的问题。尽管在回顾前人研究方面略显不足，但是采用了计量模型分析了云南农村产业融合面临的问题与困难。然而总体来看"产业兴旺"为乡村振兴提供了

重要物质保障，是实现农民增收、农业发展和农村繁荣的基础，乡村振兴，关键是产业要振兴。其根本目的是推动农业农村发展提质增效，更好地实现农业增产、农村增值、农民增收，实现城乡融合均衡发展。然而，由于我国地域辽阔，陆海兼备，地貌复杂，气候多样，动植物区系繁多，尽管农业资源总量位居世界前列，但是人均资源占有量少，分布不均，农村产业规模效益难以发挥，区域发展不平衡、不充分仍然突出。虽然改革开放以来我国乡村产业蓬勃发展，但是农业生产效率不高，劳动生产率，资源利用率较低，乡村二三产业发展不足，产业融合程度低层次浅，资源环境压力大等问题仍然很突出，严重制约着乡村产业的可持续发展，已成为开发利用农业资源中的限制因素。这就决定了科学合理开发利用农业资源，因地制宜，是促进我国农业持续发展的关键。分类推进的发展思路，一方面可以高效集约利用农业资源，另一方面可以兼顾人文地域文化差异，特别是能够有效发挥农村产业发展差异化优势、提高产业发展效益，筑牢乡村振兴之基。

参考文献

裴长洪，1998. 利用外资与产业竞争力 [M]. 北京：社会科学文献出版社.

蒋和平，张忠明，2000. 发展劳动技术密集型：设施农业的政策建议 [J]. 中国经贸导刊 (14)：30-31.

植草益，2001. 信息通讯业的产业融合 [J]. 中国工业经济 (2)：24-27.

马健，2002. 产业融合理论研究评述 [J]. 经济学动态 (5)：78-81.

陈成基，2004. 德国现代农业发展的启示 [J]. 福建农业 (8)：40.

云南省老协促进会，2004. 云南全面建设小康社会的报告 [J]. 中国老区建设 (2)：27-28.

杨绍先，2005. 日本农业现代化之路径 [J]. 贵州大学学报（社会科学版），23 (6)：85-91.

何立胜，李世新，2005. 产业融合与农业发展 [J]. 晋阳学刊 (1)：37-40.

李辉，张旭明，2006. 产业集群的协同效应研究 [J]. 吉林大学社会科学学报 (3)：43-50.

王传民，2006. 县域经济产业协同发展模式研究 [M]. 北京：中国经济出版社.

孙浩然，2006. 国外建设现代农业的主要模式及其启示 [J]. 社会科学家 (2)：61-64.

王彦敏，2006. 以色列现代农业对我国农业发展的启示 [J]. 山东经济，22 (4)：98-99，104.

李双元，2006. 青藏高原特色农业国际竞争力的实证分析 [J]. 商业研究 (16)：5-12.

彭新宇，金发忠，2006. 论特色农业的理论内涵及发展模式 [J]. 湖湘论坛 (5)：65-66.

杜朝晖，2006. 法国农业现代化的经验与启示 [J]. 宏观经济管理 (5)：71-74.

胡大立，2006. 产业关联、产业协同与集群竞争优势的关联机理 [J]. 管理学报，3 (6)：709-713，727.

舒尔茨，2006. 改造传统农业 [M]. 北京：商务印书馆.

彭荣胜，2006. 区域间产业协调发展基本问题探讨 [J]. 商业时代，36 (36)：74-74.

徐力行，高伟凯，2007. 产业创新与产业协同：基于部门间产品嵌入式创新物流的系统分析 [J]. 中国软科学 (6)：131-134.

杜黎明，2007. 主体功能区划与建设：区域协调发展的新视野 [M]. 重庆：重庆大学出版社.

孔祥智，李圣军，2007. 试论我国现代农业的发展模式 [J]. 教学与研究 (10)：11-15.

彭继增，2007. 社会主义新农村全面建成小康社会的市场机制保障：一个基于农户内生交易费用的解释 [J]. 金融与经济 (12)：74-76.

蒋和平，2007. 中国现代农业建设的特征与模式 [J]. 中国发展观察 (2)：13-14.

董春，达捷，2008. 四川三次产业协同发展研究 [J]. 经济体制改革 (6)：153-155.

杨景祥，田艳，梁义科，等，2008. 产业协同"三力"强省 [J]. 经济论坛 (13)：9-11.

李俊岭，2009. 我国多功能农业发展研究：基于产业融合的研究 [J]. 农业经济问题 (3)：4-7.

聂华林，杨敬宇，2009. 特色现代农业是我国西部农业现代化的基本取向 [J]. 农业现代化研究 (5)：513-518.

安世银，2007. 依靠三次产业协同带动经济发展 [J]. 中国党政干部论坛 (12)：43-45.

吴秀珍，2009. 农业产业化龙头企业国际化经营的战略思考 [J]. 广西农学报 24 (2)：96-98.

赵双琳，朱道才，2009. 产业协同研究进展与启示 [J]. 郑州航空工业管理学院学报，27 (6)：15-20.

杜黎明，2010. 我国主体功能区现代农业发展研究 [J]. 经济纵横 (4)：71-75.

田敏，杨慧桢，2010. 转变经济发展方式：基于三次产业协同带动分析 [J]. 求索 (10)：36-38.

王国敏，罗静，2010. 我国西部特色农业现代化道路的实现模式：以城乡二元结构的基本特征为视角 [J]. 农村经济 (4)：6-9.

徐华，2010. 三次产业协同发展机制及其产业政策 [J]. 中国经济问题 (6)：34-41.

文艳林，2010. 川西北高原特色农业的发展思路 [J]. 农村经济 (5)：74-76.

卢山，江心舟，江可申，2010. 江苏沿海地区产业同构测度与产业协同发展 [J]. 湖北经济学院学报，8 (2)：74-80.

张淑芬，郑宝华，2010. 投资对环节农村贫困成效影响的实证分析：以云南省73 个国家级扶贫开发工作重点县为例 [J]. 云南社会科学 (4)：48-51.

张瑞才，2010. 中国特色农业现代化道路在云南的实践 [M]. 北京：社科文献出版社.

马期茂，严立冬，2011. 基于灰色关联分析的我国农业结构优化研究 [J]. 统计与决策 (21)：92-94.

张淑莲，刘冬，高素英，等，2011. 京津冀医药制造业产业协同的实证研究 [J]. 河北经贸大学学报，32 (5)：87-92.

郑重阳，2011. 工业化发展阶段视角下三次产业协同发展实证研究 [J]. 商业时代 (36)：2.

罗斌，2011. 西部地区三次产业协同带动的制度建设 [M]. 成都：西南财经大学出版社.

鄢福惠，2011. 都江堰市一三产业协同发展研究 [M]. 成都：四川农业大学出版社.

叶峰，2011. 四川省三次产业协同发展研究 [M]. 成都：四川农业大学出版社.

张红宇，2011. 把握大国农业特征改善宏观调控体系 [N]. 粮油市场报11-26 (A01).

张晓山，2011. 关于发展现代农业的几点认识 [J]. 中国经贸导刊 (1)：3.

马期茂，严立冬，2011. 基于灰色关联分析的我国农业结构优化研究 [J]. 统计与决策 (21)：92-94.

钱龙，谢荣见，2011. 中国工业与第三产业协同发展的实证检验 [J]. 统计与决策 (13)：124-126.

蒋和平，2011. 我国现代农业的发展目标、主要挑战及对策建议 [J]. 中国发展观察 (12)：43-47.

黄昭昭，2011. 三次产业协同带动研究：以西部地区为例 [D]. 成都：西南财经大学.

姜长云，2011. 发展农业生产性服务业的模式、启示与政策建议：对山东省平度市发展高端特色品牌农业的调查与思考 [J]. 宏观经济研究 （3）：14-20.

侯杰，2011. 我国农产品出口竞争力的国际比较与对策 [J]. 调研世界 （1） 30-32.

李学林，2012. 发展高原特色农业 转变农业发展方式 [N]. 云南日报 2-3.

李晓冰，2012. 高原特色农业和绿色经济发展探索 [J]. 中国集体经济 （19）：28-29.

刘东生，马海龙，2012. 京津冀区域产业协同发展路径研究 [J]. 未来与发展，35 （7）：48-51.

毛飞，孔祥智，2012. 中国农业现代化总体态势和未来取向 [J]. 改革 （10）：9-21.

孙鹏，罗新星，2012. 现代物流服务业与制造业发展的协同关系研究 [J]. 财经论丛 （浙江财经大学学报） （5）：97-102.

朱叶红，朱道才，2012. 基于灰色关联方法的安徽产业协同分析 [J]. 枣庄学院学报 （5）：57-63.

王力年，2012. 区域经济系统协同发展理论研究 [M]. 长春：东北师范大学出版社.

郑宝华，等，2013. 中国农村扶贫的理论与实践思考：基于云南农村扶贫开发的长期研究 [M]. 北京：中国书籍出版社.

北京市中国特色社会主义理论体系研究，2013. 中华民族伟大复兴需要中华文化发展繁荣：学习习近平同志在山东考察时的重要讲话精神 [J]. 求是 （24）：48-49.

朱厚岩，梁青青，2013. 国内外现代农业发展的主要模式、经验及借鉴 [J]. 农业经济 （3）：40-42.

张红宇，2013. 关于我国现代农业发展的定位问题 [J]. 农村经济 （9）：3-6.

叶兴庆，2013. 供销合作社在推进农业现代化上大有作为 [N]. 中华合作时报 9-27.

张海翔，2013. 试论云南农耕文化与发展高原特色农业 [J]. 云南农业大学学报 （社会科学版） （S1）：1-4.

柯丽菲，2013. 广西北部湾经济区产业协同发展灰色关联分析 [J]. 广西社会科学 （2）：26-30.

黄庆华，姜松，吴卫红，等，2013. 发达国家农业现代化模式选择对重庆的启示：来自美日法三国的经验比较 [J]. 农业经济问题 (4)：102-109.

陈锡文，2013. 构建新型农业经营体系加快发展现代农业步伐 [J]. 经济研究，48 (2)：4-6.

韩长赋，2013. 大力推进农业产业化促进城乡发展一体化 [N]. 经济日报 1-11 (2).

普雁翔，赵鸭桥，宋丽华，等，2013. 云南高原特色农业发展的两种路向及其融汇 [J]. 云南农业大学学报（社会科学）(3)：6-10.

孔祥智，毛飞，2013. 农业现代化的内涵、主体及推进策略分析 [J]. 农业经济与管理 (2)：7.

杨少垒，蒋永穆，2013. 中国特色农业现代化道路的科学内涵 [J]. 上海行政学院学报，14 (1)：69-79.

周慧秋，李东，2013. 我国农村全面建成小康社会的主要制约因素及对策 [J]. 东北农业大学学报（社会科学版）(4)：22-27.

倪保敬，2014. 河北省加快农村全面建成小康社会步伐的思考 [J]. 合作经济与科技 (23)：8-9.

杨萍，2014. 我国战略性新兴产业与传统产业协同发展路径研究 [J]. 改革与战略 (12)：125-127.

彭建，刘志聪，刘焱序，2014. 农业多功能性评价研究进展 [J]. 中国农业资源与区划，35 (6)：1-8.

温铁军，2014. 老三农 VS 新三农 [J]. 时代文学（上半月）(7)：48-49.

孔祥智，高强，刘同山，2014. 中国农业现代化：资源约束与发展方向 [J]. 湖州师范学院学报 (5)：1-8.

孔祥智，周振，2014. "三个导向" 与新型农业现代化道路 [J]. 江汉论坛 (7)：42-49.

陈楠，崔巍，王艳华，2014. 国内外都市农业发展模式的比较分析 [J]. 西部林业科学 (5)：36-40.

党国英，2014. 职业农民制度是农业现代化必由之路 [N]. 东莞日报 11-24 (B2).

蒋和平，2014. 农业适度规模经营是实现农业现代化的重要途径 [J]. 中国畜牧业 (23)：31-32.

席强敏，2014. 外部性对生产性服务业与制造业协同集聚的影响：以天津市为例 [J]. 城市问题 (10)：53-59.

辛岭, 2014. 中国农业现代化发展水平研究 [M]. 北京: 中国农业科学技术出版社.

速水佑次郎, 弗农拉坦, 2014. 农业发展: 国际前景 [M]. 北京: 商务印书馆.

中共中央文献研究室, 2014. 十八大以来重要文献选编 (上) [M]. 北京: 中央文献出版社.

郭大龙, 2015. 基于系统协同度的河北省三次产业协同发展研究 [M]. 秦皇岛市: 燕山大学出版社.

秦聪聪, 2015. 海洋产业与陆域产业协同发展评价研究 [M]. 天津: 天津理工大学出版社.

郑宝华, 2015. 云南绿色农业发展研究报告 [M]. 昆明: 云南大学出版社.

姜长云, 2015. 推进农村一二三产业融合发展新题应有新解法 [J]. 中国发展观察 (2): 18-22.

赵海, 2015. 论农村一二三产业融合发展 [J]. 农村经营管理 (7): 26-29.

刘明国, 2015. 推进农村一二三产融合发展 [J]. 学习时报 08.

韩长赋, 2015. 深入学习贯彻十八届五中全会精神加快转变农业发展方式 [N]. 农民日报 11-13 (1).

韩长赋, 2015. 大力发展生态循环农业 [J]. 农村牧区机械化 (6): 9-11.

李国祥, 2015. 以产业融合提升农业为新型六次产业 [N]. 上海证券报 1-27 (A3).

李国祥, 2015. 改革创新驱动现代农业发展 [N]. 东方城乡报 2-19 (B3).

李宏伟, 2015. 落实主体功能区战略关键在考核 [J]. 中国党政干部论坛 (8): 77-78.

李少林, 2015. 战略性新兴产业与传统产业的协同发展: 基于省际空间计量模型的经验分析 [J]. 财经问题研究 (2): 25-32.

李学林, 2015. 确把握高原特色现代农业新起点 [N]. 云南日报 12-18.

叶兴庆, 2015. 中国农业现代化正处在关键的节点 [J]. 中国乡村发现 (4): 40-42.

叶兴庆, 2015. 促进农业走上绿色发展之路 [N]. 中国经济时报 6-1 (8).

王晓亚, 翁国阳, 2015. 知识密集型产业协同度及影响因素研究 [J]. 中国科技论坛 (11): 47-53.

毛广雄, 陈海廷, 胡相峰, 2015. 淮河生态经济带产业协同发展研究 [J]. 江苏师范大学学报 (自然科学版) (33): 1-7.

苑清敏，申婷婷，秦聪聪，2015. 我国沿海省市海陆产业协同发展时空差异分析 [J]. 统计与决策 (23)：127-130.

苑清敏，申婷婷，冯冬，2015. 我国沿海地区海陆战略性新兴产业协同发展研究 [J]. 科技管理研究 (9)：99-104.

"推进农村一二三产业融合发展问题研究"课题组，姜长云，2015. 推进农村三次产业融合发展要有新思路 [J]. 宏观经济管理 (7)：48-49，58.

马晓河，2015. 推进农村一二三产业融合发展的几点思考 [J]. 经济日报 (8)：10-11.

姜长，2015. 推进农村三次产业融合发展要有新思路 [J]. 宏观经济管理 (7)：48-49，58.

张红宇，张海阳，李伟毅，等，2015. 中国特色农业现代化：目标定位与改革创新 [J]. 中国农村经济 (1)：10.

向明生，赵梅，2015. 云南高原特色农业品牌定位思考 [J]. 中国集体经济 (12)：27-28.

云南高原特色农业理论与实践研究创新团队，2015. 云南发展高原特色农业与构建新型农业经营体系研究 [M]. 昆明：云南出版集团、云南人民出版社.

云南省人民政府办公厅，云南省统计局，国家统计局云南调查大队，2016. 2016云南领导干部手册 [M]. 昆明：云南出版集团、云南人民出版社.

苏毅清，游玉婷 王志刚，2016. 农村一二三产业融合发展理论探讨、现状分析与对策建议 [J]. 中国软科学 (8)：17-28.

韩长赋，2016. 构建三大体系推进农业现代化 [N]. 人民日报5-18 (15).

孔祥智，2016. 以结构调整推进农业现代化 [N]. 新农村商报2-17 (A15).

李晓红，2016. "十三五"是形成中国特色农业现代化道路的窗口期 [N]. 中国经济时报1-11 (4).

孙光红，王佳萍，2016. 高原特色现代农业发展研究：以云南祥云农信社为例 [J]. 中国市场 (4)：219-220.

董晓波，陈良正，阳茂庆，2016. 云南高原特色农业比较优势研究 [J]. 中国农学通报，32 (12)：175-182.

韩长赋，2016. 加快转变农业发展方式提高农业质量效益和竞争力 [J]. 政策导航 (1)：4-6.

谭鑫，2016. 云南"十三五"县域经济发展纵深研究：基于互联网+云南高原特色农业视角 [J]. 新丝路 (下旬) (6)：18-19.

谭鑫，2016. 云南高原特色现代农业发展模式研究 [J]. 新丝路 (6)：42.

叶兴庆，2016. 以供给侧改革为切入点推进农业现代化 [J]. 中国乡村发现 (2)：35-40.

云程浩，2016. 基于协同学理论的云南省资源型产业与物流业协同联动研究 [D]. 昆明：云南财经大学学报.

殷雷，2016. 高原特色农产品出口逆势增长 [N]. 昆明日报4-13 (5).

温铁军，2016. 中国农业如何从困境中突围 [J]. 决策探索 (6)：12-13.

武友德，2016. 云南高原特色农业发展战略的整体性与区域性 [J]. 学术探索 (1)：59-63.

杨凤，2016. 中国东盟自贸区建设背景下云南—东盟农产品贸易效应分析 [J]. 农业经济 (4)：128-130.

向明生，宋丽华，普雁翔，2016. 云南高原特色农业产业集群发展模式选择 [J]. 经济研究导刊 (6)：21-23.

姜长云，2016. 推进农村一二三产业融合发展的路径和着力点 [J]. 中州学刊 (5)：43-49.

董兆伟，李景浩，吴旭，2016. 云南民族地区全面小康社会建设的思考 [J]. 中国经贸导刊 (10)：56-58.

王宝林，柴亚岚，2016. 农村全面建成小康社会视阈下河北省农民增收问题研究 [J]. 河北青年管理干部学院学报 (6)：85-88.

张首魁，2016. 一二三产业融合发展推动农业供给侧结构性改革路径探讨 [J]. 理论导刊 (5)：68-71.

赵霞，韩一军 姜楠，2017. 农村三产融合：内涵界定、现实意义及驱动因素分析 [J]. 农业经济问题 (4)：49-57, 111.

陈俊红，陈慈，陈玛琳，2017. 关于农村一二三产融合发展的几点思考 [J]. 农业经济 (1)：3-5.

马泽波，2017. 红河州农村全面建成小康社会的重点难点及对策实证研究 [J]. 红河学院学报 (3)：59-62.

蔿新权，2017. 促进我国农村产业融合发展的政策取向 [J]. 经济纵横 (5)：80-85.

欧阳胜，2017. 贫困地区农村一二三产业融合发展模式研究：基于武夷山片区的案例分析 [J]. 贵州社会科学 (10)：158-163.

姜长云，2017. 推进农村产业融合的主要组织形式及其带动农民增收的效果 [J]. 经济研究参考 (16)：3-11.

云南长安网，2017. 保山腊勐派出所"三个三"模式破解农村矛盾纠纷调处难题 [EB/OL]. http://www.zfw.yn.gov.cn/xxbs/bs/201704/t20170428,04-28.

王福祥，2018. "四议两公开"：多数人参与的乡村治理更有效 [EB/OL]. http://dali.yunnan.cn/html/2018-02/11/,02-11.

中共中央党史和文献研究院，2018. 习近平扶贫论述摘编 [M]. 北京：中央文献出版社.

孙壮志，2018. 全面建成小康社会，共享民生发展 [M]. 北京：社会科学文献出版社.

陈春，2018. 打好"三张牌"加速云南全面建成小康社会 [J]. 创造（4）：12-13.

吴晓蓉，2019. 新农村建设背景下乡村文化体系构建与管理研究 [M]. 北京：中国商务出版社.

中国政府网，2019. 文化和旅游部关于公示2018—2020年度"中国民间文化艺术之乡"名单的公告 [EB/OL]. http://www.gov.cn/xinwen/2019-01/16/content_5358280.htm,01-16.

人民网，2019. 云南民族文化保护与传承及"双百"工程纪实 [EB/OL]. http://yn.people.com.cn/n2/2019/0703/c372454-33104235.html,07-03.

搜狐网，2019. 云南省图书馆：发展中的云南省图书馆之"数字文化建设篇"服务 [EB/OL]. https://www.sohu.com/a/352497685_779499,11-08.

中国政府网，2019. 文化和旅游部关于公示2018—2020年度"中国民间文化艺术之乡"名单的公告 [EB/OL]. http://www.gov.cn/xinwen/2019-01/16/content_5358280.htm,01-16.

人民网，2019. 2019年云南文旅扶贫成绩单：乡村旅游接待游客3.6亿人次 [EB/OL]. http://yn.people.com.cn/n2/2019/1225/c372453-33661115.html,12-25.

杨抒燕，胡晓蓉，2019. 云南：全力冲刺 决战贫困 坚决打赢打好精准脱贫攻坚战 [N/OL]. http://www.yn.xinhuanet.com/newscenter/2019-12/30/c_138665924.htm,12-30.

焦以璇，张惟祎，2019. 云南：打响学前教育普及普惠攻坚战 [N/OL]. http://paper.jyb.cn/zgjyb/html/2019-12/29/content_574780.htm? div=-1,12-29.

廖晓明，徐海晴，2019. 新时代农村公共文化服务供需问题探析辑 [J]. 长白学刊（1）：149-155.

王文明, 2020. 建立健全全面建成小康社会后解决相对贫困问题的长效机制 [J]. 黄河科技学院学报（4）：67-73.

叶健, 2020. 建好"三个生态"打赢"三大攻坚战"全面推进全省农村水利高质量发展 [J]. 江苏水利（S1）：11-15.

张睿莲, 2020. 提升云南人民文化权益获得感幸福感 [J]. 社会主义论坛（3）：48-49.

董帅兵, 郝亚光, 2020. 后扶贫时代的相对贫困及其治理 [J]. 西北农林科技大学学报（社会科学版），20（6）：1-11.

于法稳, 方兰, 2020. 黄河流域生态保护和高质量发展的若干问题 [J]. 中国软科学（6）：85-95.

郑宝华, 宋媛, 2020. 未来农村扶贫需以提升可行发展能力为方向 [J]. 云南社会科学（3）：65-74.

王文明, 2020. 建立健全全面建成小康社会后解决相对贫困问题的长效机制 [J]. 黄河科技学院学报（4）：67-73.

中国社会科学院农村发展研究所课题组, 魏后凯, 于法稳, 2020. 农村全面建成小康社会及后小康时期乡村振兴研究 [J]. 经济研究参考（9）：5-45.

田旭明, 2020. 全面建成小康社会的意义确证、实践经验及时代展望 [J]. 科学社会主义（3）：89-96.

孟芳其, 2020. 论全面建成小康社会的发展历程 [J]. 法制与社会，2020（20）：102-103.

秦宣, 林啸, 2020. 全面建成小康社会：历程、经验、意义 [J]. 当代世界与社会主义（4）：9.

习近平, 2020. 关于全面建成小康社会补短板问题 [J]. 党建文汇：上半月（7）：4-5.

韩正, 2020. 紧紧围绕"六稳""六保"努力达成全面建成小康社会目标 [J]. 当代县域经济（8）：5.

张芬, 2020. 乡村振兴战略下农村文化建设路径 [M]. 长春：吉林大学出版社.

郑宝华, 2020. 曲靖市全面建成小康社会发展报告 [M]. 昆明：云南人民出版社.

国家统计局云南调查总队, 2020. 云南调查年鉴（2013-2020年）[M]. 北京：中国统计出版社.

国家统计局住户调查办公室, 2020. 中国农村贫困监测报告（2013-2019年）

［M］．北京：中国统计出版社出版．

杨抒燕，2020．决不让一个兄弟民族掉队 决不让一个贫困地区落伍［N］．云南日报 01-18．

潘瑞芳，何曼菲，赵定芝，2020．云南曲靖沾益区：人居环境"换新妆"美丽乡村入画来［EB/OL］．http://images1. wenming. cn/web_wenming/dfcz/yn/202004/t20200416_5530755. shtml,04-16．

桑俊燕，梅江文，2020．龙海乡挖掘红色文化助力乡村振兴［N］．曲靖日报8-11．

习近平，2020．在打好精准脱贫攻坚战座谈会上的讲话［J］．新华月报（17）：7-13．

张超，2020．云南移动积极推进平安乡村技防系统建设［N/OL］．http://paper. cnii. com. cn/article/rmydb_15648_291938. html,05-08．

黄俊飞，2020．"要我脱贫"变"我要脱贫"云南澜沧积分制激发群众内生动力［EB/OL］．http://union.china.com.cn/txt/2020-07/15/,07-15．

云南日报，2020．围绕决战脱贫攻坚进一步深化农村"领头雁"培养工程［N/OL］．http://www.yn.gov.cn/ztgg/jjdytpgjz/xwjj/202004/t20200426,04-26．

安宁市委宣传部，2020．云南安宁：健全治理体系 提升乡村治理能力［EB/OL］．http://yn.xinhuanet.com/hot/2020-11/03/,11-03．

云南网，2020．云南持续深化农村"领头雁"培养 70968 名农村优秀人才"纳入人才信息库"［EB/OL］．https://view.inews.qq.com/a/20200828,08-28．

飞月雯，2020．云南省文旅厅加强公共数字文化服务让文化与群众"零距离"［EB/OL］．http://union. china. com. cn/txt/2020 - 10/13/content_41323529. html,10-13．

中共云南省委宣传部，2020．云南省决战决胜脱贫攻坚系列新闻发布会（第一、二、三、四、五、六场）［EB/OL］．http://ynxwfb. yn. gov. cn/ynxwfbt/html/2020/fbh_zhibo_0327/669. html,08-11．

张健，覃娟，2020．"全面建成小康社会，一个民族都不能少"［J］．当代广西（14）：2．

蔡熙乾，陆毅，周颖刚，2020．全面建成小康社会视角下安溪脱贫实践与理论思考［J］．中国经济问题（4）：23-31．

H. Haken, 1987. Advanced Synergetics ［M］. Berlin：Springer.

附录

附表1、附表2、附表3为本书上篇专题四计算使用数据，于2019年5月通过"云南数字乡村网"收集、整理以及数据标准化后运算得到。2020年1月"云南数字乡村网"关闭。

附表1　云南省乡村分类综合指数的标准化值（一）

序号	县（区、市）级单元名称	分类综合指数	坝区指数	半山区指数	山区指数	年平均气温指数	年降水量指数	平均乡村海拔指数
1	大关县	0.041 2	0.013 2	0.092 1	0.894 7	0.486 0	0.361 9	0.314 3
2	沾益区	0.143 2	0.193 5	0.153 2	0.653 2	0.497 2	0.184 1	0.692 5
3	寻甸县	0.047 6	0.219 7	0.352 6	0.427 7	0.502 8	0.273 0	0.735 1
4	大姚县	0.070 9	0.210 9	0.179 7	0.609 4	0.553 1	0.099 3	0.633 6
5	陆良县	0.173 9	0.547 4	0.248 2	0.204 4	0.508 4	0.181 0	0.646 1
6	马龙县	0.101 3	0.040 0	0.552 5	0.407 5	0.424 6	0.212 7	0.696 3
7	宜良县	0.170 5	0.338 3	0.225 6	0.436 1	0.614 5	0.035 4	0.530 8
8	澄江市	0.194 3	0.450 0	0.150 0	0.400 0	0.564 2	0.222 3	0.595 4
9	官渡区	0.358 1	0.752 6	0.092 8	0.154 6	0.519 6	0.332 6	0.647 1
10	呈贡区	0.295 1	0.368 4	0.403 5	0.228 1	0.514 0	0.182 8	0.675 8
11	嵩明县	0.188 3	0.394 4	0.450 7	0.154 9	0.469 3	0.306 7	0.666 2
12	富民县	0.168 6	0.424 7	0.191 8	0.383 6	0.558 7	0.288 1	0.617 3
13	盘龙区	0.287 7	0.405 4	0.148 6	0.445 9	0.519 6	0.332 6	0.726 5
14	五华区	0.369 9	0.550 0	0.350 0	0.100 0	0.519 6	0.332 6	0.661 5
15	西山区	0.292 0	0.425 5	0.170 2	0.404 3	0.519 6	0.332 6	0.693 6
16	安宁市	0.262 3	0.352 9	0.458 8	0.188 2	0.525 1	0.192 2	0.635 6
17	禄丰县	0.113 4	0.265 8	0.367 1	0.367 1	0.553 1	0.274 8	0.573 9
18	易门县	0.145 4	0.233 3	0.100 0	0.666 7	0.575 4	0.224 7	0.544 0

序号	县(区、市)级单元名称	分类综合指数	坝区指数	半山区指数	山区指数	年平均气温指数	年降水量指数	平均乡村海拔指数
19	双柏县	0.018 6	0.012 5	0.200 5	0.787 0	0.508 4	0.300 4	0.514 6
20	楚雄市	0.049 7	0.314 7	0.090 9	0.594 4	0.581 0	0.320 7	0.613 2
21	牟定县	0.080 2	0.168 5	0.280 9	0.550 6	0.547 5	0.339 9	0.597 1
22	石林县	0.182 6	0.195 7	0.206 5	0.597 8	0.575 4	0.187 2	0.596 8
23	泸西县	0.136 8	0.345 7	0.333 3	0.321 0	0.536 3	0.091 0	0.590 3
24	弥勒市	0.192 1	0.335 8	0.126 9	0.537 3	0.664 8	0.154 1	0.435 5
25	华宁县	0.160 7	0.259 7	0.220 8	0.519 5	0.547 5	0.240 0	0.499 3
26	晋宁区	0.204 0	0.441 9	0.240 3	0.317 8	0.525 1	0.200 4	0.648 0
27	红塔区	0.338 0	0.768 4	0.063 2	0.168 4	0.569 8	0.240 9	0.526 9
28	峨山县	0.164 0	0.243 2	0.283 8	0.473 0	0.564 2	0.211 2	0.479 9
29	新平县	0.122 8	0.134 9	0.087 3	0.777 8	0.620 1	0.252 4	0.322 3
30	砚山县	0.118 0	0.100 0	0.370 0	0.530 0	0.581 0	0.230 2	0.424 4
31	文山市	0.141 9	0.151 5	0.340 9	0.507 6	0.670 4	0.264 2	0.424 9
32	开远市	0.208 2	0.403 8	0.115 4	0.480 8	0.765 4	0.143 3	0.416 9
33	建水县	0.178 0	0.305 0	0.219 9	0.475 2	0.737 4	0.162 1	0.385 2
34	个旧市	0.221 6	0.253 2	0.101 3	0.645 6	0.586 6	0.287 3	0.395 2
35	石屏县	0.127 1	0.269 6	0.087 0	0.643 5	0.681 6	0.277 2	0.471 0
36	元江县	0.178 5	0.088 9	0.088 9	0.822 2	1.000 0	0.076 2	0.336 9
37	红河县	0.053 9	0.054 9	0.175 8	0.769 2	0.815 6	0.211 9	0.451 0
38	墨江县	0.057 7	0.011 0	0.011 0	0.978 0	0.670 4	0.376 8	0.340 9
39	麻栗坡县	0.064 8	0.070 0	0.250 0	0.680 0	0.670 4	0.233 5	0.267 4
40	西畴县	0.056 4	0.030 0	0.228 6	0.741 4	0.558 7	0.272 9	0.328 6
41	马关县	0.080 5	0.049 2	0.155 7	0.795 1	0.642 5	0.549 5	0.361 3
42	河口县	0.171 3	0.120 0	0.037 0	0.843 0	0.972 1	0.694 5	0.149 4
43	屏边县	0.079 7	0.010 0	0.112 5	0.877 5	0.597 8	0.479 3	0.363 6
44	蒙自市	0.195 6	0.430 2	0.046 5	0.523 3	0.715 1	0.067 9	0.411 2
45	金平县	0.084 4	0.075 3	0.043 0	0.881 7	0.670 4	0.872 1	0.279 7
46	元阳县	0.035 0	0.011 2	0.052 2	0.936 6	0.988 8	0.113 4	0.369 7
47	绿春县	0.011 0	0.023 5	0.082 4	0.894 1	0.625 7	0.802 0	0.324 8

序号	县（区、市）级单元名称	分类综合指数	坝区指数	半山区指数	山区指数	年平均气温指数	年降水量指数	平均乡村海拔指数
48	江城县	0.118 0	0.065 2	0.130 4	0.804 3	0.715 1	0.759 5	0.201 0
49	勐腊县	0.191 7	0.288 5	0.250 0	0.461 5	0.871 5	0.523 0	0.095 7
50	勐海县	0.158 8	0.364 7	0.070 6	0.564 7	0.692 7	0.355 3	0.271 3
51	景洪市	0.254 0	0.395 3	0.139 5	0.465 1	0.944 1	0.232 2	0.027 9
52	思茅区	0.112 5	0.150 0	0.150 0	0.700 0	0.726 3	0.539 3	0.301 2
53	澜沧县	0.082 3	0.063 3	0.082 3	0.854 4	0.782 1	0.563 7	0.399 5
54	宁洱县	0.118 6	0.071 4	0.226 2	0.702 4	0.659 2	0.404 4	0.317 2
55	景谷县	0.073 4	0.160 3	0.244 3	0.595 4	0.815 6	0.377 6	0.313 9
56	沧源县	0.119 6	0.052 6	0.147 4	0.800 0	0.670 4	0.756 6	0.399 6
57	镇沅县	0.067 9	0.118 2	0.163 6	0.718 2	0.720 7	0.408 8	0.402 6
58	景东县	0.076 8	0.102 6	0.141 0	0.756 4	0.720 7	0.475 5	0.456 7
59	云县	0.077 1	0.073 3	0.146 6	0.780 1	0.776 5	0.225 3	0.506 1
60	临翔区	0.108 1	0.107 8	0.225 5	0.666 7	0.648 0	0.422 1	0.508 1
61	南涧县	0.073 0	0.050 6	0.012 7	0.936 7	0.715 1	0.172 8	0.608 9
62	凤庆县	0.080 3	0.085 6	0.032 1	0.882 4	0.614 5	0.532 1	0.582 8
63	南华县	0.043 9	0.130 1	0.146 3	0.723 6	0.530 7	0.231 9	0.671 5
64	弥渡县	0.052 7	0.402 3	0.092 0	0.505 7	0.608 9	0.122 9	0.589 3
65	祥云县	0.108 4	0.416 7	0.143 9	0.439 4	0.547 5	0.249 8	0.685 9
66	漾濞县	0.093 5	0.153 8	0.076 9	0.769 2	0.569 8	0.230 2	0.603 9
67	永平县	0.076 2	0.178 1	0.095 9	0.726 0	0.553 1	0.215 7	0.590 8
68	隆阳区	0.136 6	0.269 4	0.181 8	0.548 8	0.614 5	0.221 0	0.495 6
69	大理市	0.251 9	0.623 9	0.211 0	0.165 1	0.508 4	0.334 7	0.697 7
70	巍山县	0.093 9	0.296 3	0.148 1	0.555 6	0.569 8	0.145 2	0.614 8
71	姚安县	0.076 6	0.150 0	0.350 0	0.500 0	0.553 1	0.200 2	0.584 5
72	宾川县	0.171 4	0.447 1	0.247 1	0.305 9	0.726 3	0.000 0	0.546 3
73	洱源县	0.091 0	0.555 6	0.188 9	0.255 6	0.458 1	0.121 7	0.797 7
74	泸水市	0.033 9	0.084 5	0.394 4	0.521 1	0.765 4	0.391 3	0.416 8
75	鹤庆县	0.079 3	0.324 3	0.207 2	0.468 5	0.446 9	0.253 7	0.698 0
76	永胜县	0.078 4	0.333 3	0.197 3	0.469 4	0.446 9	0.220 6	0.589 6

序号	县（区、市）级单元名称	分类综合指数	坝区指数	半山区指数	山区指数	年平均气温指数	年降水量指数	平均乡村海拔指数
77	福贡县	0.071 5	0.001 0	0.090 0	0.909 0	0.597 8	0.823 7	0.418 8
78	兰坪县	-0.006 6	0.028 0	0.196 3	0.775 7	0.296 1	0.322 6	0.830 2
79	维西县	0.043 2	0.088 6	0.164 6	0.746 8	0.312 8	0.344 2	0.728 6
80	贡山县	0.080 2	0.040 0	0.120 0	0.840 0	0.474 9	0.851 7	0.451 8
81	麒麟区	0.269 2	0.415 1	0.330 2	0.254 7	0.519 6	0.272 1	0.642 6
82	江川区	0.175 5	0.597 0	0.209 0	0.194 0	0.586 6	0.171 4	0.579 0
83	西盟县	0.106 9	0.013 0	0.120 0	0.867 0	0.737 4	0.916 9	0.311 8
84	镇康县	0.057 1	0.014 5	0.101 4	0.884 1	0.776 5	0.709 4	0.375 4
85	盈江县	0.178 4	0.390 0	0.070 0	0.540 0	0.804 5	0.541 8	0.226 9
86	陇川县	0.143 1	0.176 5	0.220 6	0.602 9	0.759 8	0.586 9	0.305 4
87	梁河县	0.096 8	0.298 2	0.105 3	0.596 5	0.715 1	0.534 6	0.397 0
88	云龙县	0.067 0	0.035 7	0.166 7	0.797 6	0.536 3	0.166 2	0.706 4
89	永德县	0.082 2	0.077 6	0.250 0	0.672 4	0.648 0	0.539 8	0.455 0
90	施甸县	0.086 0	0.207 7	0.061 5	0.730 8	0.664 8	0.326 9	0.514 8
91	龙陵县	0.109 0	0.057 9	0.190 1	0.752 1	0.536 3	1.000 0	0.518 4
92	腾冲市	0.114 3	0.132 4	0.479 5	0.388 1	0.508 4	0.689 2	0.505 0
93	通海县	0.231 5	0.589 0	0.164 4	0.246 6	0.541 9	0.247 0	0.590 8
94	孟连县	0.147 2	0.256 4	0.128 2	0.615 4	0.793 3	0.662 7	0.247 2
95	瑞丽市	0.203 8	0.413 8	0.206 9	0.379 3	0.838 0	0.427 9	0.120 7
96	芒市	0.160 3	0.317 6	0.094 1	0.588 2	0.804 5	0.470 2	0.301 8
97	昌宁县	0.088 6	0.188 5	0.090 2	0.721 3	0.541 9	0.395 4	0.473 4
98	双江县	0.080 9	0.133 3	0.093 3	0.773 3	0.770 9	0.373 3	0.417 0
99	耿马县	0.138 5	0.215 2	0.189 9	0.594 9	0.748 6	0.652 4	0.286 8
100	古城区	0.210 0	0.392 2	0.058 8	0.549 0	0.396 6	0.228 5	0.852 9
101	剑川县	0.089 5	0.363 6	0.102 3	0.534 1	0.396 6	0.164 4	0.879 1
102	昭阳区	0.109 0	0.405 2	0.189 5	0.405 2	0.335 2	0.213 1	0.710 9
103	富宁县	0.037 6	0.027 8	0.083 3	0.888 9	0.804 5	0.218 6	0.127 3
104	广南县	0.096 6	0.040 0	0.460 0	0.500 0	0.653 6	0.119 1	0.282 0
105	师宗县	0.108 8	0.134 6	0.269 2	0.596 2	0.435 8	0.371 4	0.538 3

序号	县(区、市)级单元名称	分类综合指数	坝区指数	半山区指数	山区指数	年平均气温指数	年降水量指数	平均乡村海拔指数
106	丘北县	0.101 3	0.193 9	0.204 1	0.602 0	0.614 5	0.287 3	0.438 5
107	罗平县	0.161 7	0.104 6	0.124 2	0.771 2	0.547 5	0.547 6	0.463 8
108	富源县	0.097 8	0.031 4	0.201 3	0.767 3	0.424 6	0.306 9	0.617 5
109	宣威市	0.072 4	0.072 7	0.223 8	0.703 5	0.441 3	0.246 1	0.672 6
110	巧家县	0.083 8	0.020 0	0.380 0	0.660 0	0.832 4	0.442 2	0.365 8
111	会泽县	0.044 6	0.040 0	0.360 0	0.600 0	0.357 5	0.147 0	0.803 2
112	鲁甸县	0.029 0	0.227 3	0.136 4	0.636 4	0.346 4	0.331 8	0.668 0
113	镇雄县	0.041 0	0.048 2	0.250 0	0.701 8	0.346 4	0.317 3	0.389 7
114	威信县	0.065 2	0.045 0	0.360 0	0.595 0	0.452 5	0.384 2	0.420 5
115	彝良县	0.053 2	0.015 0	0.250 0	0.600 0	0.648 0	0.306 9	0.420 5
116	盐津县	0.103 9	0.012 8	0.166 7	0.820 5	0.676 0	0.627 4	0.030 0
117	永善县	0.071 6	0.118 5	0.318 5	0.563 0	0.614 5	0.241 7	0.356 2
118	绥江县	0.106 5	0.029 4	0.088 2	0.882 4	0.659 2	0.460 7	0.000 0
119	水富县	0.112 0	0.150 0	0.430 0	0.420 0	0.631 3	0.304 2	0.475 2
120	东川区	0.015 3	0.197 3	0.285 7	0.517 0	0.776 5	0.094 5	0.614 5
121	禄劝县	0.013 8	0.123 7	0.206 2	0.670 1	0.536 3	0.261 7	0.732 5
122	武定县	0.043 0	0.143 9	0.136 4	0.719 7	0.541 9	0.273 2	0.690 0
123	元谋县	0.132 6	0.363 6	0.207 8	0.428 6	0.843 6	0.087 7	0.410 2
124	永仁县	0.074 1	0.174 6	0.269 8	0.555 6	0.648 0	0.238 3	0.543 3
125	华坪县	0.102 2	0.216 7	0.183 3	0.600 0	0.765 4	0.454 3	0.459 9
126	宁蒗县	−0.027 1	0.131 0	0.142 9	0.726 2	0.368 7	0.244 2	0.994 6
127	玉龙县	0.100 3	0.316 8	0.178 2	0.505 0	0.357 5	0.229 5	0.857 5
128	香格里拉市	−0.024 2	0.375 0	0.218 8	0.406 3	0.000 0	0.115 8	1.000 0
129	德钦县	0.029 3	0.024 4	0.341 5	0.634 1	0.011 2	0.099 0	0.962 7

附表 2　云南省乡村分类综合指数的标准化值（二）

序号	县（区、市）级单元名称	农村居民年人均纯收入指数	工业化程度指数	平均人均耕地面积指数	土地调查面积指数	平均少数民族人口占比	乡村人口占从业人员占比	平均距离农贸市场距离指数
1	大关县	0.209 1	0.014 9	0.235 9	0.126 1	0.091 3	0.516 9	0.374 8
2	沾益区	0.545 1	0.128 9	0.270 1	0.225 2	0.056 9	0.539 7	0.226 8
3	寻甸县	0.201 4	0.045 6	0.266 6	0.297 3	0.241 1	0.597 8	0.239 3
4	大姚县	0.310 1	0.039 4	0.171 9	0.333 3	0.470 9	0.767 5	0.373 8
5	陆良县	0.604 4	0.072 3	0.101 7	0.153 2	0.019 5	0.522 6	0.113 2
6	马龙县	0.363 2	0.036 1	0.202 7	0.117 1	0.085 4	0.644 5	0.232 3
7	宜良县	0.621 7	0.087 6	0.135 3	0.144 1	0.105 7	0.623 9	0.201 3
8	澄江市	0.630 7	0.046 7	0.140 1	0.045 0	0.072 5	0.629 2	0.095 1
9	官渡区	1.000 0	0.705 0	0.000 0	0.027 0	0.104 5	0.610 4	0.099 1
10	呈贡区	0.953 5	0.200 9	0.087 7	0.018 0	0.015 4	0.619 7	0.046 2
11	嵩明县	0.591 7	0.097 5	0.141 9	0.090 1	0.075 2	0.553 6	0.071 2
12	富民县	0.600 8	0.059 7	0.186 9	0.063 1	0.197 4	0.625 4	0.269 8
13	盘龙区	0.935 4	0.324 1	0.256 0	0.000 0	0.088 2	0.612 5	0.298 2
14	五华区	0.921 4	1.000 0	0.026 9	0.009 0	0.164 2	0.517 3	0.108 4
15	西山区	0.969 9	0.250 0	0.206 9	0.054 1	0.411 2	0.622 0	0.183 5
16	安宁市	0.838 4	0.211 7	0.131 8	0.090 1	0.159 2	0.630 7	0.119 1
17	禄丰县	0.414 9	0.079 7	0.204 8	0.297 3	0.345 7	0.624 8	0.246 0
18	易门县	0.528 4	0.083 4	0.201 2	0.108 1	0.394 0	0.639 9	0.292 1
19	双柏县	0.274 5	0.012 3	0.267 3	0.324 3	0.507 8	0.633 7	0.543 8
20	楚雄市	0.397 1	0.326 9	0.176 0	0.369 4	0.303 6	0.641 6	0.465 0
21	牟定县	0.286 9	0.025 9	0.186 8	0.099 1	0.264 5	0.619 7	0.273 3
22	石林县	0.608 8	0.037 6	0.251 3	0.126 1	0.428 1	0.621 9	0.265 1
23	泸西县	0.422 5	0.054 7	0.159 7	0.117 1	0.162 6	0.584 6	0.088 8
24	弥勒市	0.496 9	0.333 7	0.265 1	0.324 3	0.531 0	0.625 9	0.266 4
25	华宁县	0.546 8	0.044 1	0.218 0	0.081 1	0.327 3	0.640 2	0.253 4
26	晋宁区	0.675 9	0.076 9	0.145 1	0.090 1	0.148 3	0.638 6	0.147 0
27	红塔区	0.752 4	0.830 4	0.026 1	0.054 1	0.168 5	0.608 4	0.000 0
28	峨山县	0.482 8	0.048 9	0.281 6	0.144 1	0.758 8	0.653 4	0.260 1
29	新平县	0.508 0	0.092 1	0.248 6	0.360 4	0.753 4	0.634 7	0.504 4

序号	县（区、市）级单元名称	农村居民年人均纯收入指数	工业化程度指数	平均人均耕地面积指数	土地调查面积指数	平均少数民族人口占比	乡村人口占从业人员占比	平均距离农贸市场距离指数
30	砚山县	0.317 5	0.066 0	0.206 3	0.324 3	0.656 9	0.581 0	0.200 1
31	文山市	0.346 7	0.181 0	0.236 7	0.243 2	0.616 6	0.593 7	0.237 1
32	开远市	0.616 2	0.111 9	0.324 0	0.144 1	0.741 7	0.638 5	0.294 9
33	建水县	0.523 7	0.099 8	0.170 3	0.315 3	0.462 9	0.597 4	0.162 1
34	个旧市	0.644 3	0.229 9	0.212 7	0.117 1	0.637 8	0.617 8	0.222 3
35	石屏县	0.440 2	0.029 3	0.220 7	0.243 2	0.755 0	0.615 8	0.372 6
36	元江县	0.463 6	0.024 9	0.277 4	0.216 2	0.725 7	0.640 6	0.276 9
37	红河县	0.169 5	0.016 4	0.108 2	0.153 2	0.941 3	0.498 7	0.298 5
38	墨江县	0.282 6	0.031 3	0.459 8	0.450 5	0.783 9	0.563 0	0.550 5
39	麻栗坡县	0.265 9	0.038 1	0.200 0	0.189 2	0.415 7	0.570 3	0.262 2
40	西畴县	0.235 1	0.012 6	0.120 6	0.108 1	0.178 9	0.635 6	0.224 2
41	马关县	0.270 7	0.057 7	0.259 6	0.216 2	0.514 5	0.593 5	0.339 9
42	河口县	0.436 4	0.015 2	0.461 7	0.090 1	0.783 9	0.573 4	0.353 9
43	屏边县	0.167 1	0.017 4	0.452 1	0.135 1	0.664 5	0.585 3	0.292 8
44	蒙自市	0.534 0	0.149 9	0.299 9	0.171 2	0.751 5	0.639 2	0.207 8
45	金平县	0.168 0	0.040 1	0.215 6	0.297 3	0.863 0	0.571 0	0.281 4
46	元阳县	0.168 9	0.022 4	0.177 4	0.171 2	0.864 0	0.527 6	0.457 5
47	绿春县	0.158 5	0.019 5	0.161 6	0.252 3	0.992 6	0.616 0	0.746 8
48	江城县	0.266 9	0.014 8	0.788 4	0.279 3	0.786 6	0.690 3	0.539 4
49	勐腊县	0.322 1	0.020 2	0.902 0	0.594 6	0.887 3	0.551 4	0.277 8
50	勐海县	0.405 3	0.055 0	0.711 0	0.459 5	0.922 0	0.641 6	0.435 8
51	景洪市	0.613 0	0.108 1	0.465 4	0.594 6	0.909 7	0.632 5	0.300 1
52	思茅区	0.354 0	0.098 0	0.430 8	0.324 3	0.340 5	0.599 8	0.378 1
53	澜沧县	0.243 9	0.044 6	0.682 2	0.756 8	0.787 2	0.597 1	0.543 0
54	宁洱县	0.324 3	0.030 4	0.617 1	0.306 3	0.567 1	0.577 5	0.400 2
55	景谷县	0.337 1	0.066 0	0.360 4	0.648 6	0.502 9	0.638 2	0.638 3
56	沧源县	0.295 3	0.021 2	0.731 5	0.189 2	0.980 7	0.638 9	0.492 7
57	镇沅县	0.323 8	0.022 8	0.450 4	0.342 3	0.564 1	0.587 2	0.567 1
58	景东县	0.313 6	0.032 6	0.299 7	0.378 4	0.533 0	0.595 8	0.355 5

序号	县（区、市）级单元名称	农村居民年人均纯收入指数	工业化程度指数	平均人均耕地面积指数	土地调查面积指数	平均少数民族人口占比	乡村人口占从业人员占比	平均距离农贸市场距离指数
59	云县	0.361 5	0.072 5	0.372 8	0.306 3	0.532 6	0.634 6	0.333 0
60	临翔区	0.321 1	0.065 8	0.349 4	0.207 2	0.217 4	0.618 9	0.281 2
61	南涧县	0.222 5	0.026 4	0.156 3	0.126 1	0.526 8	0.769 7	0.302 7
62	凤庆县	0.331 9	0.057 3	0.195 6	0.270 3	0.364 6	0.615 1	0.344 0
63	南华县	0.308 8	0.030 4	0.167 0	0.180 2	0.488 8	0.603 6	0.342 7
64	弥渡县	0.271 7	0.022 3	0.095 4	0.108 1	0.166 1	0.630 2	0.340 9
65	祥云县	0.394 8	0.086 0	0.092 1	0.189 2	0.224 3	0.624 7	0.274 7
66	漾濞县	0.329 9	0.011 4	0.220 7	0.144 1	0.684 9	0.700 0	0.355 1
67	永平县	0.286 6	0.017 5	0.247 8	0.225 2	0.493 9	0.701 8	0.373 6
68	隆阳区	0.439 0	0.153 9	0.147 7	0.414 4	0.205 8	0.723 0	0.241 3
69	大理市	0.682 2	0.307 4	0.032 9	0.126 1	0.862 0	0.578 0	0.094 8
70	巍山县	0.276 3	0.027 6	0.200 3	0.171 2	0.624 8	0.649 1	0.196 3
71	姚安县	0.326 4	0.011 8	0.255 5	0.126 1	0.279 0	0.650 1	0.250 9
72	宾川县	0.638 4	0.031 9	0.204 3	0.198 2	0.289 7	0.617 7	0.246 6
73	洱源县	0.322 8	0.035 5	0.196 8	0.198 2	0.747 5	0.559 6	0.236 4
74	泸水市	0.024 4	0.028 9	0.296 7	0.252 3	0.898 5	0.625 6	0.428 5
75	鹤庆县	0.299 9	0.063 7	0.180 9	0.189 2	0.693 6	0.594 9	0.329 4
76	永胜县	0.330 5	0.063 0	0.225 0	0.414 4	0.477 7	0.586 6	0.298 4
77	福贡县	0.000 0	0.000 0	0.185 8	0.216 2	0.996 9	0.549 7	0.196 0
78	兰坪县	0.023 9	0.034 0	0.433 2	0.369 4	0.923 7	0.608 2	0.566 4
79	维西县	0.159 3	0.024 2	0.335 9	0.378 4	0.851 4	0.563 0	0.397 8
80	贡山县	0.001 5	0.000 9	0.324 0	0.369 4	0.979 5	0.654 2	0.269 9
81	麒麟区	0.722 3	0.578 4	0.057 1	0.108 1	0.035 2	0.537 1	0.056 6
82	江川区	0.503 1	0.048 4	0.086 3	0.045 0	0.120 0	0.636 6	0.041 0
83	西盟县	0.252 0	0.001 5	0.521 7	0.090 1	0.978 1	0.553 9	0.523 7
84	镇康县	0.305 9	0.020 7	0.528 7	0.198 2	0.281 9	0.600 5	0.611 1
85	盈江县	0.315 5	0.052 4	0.440 1	0.360 4	0.578 7	0.585 9	0.073 8
86	陇川县	0.237 0	0.012 1	0.632 4	0.144 1	0.642 0	0.582 0	0.180 0
87	梁河县	0.181 5	0.002 9	0.241 7	0.072 1	0.326 8	0.562 3	0.159 1

序号	县(区、市)级单元名称	农村居民年人均纯收入指数	工业化程度指数	平均人均耕地面积指数	土地调查面积指数	平均少数民族人口占比	乡村人口占从业人员占比	平均距离农贸市场距离指数
88	云龙县	0.262 3	0.039 4	0.245 3	0.369 4	0.863 7	0.579 1	0.387 2
89	永德县	0.327 3	0.032 7	0.425 9	0.261 3	0.219 4	0.639 3	0.420 1
90	施甸县	0.292 9	0.027 2	0.226 8	0.153 2	0.100 9	0.589 5	0.248 0
91	龙陵县	0.310 5	0.051 1	0.294 3	0.225 2	0.054 2	0.648 5	0.202 1
92	腾冲市	0.356 8	0.109 2	0.169 2	0.486 5	0.081 4	0.568 1	0.109 5
93	通海县	0.719 8	0.069 0	0.109 4	0.036 0	0.299 8	0.634 8	0.079 3
94	孟连县	0.259 6	0.006 7	1.000 0	0.144 1	0.861 6	0.569 9	0.385 0
95	瑞丽市	0.380 1	0.035 7	0.687 6	0.054 1	0.674 4	0.647 0	0.122 8
96	芒市	0.361 4	0.035 3	0.535 7	0.234 2	0.481 6	0.589 5	0.206 4
97	昌宁县	0.331 7	0.059 9	0.338 7	0.315 3	0.148 8	0.611 9	0.343 3
98	双江县	0.314 3	0.022 2	0.476 6	0.171 2	0.446 0	0.554 5	0.500 1
99	耿马县	0.345 8	0.014 4	0.643 8	0.306 3	0.557 6	0.657 9	0.468 2
100	古城区	0.788 0	0.067 2	0.265 4	0.090 1	0.890 1	0.538 5	0.284 0
101	剑川县	0.197 5	0.020 3	0.240 4	0.171 2	0.948 8	0.544 1	0.147 5
102	昭阳区	0.304 3	0.222 2	0.150 0	0.171 2	0.155 4	0.533 8	0.155 4
103	富宁县	0.301 3	0.046 0	0.166 3	0.450 5	0.783 1	0.621 4	0.560 9
104	广南县	0.238 9	0.055 3	0.480 9	0.666 7	0.212 8	0.584 2	0.373 8
105	师宗县	0.399 9	0.054 1	0.240 4	0.225 2	0.228 4	0.548 2	0.245 4
106	丘北县	0.293 4	0.032 7	0.323 6	0.423 4	0.682 0	0.539 7	0.239 3
107	罗平县	0.593 2	0.083 5	0.168 8	0.243 2	0.166 6	0.524 9	0.196 0
108	富源县	0.441 4	0.077 0	0.116 8	0.270 3	0.109 0	0.561 3	0.167 8
109	宣威市	0.418 1	0.128 9	0.338 2	0.522 5	0.074 7	0.558 7	0.161 8
110	巧家县	0.230 2	0.024 4	0.199 2	0.261 3	0.110 0	0.595 2	0.250 9
111	会泽县	0.290 8	0.136 3	0.050 7	0.504 5	0.050 0	0.666 3	0.136 6
112	鲁甸县	0.238 8	0.035 6	0.203 9	0.108 1	0.157 0	0.515 9	0.363 9
113	镇雄县	0.237 5	0.064 1	0.154 1	0.306 3	0.101 9	0.469 6	0.244 4
114	威信县	0.226 4	0.016 8	0.293 9	0.099 1	0.100 0	0.499 0	0.273 8
115	彝良县	0.194 6	0.024 9	0.191 5	0.225 2	0.137 6	0.572 6	0.319 5
116	盐津县	0.249 8	0.028 1	0.257 5	0.153 2	0.057 4	0.494 8	0.321 1

序号	县（区、市）级单元名称	农村居民年人均纯收入指数	工业化程度指数	平均人均耕地面积指数	土地调查面积指数	平均少数民族人口占比	乡村人口占从业人员占比	平均距离农贸市场距离指数
117	永善县	0.227 6	0.075 7	0.311 6	0.225 2	0.084 6	0.549 5	0.271 5
118	绥江县	0.234 9	0.005 2	0.226 5	0.036 0	0.010 3	0.477 3	0.187 1
119	水富县	0.334 2	0.064 6	0.142 9	0.009 0	0.041 0	0.523 0	0.182 3
120	东川区	0.164 5	0.078 2	0.133 5	0.144 1	0.064 2	0.610 6	0.386 1
121	禄劝县	0.183 0	0.041 4	0.248 4	0.351 4	0.348 8	0.600 5	0.406 1
122	武定县	0.270 6	0.032 3	0.184 2	0.234 2	0.581 2	0.627 2	0.464 8
123	元谋县	0.455 2	0.023 9	0.177 1	0.153 2	0.503 7	0.631 2	0.360 8
124	永仁县	0.274 6	0.014 0	0.267 1	0.171 2	0.597 8	0.632 1	0.424 5
125	华坪县	0.416 3	0.027 5	0.195 4	0.162 2	0.418 8	0.540 4	0.401 4
126	宁蒗县	0.087 7	0.020 4	0.425 6	0.513 5	0.834 5	0.552 3	0.688 3
127	玉龙县	0.346 2	0.040 7	0.391 0	0.531 5	0.853 7	0.595 0	0.386 5
128	香格里拉市	0.172 4	0.073 5	0.322 8	1.000 0	0.852 0	0.561 2	1.000 0
129	德钦县	0.167 6	0.017 2	0.163 3	0.630 6	0.990 3	0.526 4	0.337 4

附表3　云南省乡村分类综合指数的标准化值（三）

序号	县（区、市）级单元名称	平均距离乡镇府指数	乡镇单位占社区村比重	自然村数分散指数	生产总值指数	边境县（"1"表示是）	直过民族聚居县（"1"表示是）	土地调查面积/平方千米
1	大关县	0.530 2	0.107 1	0.098 5	0.019 2	0	0	1 700.00
2	沾益区	0.320 8	0.084 6	0.238 7	0.168 9	0	0	2 800.00
3	寻甸县	0.312 1	0.080 5	0.393 0	0.071 9	0	0	3 600.00
4	大姚县	0.483 0	0.093 0	0.337 5	0.054 0	0	1	4 000.00
5	陆良县	0.127 4	0.074 3	0.124 1	0.141 1	0	0	2 000.00
6	马龙县	0.241 7	0.137 0	0.085 5	0.037 9	0	0	1 600.00
7	宜良县	0.275 6	0.058 0	0.207 7	0.154 2	0	0	1 900.00
8	澄江市	0.142 3	0.150 0	0.045 9	0.069 6	0	0	800.00
9	官渡区	0.184 5	0.084 0	0.024 8	1.000 0	0	0	600.00
10	呈贡区	0.048 1	0.151 5	0.004 0	0.186 6	0	0	500.00
11	嵩明县	0.113 3	0.053 3	0.083 9	0.097 2	0	0	1 300.00

序号	县（区、市）级单元名称	平均距离乡镇府指数	乡镇单位占社区村比重	自然村数分散指数	生产总值指数	边境县（"1"表示是）	直过民族聚居县（"1"表示是）	土地调查面积/平方千米
12	富民县	0.226 1	0.080 0	0.093 3	0.054 0	0	0	1 000.00
13	盘龙区	0.010 3	0.120 0	0.039 7	0.566 8	0	0	300.00
14	五华区	0.165 8	0.112 4	0.000 0	0.983 6	0	0	400.00
15	西山区	0.387 5	0.087 7	0.028 1	0.492 6	0	0	900.00
16	安宁市	0.171 0	0.092 8	0.066 1	0.264 3	0	0	1 300.00
17	禄丰县	0.312 8	0.084 8	0.397 1	0.119 7	0	0	3 600.00
18	易门县	0.427 7	0.120 7	0.134 6	0.075 0	0	0	1 500.00
19	双柏县	0.725 9	0.095 2	0.435 9	0.022 3	0	0	3 900.00
20	楚雄市	0.610 7	0.098 0	0.926 9	0.315 1	0	0	4 400.00
21	牟定县	0.301 2	0.078 7	0.171 8	0.032 5	0	0	1 400.00
22	石林县	0.240 1	0.053 8	0.066 9	0.067 0	0	0	1 700.00
23	泸西县	0.237 5	0.092 0	0.091 2	0.073 0	0	0	1 600.00
24	弥勒市	0.338 3	0.088 2	0.235 8	0.263 4	0	0	3 900.00
25	华宁县	0.249 7	0.064 9	0.143 5	0.068 9	0	0	1 200.00
26	晋宁区	0.133 1	0.051 5	0.099 8	0.106 3	0	0	1 300.00
27	红塔区	0.000 0	0.105 8	0.080 9	0.606 2	0	0	900.00
28	峨山县	0.278 1	0.105 3	0.118 4	0.059 7	0	0	1 900.00
29	新平县	0.591 9	0.097 6	0.372 0	0.114 7	0	1	4 300.00
30	砚山县	0.333 4	0.108 9	0.241 2	0.100 7	0	0	3 900.00
31	文山市	0.239 6	0.122 3	0.232 5	0.198 8	0	0	3 000.00
32	开远市	0.342 1	0.087 5	0.090 6	0.158 4	0	0	1 900.00
33	建水县	0.307 1	0.091 5	0.247 1	0.126 9	0	0	3 800.00
34	个旧市	0.435 3	0.089 3	0.068 0	0.214 3	0	0	1 600.00
35	石屏县	0.400 0	0.078 3	0.220 9	0.051 6	0	0	3 000.00
36	元江县	0.253 7	0.123 5	0.068 8	0.061 6	0	0	2 700.00
37	红河县	0.433 0	0.142 9	0.191 8	0.024 3	0	0	2 000.00
38	墨江县	0.706 4	0.089 3	0.429 7	0.045 8	0	0	5 300.00
39	麻栗坡县	0.455 7	0.107 8	0.429 7	0.043 1	1	0	2 400.00
40	西畴县	0.257 8	0.125 0	0.410 8	0.022 9	0	0	1 500.00

序号	县(区、市)级单元名称	平均距离乡镇府指数	乡镇单位占社区村比重	自然村数分散指数	生产总值指数	边境县("1"表示是)	直过民族聚居县("1"表示是)	土地调查面积/平方千米
41	马关县	0.415 6	0.104 8	0.363 4	0.068 2	1	0	2 700.00
42	河口县	0.487 1	0.176 5	0.034 5	0.031 2	1	1	1 300.00
43	屏边县	0.439 0	0.087 5	0.158 3	0.017 8	0	0	1 800.00
44	蒙自市	0.297 5	0.108 9	0.157 3	0.153 7	0	0	2 200.00
45	金平县	0.527 3	0.132 7	0.261 1	0.036 5	1	1	3 600.00
46	元阳县	0.614 1	0.101 4	0.227 4	0.034 2	0	1	2 200.00
47	绿春县	0.886 2	0.098 9	0.155 1	0.018 8	1	1	3 100.00
48	江城县	0.740 8	0.137 3	0.080 7	0.015 7	1	1	3 400.00
49	勐腊县	0.490 7	0.172 4	0.106 0	0.071 1	1	1	6 900.00
50	勐海县	0.580 4	0.122 2	0.201 5	0.082 3	1	1	5 400.00
51	景洪市	0.474 5	0.110 0	0.136 8	0.182 7	1	0	6 900.00
52	思茅区	0.854 5	0.095 9	0.136 5	0.122 5	0	0	3 900.00
53	澜沧县	0.740 8	0.124 2	0.452 7	0.054 1	1	1	8 700.00
54	宁洱县	0.485 7	0.101 1	0.179 1	0.036 5	0	0	3 700.00
55	景谷县	0.816 1	0.070 9	0.383 1	0.082 7	0	1	7 500.00
56	沧源县	0.599 2	0.107 5	0.129 2	0.026 5	1	1	2 400.00
57	镇沅县	0.708 0	0.081 1	0.286 5	0.035 5	0	1	4 100.00
58	景东县	0.559 4	0.076 5	0.471 3	0.052 3	0	0	4 500.00
59	云县	0.564 5	0.061 9	0.642 3	0.087 6	0	0	3 700.00
60	临翔区	0.416 7	0.098 0	0.164 3	0.089 4	0	0	2 600.00
61	南涧县	0.381 0	0.098 8	0.199 9	0.037 4	0	0	1 700.00
62	凤庆县	0.567 8	0.069 5	0.291 3	0.088 8	0	0	3 300.00
63	南华县	0.485 3	0.078 1	0.438 4	0.043 2	0	0	2 300.00
64	弥渡县	0.324 1	0.089 9	0.214 5	0.037 8	0	0	1 500.00
65	祥云县	0.266 4	0.071 9	0.180 7	0.114 7	0	0	2 400.00
66	漾濞县	0.402 0	0.136 4	0.143 5	0.009 7	0	0	1 900.00
67	永平县	0.530 4	0.093 3	0.139 6	0.027 2	0	1	2 800.00
68	隆阳区	0.394 9	0.063 7	0.398 2	0.225 1	0	1	4 900.00
69	大理市	0.088 5	0.091 5	0.105 5	0.344 2	0	0	1 700.00

序号	县（区、市）级单元名称	平均距离乡镇府指数	乡镇单位占社区村比重	自然村数分散指数	生产总值指数	边境县（"1"表示是）	直过民族聚居县（"1"表示是）	土地调查面积/平方千米
70	巍山县	0.273 5	0.120 5	0.221 5	0.042 0	0	0	2 200.00
71	姚安县	0.285 4	0.116 9	0.374 4	0.030 2	0	0	1 700.00
72	宾川县	0.365 0	0.111 1	0.172 4	0.084 6	0	1	2 500.00
73	洱源县	0.296 1	0.100 0	0.167 3	0.047 6	0	1	2 500.00
74	泸水市	0.479 6	0.118 4	0.169 1	0.036 2	1	1	3 100.00
75	鹤庆县	0.422 7	0.076 9	0.162 7	0.049 3	0	1	2 400.00
76	永胜县	0.614 6	0.100 7	0.284 1	0.060 7	0	1	4 900.00
77	福贡县	0.148 8	0.118 6	0.107 9	0.002 0	1	1	2 700.00
78	兰坪县	0.544 4	0.074 1	0.168 6	0.041 0	0	1	4 400.00
79	维西县	0.451 7	0.122 0	0.177 8	0.031 1	0	1	4 500.00
80	贡山县	0.287 7	0.178 6	0.012 1	0.000 0	1	1	4 400.00
81	麒麟区	0.114 1	0.111 9	0.142 7	0.570 9	0	0	1 500.00
82	江川区	0.048 6	0.094 6	0.056 4	0.070 7	0	0	800.00
83	西盟县	0.397 2	0.179 5	0.038 8	0.001 2	1	1	1 300.00
84	镇康县	1.000 0	0.094 6	0.112 8	0.028 3	1	1	2 500.00
85	盈江县	0.182 6	0.145 6	0.206 1	0.068 1	1	1	4 300.00
86	陇川县	0.189 7	0.123 3	0.155 9	0.029 0	1	1	1 900.00
87	梁河县	0.205 9	0.136 4	0.055 3	0.009 0	0	1	1 100.00
88	云龙县	0.405 8	0.127 9	0.257 4	0.036 5	0	1	4 400.00
89	永德县	0.713 8	0.084 7	0.208 0	0.045 7	0	1	3 200.00
90	施甸县	0.257 9	0.094 2	0.235 8	0.045 4	0	1	2 000.00
91	龙陵县	0.511 3	0.082 6	0.233 3	0.057 6	1	0	2 800.00
92	腾冲市	0.278 9	0.081 8	0.566 2	0.150 4	1	1	5 700.00
93	通海县	0.033 7	0.118 4	0.065 0	0.091 0	0	0	700.00
94	孟连县	0.424 5	0.142 9	0.069 1	0.015 2	1	1	1 900.00
95	瑞丽市	0.281 4	0.150 0	0.031 0	0.078 9	1	1	900.00
96	芒市	0.328 2	0.126 3	0.148 4	0.086 0	1	1	2 900.00
97	昌宁县	0.442 8	0.104 8	0.296 2	0.083 9	0	0	3 800.00
98	双江县	0.627 6	0.080 0	0.109 8	0.027 7	0	1	2 200.00

序号	县（区、市）级单元名称	平均距离乡镇府指数	乡镇单位占社区村比重	自然村数分散指数	生产总值指数	边境县（"1"表示是）	直过民族聚居县（"1"表示是）	土地调查面积/平方千米
99	耿马县	0.526 8	0.104 7	0.128 1	0.070 6	1	1	3 700.00
100	古城区	0.293 9	0.186 4	0.045 6	0.106 7	0	0	1 300.00
101	剑川县	0.125 4	0.086 0	0.065 3	0.017 1	0	0	2 200.00
102	昭阳区	0.172 5	0.108 7	0.131 9	0.224 6	0	0	2 200.00
103	富宁县	0.742 9	0.089 7	0.667 4	0.067 3	1	0	5 300.00
104	广南县	0.551 7	0.103 4	0.175 1	0.089 6	0	0	7 700.00
105	师宗县	0.464 0	0.090 9	0.150 8	0.098 0	0	0	2 800.00
106	丘北县	0.438 3	0.118 8	0.308 6	0.059 9	0	0	5 000.00
107	罗平县	0.418 2	0.084 4	0.285 4	0.144 1	0	0	3 000.00
108	富源县	0.401 6	0.074 5	0.430 5	0.124 0	0	0	3 300.00
109	宣威市	0.312 8	0.078 7	1.000 0	0.240 1	0	0	6 100.00
110	巧家县	0.487 6	0.087 0	0.158 6	0.045 5	0	0	3 200.00
111	会泽县	0.352 8	0.060 8	0.779 1	0.159 7	0	0	5 900.00
112	鲁甸县	0.468 8	0.123 7	0.148 1	0.041 3	0	0	1 500.00
113	镇雄县	0.262 1	0.118 1	0.495 0	0.092 0	0	0	3 700.00
114	威信县	0.307 9	0.114 9	0.104 7	0.022 0	0	0	1 400.00
115	彝良县	0.442 6	0.107 9	0.158 6	0.041 2	0	0	2 800.00
116	盐津县	0.277 3	0.106 4	0.054 2	0.031 4	0	0	2 000.00
117	永善县	0.486 6	0.105 6	0.181 3	0.064 0	0	0	2 800.00
118	绥江县	0.187 7	0.119 0	0.023 2	0.009 7	0	0	700.00
119	水富县	0.173 1	0.137 9	0.023 7	0.040 1	0	0	400.00
120	东川区	0.608 2	0.048 5	0.222 0	0.070 7	0	0	1 900.00
121	禄劝县	0.441 3	0.082 1	0.471 8	0.071 6	0	0	4 200.00
122	武定县	0.501 4	0.082 7	0.277 0	0.052 2	0	1	2 900.00
123	元谋县	0.319 4	0.128 2	0.134 1	0.042 3	0	1	2 000.00
124	永仁县	0.446 1	0.111 1	0.118 7	0.021 6	0	0	2 200.00
125	华坪县	0.531 1	0.131 1	0.137 6	0.023 8	0	1	2 100.00
126	宁蒗县	0.600 5	0.164 8	0.238 2	0.022 5	0	0	6 000.00
127	玉龙县	0.426 3	0.155 3	0.168 1	0.042 8	0	1	6 200.00

序号	县（区、市）级单元名称	平均距离乡镇府指数	乡镇单位占社区村比重	自然村数分散指数	生产总值指数	边境县（"1"表示是）	直过民族聚居县（"1"表示是）	土地调查面积/平方千米
128	香格里拉市	0.709 0	0.171 9	0.090 6	0.098 7	0	1	11 400.00
129	德钦县	0.573 0	0.173 9	0.081 7	0.016 7	0	1	7 300.00